教育部马克思主义理论研究和建设工程重点教材配套用书

U0652216

硕士研究生思想政治理论课教材

马克思主义与社会科学方法论

主编　杨春贵

Makesi Zhuyi yu Shehui Kexue Fangfalun

高等教育出版社·北京

图书在版编目(CIP)数据

马克思主义与社会科学方法论/杨春贵主编. —北京:高等教育出版社,2012.10(2025.5重印)

ISBN 978-7-04-036224-4

Ⅰ.①马… Ⅱ.①杨… Ⅲ.①马克思主义-社会科学-科学方法论-研究生-教材 Ⅳ.①A811.64

中国版本图书馆 CIP 数据核字(2012)第 220526 号

策划编辑	姚郁卉	责任编辑	姚郁卉	封面设计	张 楠	版式设计	范晓红
责任校对	胡晓琪	责任印制	赵义民				

出版发行	高等教育出版社	咨询电话	400-810-0598
社　　址	北京市西城区德外大街4号	网　　址	http://www.hep.edu.cn
邮政编码	100120		http://www.hep.com.cn
印　　刷	北京市白帆印务有限公司	网上订购	http://www.landraco.com
开　　本	787mm×960mm 1/16		http://www.landraco.com.cn
印　　张	18.75	版　　次	2012 年 10 月第 1 版
字　　数	270 千字	印　　次	2025 年 5 月第 22 次印刷
购书热线	010-58581118	定　　价	27.60 元

教育部马克思主义理论研究和
建设工程重点教材配套用书

《马克思主义与社会科学方法论》教材编写课题组

主　　编　杨春贵

参 编 者（以姓氏笔画为序）

马俊峰　　王宏波　　边立新　　孙熙国　　杨信礼

张曙光　　陈曙光　　欧阳康　　庞元正　　焦佩锋

目　录

前　言

　　本书是依据教育部马克思主义理论研究和建设工程重点教材、硕士研究生思想政治理论课教学大纲《马克思主义与社会科学方法论》编写的。本门课程教学大纲编写课题组的全体同志参加了本书的编写工作。为了交流对本门课程教学大纲精神的理解，提高教学水平，我们在这里首先谈谈本书编写工作中的一些体会，供使用这本教材的高校师生们参考。

一、关于这门课程的特点

　　中宣部、教育部在 2010 年 8 月 6 日颁发了《关于高等学校研究生思想政治理论课课程设置调整意见》，提出在硕士研究生中开设选修课"马克思主义与社会科学方法论"。这是一门新课，以前从没有系统开设过，究竟讲什么、怎么讲，完全没有经验。当年秋天，教育部在五所高校进行了试点，年底成立了《马克思主义与社会科学方法论》教学大纲编写课题组，我们 11 位同志有幸参加了编写工作。历时一年半，四易其稿，三次听取组外专家意见，也通过各种方式征求了一些高校师生的意见，教学大纲于 2012 年 5 月正式出版。在这个基础上，应高等教育出版社之邀，我们又编写了这本教材。在整个编写过程中，我们力求体现如下两个特点：

　　其一，这门课是思想政治理论课，不是一般的知识课。它应该有很强的思想性、针对性，通过这门课程的学习，帮助硕士生确立研究社会历史的马克思主义立场、观点、方法。这对于他们的成长进步、学有所获、事业有成都将有所帮助，乃至使他们在观察社会、思考人生上都有所启发，甚至终身受益。为此，在讲清理论的同时，就要十分重视联系实际，包括国际国内大局的实际、历史的实际、理论工作的实际、学科建设的实际、学生的思想实际等。特别要重视针对那些重大的带有一定普遍性和倾向性的方法论问题进行深入分析，使学生牢固树立科学的世界观、方法论，自觉地坚持实事求是，反对主观主义；坚持辩证思维，反对片面性、绝对化；坚持唯物史观，反对唯心史观，从而在重大理论是非问题上，始终保持清醒的政治头脑和正确的学术方向。

其二，这是一门方法论课，不是哲学原理课。方法与原理当然密不可分，原理是方法的基础，方法是原理的运用。原理不通，方法不可能科学。但是，原理并不等于或者并不直接等于方法，二者的侧重点是不同的。从原理到方法，有一个转化的过程。比如：唯物论是原理，一切从实际出发、调查研究就是方法；否定之否定是原理，自觉走曲折前进的道路就是方法；矛盾特殊性是原理，具体问题具体分析就是方法。做好这个转化工作并不是一件容易的事情。它不仅需要弄懂原理，而且需要总结相关的实践经验，在理论与实践的结合上下工夫，使原理具有较强的操作性。以本书的第一章为例，原来的框架是：第一节，实践是理论的基础；第二节，理论对实践的指导；第三节，坚持理论与实践的统一。这个讲法更像原理，方法论的味道不足。现在的写法调整为：第一节，立足实践的需要研究理论；第二节，对实践经验进行理论总结；第三节，在实践中检验理论和发展理论。显然，现在的写法更像方法，更具有可操作性，而与讲原理有了区别。从全书看，我们感到这个"转化"的工作做得还很不够，今后愿意跟大家一起努力，把这个问题争取解决得更好一些。

二、关于这门课的重要性

从事任何一项实践和认识活动，都需要掌握一定的方法。科学研究是一项复杂的探索性事业，尤其需要掌握系统的科学研究方法。英国哲学家培根说："工作的完成要靠工具的帮助，……正如手的工具提供运动和指导运动一样，心的工具则给理智提供暗示和警告。"① 所谓心的工具即研究的方法。他把正确的方法比做在黑暗中给人指路的明灯，说沿着正确道路前进的跛子会超过沿着错误道路前进的善跑的人。俄国生理学家巴甫洛夫说："方法是最主要和最基本的东西"，"有了良好的方法，即便是没有多大才干的人也能作出许多成就；如果方法不好，即便是有天才的人也将

---

① 周林、殷登祥、张永谦主编：《科学家论方法》第一辑，内蒙古人民出版社 1984 年版，第 99 页。

一事无成，""方法掌握着研究的命运"。①

　　方法是分层次的。有的方法只适用于某一门学科领域，如天文学中的光谱测定方法、社会学中的人口普查方法；有些方法适用于某些学科领域，如实验的方法、统计的方法等；而最普遍、最根本的方法则是哲学层次的方法，它是各门具体科学方法的概括和总结，为一切实践活动和各门具体科学提供最一般的方法，我们称之为思想方法。思想方法包括认识事物的方法、评价事物的方法和改变事物的方法。思想方法不同，对事物的解释和评价就不同，对形势的分析和判断就不同，解决问题的思路和办法就不同，思想作风和工作作风就不同，从而建构的理论和实践的结果也不同。

　　社会科学研究的方法具有特殊的重要性，这是由它的研究对象的特殊性所决定的。社会历史活动是人的活动，而人的活动都是有意识、有计划、有目的地进行的，这就容易造成一种误解，仿佛社会历史是由主观意志所决定的，没有什么客观规律可言。正如列宁所说："马克思以前的'社会学'和历史学，至多是积累了零星收集来的未加分析的事实，描述了历史过程的个别方面"，没有也不可能揭示社会发展的客观规律，因为它们"只是考察了人们历史活动的思想动机"，而"没有研究产生这些思想动机的原因"，没有"研究群众生活的社会条件以及这些条件的变更"在社会发展中的作用。② 因而它们在总体上不可能成为真正科学的研究。

　　马克思主义唯物史观的诞生在社会历史研究中实现了革命性的伟大变革，它指出，不是社会意识决定社会存在，而是社会存在决定社会意识，研究社会历史必须研究社会的物质生活条件，并从这些物质生活条件中找出相应的政治、法律、美学、哲学、宗教等观点。这样，唯心主义就从它最后的隐蔽所——社会历史领域被驱逐出去了，如同达尔文发现了有机界的规律一样，马克思发现了人类社会发展规律。历史观的这种深刻革命，为社会历史研究指明了方向，提供了"唯一科学的"说明历史的方法。

---

① 周林、殷登祥、张永谦主编：《科学家论方法》第一辑，内蒙古人民出版社 1984 年版，第 188 页。
② 《列宁专题文集　论马克思主义》，人民出版社 2009 年版，第 14 页。

如列宁所说："只有把社会关系归结于生产关系，把生产关系归结于生产力的水平，才能有可靠的根据把社会形态的发展看做自然历史过程。不言而喻，没有这种观点，也就不会有社会科学。"① 从此，"过去在历史观和政治观方面占支配地位的那种混乱和随意性，被一种极其完整严密的科学理论所代替。"② 所以，马克思主义社会科学研究方法论是我们从事社会科学研究的基本功和必修课。

三、关于这门课程的基本内容

马克思主义社会科学研究方法是马克思主义世界观、历史观、价值观在方法论上的体现。它不仅集中体现在马克思主义哲学著作中，而且贯穿于马克思主义关于政治、经济、文化、军事、外交等各方面的科学著作中，是马克思主义者观察、研究和处理社会历史问题的立场、观点、方法的总和，具有非常丰富的思想内容。本门课程的教学大纲和本书择其要者讲了七条基本方法，即以实践为基础的研究方法、社会系统研究方法、社会矛盾研究方法、社会过程研究方法、社会主体研究方法、社会认知与评价方法以及社会科学研究的世界视野。这七条又可以进一步概括为四个方面，即：实践基础、辩证思维、主体活动、世界眼光。

关于"实践基础"。马克思说："全部社会生活在本质上是实践的。"③ 实践是社会存在和发展的基础，是认识发生和发展的基础，也是社会科学研究的方法论基础。在实践中发现问题、提出问题，对实践经验进行理论概括和总结，在实践中检验理论和发展理论，是社会科学研究必须遵循的首要的基本原则和基本方法。要坚持以实践为中心、以正在做的事情为中心、以问题为中心去研究理论，而不能为理论而理论、从理论到理论；要坚持唯物主义反映论，一切从实际出发，注重调查研究，总结实践经验，而不能从原则、定义出发去构造自以为是的所谓"理论"；要坚

---

① 《列宁专题文集　论辩证唯物主义和历史唯物主义》，人民出版社 2009 年版，第161 页。
② 《列宁专题文集　论马克思主义》，人民出版社 2009 年版，第 68 页。
③ 《马克思恩格斯文集》第 1 卷，人民出版社 2009 年版，第 501 页。

持理论与实践的统一，解放思想、实事求是、与时俱进，防止和克服教条主义、经验主义等各种形式的主观主义。这就是教学大纲和本教材第一章的主要内容。

关于"辩证思维"。辩证法也是马克思主义的认识论。恩格斯说："蔑视辩证法是不能不受惩罚的。"① 首先，社会作为系统而存在，研究社会必须研究构成社会的诸种要素及其之间的关系和社会系统的历史演变。唯物主义历史观以物质生产实践为基础，把社会理解为一个复杂的大系统，指出："人们在自己生活的社会生产中发生一定的、必然的、不以他们的意志为转移的关系，即同他们的物质生产力的一定发展阶段相适合的生产关系。这些生产关系的总和构成社会的经济结构，即有法律的和政治的上层建筑竖立其上并有一定的社会意识形式与之相适应的现实基础。物质生活的生产方式制约着整个社会生活、政治生活和精神生活的过程。……社会的物质生产力发展到一定阶段，便同它们一直在其中运动的现存生产关系或财产关系（这只是生产关系的法律用语）发生矛盾。于是这些关系便由生产力的发展形式变成生产力的桎梏。那时社会革命的时代就到来了。随着经济基础的变更，全部庞大的上层建筑也或慢或快地发生变革。"② 马克思的这一段话是对社会系统思想的经典论述，为我们科学认识社会系统及其历史演变提供了根本的方法论指导，为我们具体研究经济社会形态和技术社会形态提供了最重要的理论依据，为我们正确评价社会进步提供了客观标准，从而为反对形形色色的历史唯心主义提供了强大思想武器。其次，社会作为矛盾而存在，研究社会必须研究社会矛盾。毛泽东说："社会的变化，主要地是由于社会内部矛盾的发展，即生产力和生产关系的矛盾，阶级之间的矛盾，新旧之间的矛盾，由于这些矛盾的发展，推动了社会的前进，推动了新旧社会的代谢。"③ 社会矛盾分析方法是社会科学研究的基本方法。要坚持矛盾普遍性原理，把对立统一的观点贯穿于一切社会领域和社会发展的全部过程；要坚持具体问题具体分析

---

① 《马克思恩格斯文集》第 9 卷，人民出版社 2009 年版，第 452 页。
② 《马克思恩格斯文集》第 2 卷，人民出版社 2009 年版，第 591 页。
③ 《毛泽东选集》第 1 卷，人民出版社 1991 年版，第 302 页。

的原则，注重研究各种社会矛盾的特殊性，特别是矛盾地位、性质以及矛盾斗争形式的特殊性。要十分重视研究利益矛盾和阶级矛盾，这是认识社会特别是阶级社会的中心线索。"社会的经济关系首先表现为利益"，① 阶级斗争"首先是为了经济利益而进行的"。② 再次，社会作为过程而存在，研究社会必须把它作为一个"自然历史过程"加以把握。恩格斯说："辩证哲学推翻了一切关于最终的绝对真理和与之相应的绝对的人类状态的观念。在它面前，不存在任何最终的东西、绝对的东西、神圣的东西；它指出所有一切事物的暂时性；在它面前，除了生成和灭亡的不断过程、无止境地由低级上升到高级的不断过程，什么都不存在。"③ 社会历史过程是连续性和非连续性的统一，要正确把握阶段之间的区别和联系；社会历史过程是前进性和曲折性的统一，要反对循环论和直线论；社会历史过程是客观规律性与主体选择性的统一，要坚持辩证决定论，既反对唯意志论，又反对机械决定论。研究社会历史过程，要坚持历史主义方法，既反对历史虚无主义，又反对历史复古主义；要坚持逻辑和历史相统一的方法，既防止把历史碎片化，又反对用逻辑去剪裁历史；要坚持科学预见的方法，增强历史主动性，防止和克服被动性、盲目性。以上就是教学大纲和本教材第二章至第四章的主要内容。

关于主体活动。社会历史过程是通过社会主体——人的活动而实现的，研究社会历史过程不能不研究社会主体的活动和作用。人的物质生产活动是社会历史发展的基础，人的发展状态是社会发展状况的尺度，人的本质是社会关系的总和。离开"现实的人"，用神、绝对观念、不变的人性等去解释历史，只能导致历史神秘主义。所谓"现实的人"，就是处于一定现实的社会关系中的人，从事一定物质生产实践、社会政治实践和科学文化实践中的人，而不是某种抽象不变、离群索居的人。在"现实的人"中，每一个体和群体在社会历史发展中都有其作用，但他们作用的性质和大小不同，有的是积极的，有的是消极的；有的是重大的，有的是

---

① 《马克思恩格斯文集》第3卷，人民出版社2009年版，第320页。
② 《马克思恩格斯文集》第4卷，人民出版社2009年版，第305页。
③ 《马克思恩格斯文集》第4卷，人民出版社2009年版，第270页。

一般的。从社会发展的总体看，只有人民群众才是创造历史的决定力量。杰出人物是在群众实践活动中产生的，代表了群众的利益和要求，集中了群众的智慧和经验，受到人民群众的拥护，因而在历史发展中起重大作用。我们研究社会历史必须把人民群众的决定作用和杰出人物的重大作用结合起来，给历史以全面、科学的解释。从根本上说，必须坚持群众史观，反对英雄史观。作为社会历史主体的人的活动，既包括认知活动，又包括价值活动，是追求真理和追求价值的统一，所以研究社会历史必须重视研究社会认知与社会评价方法。社会认知同"自然"认知相比，有一个显著的特点，就是它同人们的利益有关，因而只有站在人民大众的立场上，才能真正做到实事求是的科学认知。社会评价是指对社会现象、社会活动的意义评估，这种评估当然也要坚持实事求是、反对主观主义，进行科学评估；而鉴别是不是科学评估，其根本标准是生产力标准，最高标准是人民利益标准。以上就是教学大纲和本教材第五章至第六章的主要内容。

关于世界眼光。近代以来，历史实现了由民族历史向世界历史的转变。在当代，经济全球化成为不可逆转的趋势。对外开放成为每一个国家和民族经济社会发展的必要条件。社会科学研究必须以开阔的世界眼光观察社会及其历史发展，正确理解全球化与民族化的关系，历史过程中统一性与多样性的关系，社会主义与资本主义的关系等，深刻地揭示人类社会发展的客观规律，积极吸取人类一切文明成果，积极应对经济社会发展中的"全球性问题"和"全球性风险"。这是当代社会科学研究必须具备的世界眼光，也是教学大纲和本教材第七章的内容。

本书由中共中央党校原副校长、《马克思主义与社会科学方法论》教学大纲编写课题组首席专家杨春贵教授主编，庞元正、欧阳康、张曙光、孙熙国、马俊峰、边立新、杨信礼、王宏波、陈曙光、焦佩锋等同志参加了撰写和修改工作。教育部社科司原司长杨瑞森教授对全书稿进行了审阅并提出了重要修改意见，教育部社科司杨光、徐维凡同志，以及高等教育出版社范军、姚郁卉同志对编写工作给予了热情支持和帮助，在此一并致谢。

编　者

2012 年 7 月 25 日

导　论

人类对社会的认识水平，随着人类文明的进步而不断得到发展和提升。但是，在相当长的时间内，由于各种主观和客观原因，使得人们很难对社会历史作出全面、科学的解释。马克思主义的创立为人们正确解释社会历史提供了科学的方法论指导，在社会历史研究中实现了革命性的伟大变革。

第一节　社会科学与社会科学方法论

自从有了人类社会，就有了人们对社会的认识，人类社会的存在发展与人类对社会的认识把握相伴相随、同生共长。但在不同的历史时期，人类的认识方式和水平各不相同。因此，了解人文社会学科及其方法论的历史演变、社会科学的特点和作用以及社会科学方法论的性质和特点，对于我们了解和掌握马克思主义社会科学方法论具有重要的意义。

一、人类认识社会的主要方式

（一）神话传说

神话传说是原始社会人们认识社会的基本形式，是远古人们认识自然、社会和自身的精神产品，是人类对社会认识的初级阶段。那时的人类从自然界分化出来不久，认识能力很低，主要是借助于原始思维对社会进行认知，其认识成果通过集体表象得以表达，以"讲故事"等方式流传。

第一，神话传说是人类运用原始思维方式对社会的认识。神话传说是人类的认识能力尤其是抽象思维能力有一定发展但又发展得还很不充分时的产物。在人类发展的原始阶段，人们初步具备了在观念中把自己与对象区别开来并把自己与人的类存在联系起来的能力，从自身感受和自身需要出发去审视外部世界，产生出对外部世界的不满足，进而在观念中创造出理想世界和理想人物。为此，原始人类把外部世界中与自己生存发展关系中那些最直接、最重要并经常出现的因素和事件集中起来，加以强化甚至是夸张性再造，赋予它们以超现实的形式和力量，于是就产生了"神"和关于它们的神话传说。对神的塑造与传说，作为一种观念的创造，无疑需要相当水平的分析和综合能力，要求幻想和想象能力发展到相当的程度。人类的原始思维方式具有直接感受性、抽象幻想性和具象表征性。

第二，神话传说常常通过集体表象得以表达。集体表象是在原始集体中为全体成员所共有的一种相对稳定的认识倾向或解释方式，在一定的集体中世代相传，它先于个人而存在，对每一个成员的认识活动发生深刻的影响。① 集体表象作为一种不自觉而又相对稳定的思维定式和认知方式，引导原始初民以一种神秘的眼光去感知和思考世界，从而引起该集体中每个成员对有关客体产生尊敬、恐惧、崇拜等感情。由于原始人类的抽象、分辨和区别的思维能力还不够发达，他们对于人与物、主观与客观、感知的世界与实在的世界、现实世界与已逝世界及未来世界、明显的东西与隐蔽的东西之间的区别虽有了初步的意识，但还缺乏足够的了解和掌握。因此，原始初民常常把自己理想和愿望中的东西当做真实的东西。他们不仅将超自然、超人间的神秘力量加以强化与神化，而且热衷于对神话故事、神话图景进行精心编织和广泛传播等。集体表象具有超自然性、超能力性和超崇高性等特点。

第三，神话传说常常以"讲故事"的方式流传。神话传说直接地是作为一种口头文学而出现和存在的。由于抽象思维能力还不够发达，使得这时的人们还未能创造出抽象的书面文字语言符号系统以记载、交流自己的思想和观念。因此，"讲故事"就成为人与人之间和代际之间传递神话传说、交流知识经验的基本方式。但是，仅仅借助于大脑记忆和个人表达来进行的口头传诵具有非常大的局限性：一方面，它很难传播那些广泛性、复杂性和精确性的知识；另一方面，由于个体的表达能力有限，传播过程中有可能出现失真，容易导致"一知半解"和"以讹传讹"。神话传

① 参见［法］列维·布留尔：《原始思维》，丁由译，商务印书馆1981年版，第5页。

说随着人们认识能力的提升而为史鉴认识形式所取代。

（二）以史为鉴

随着生产力和人类文明的进步，尤其是语言文字符号的发明和运用，人们的生产技能与生活经验得以保持、提升和传播。经验的积累和总结使人们逐步形成了政治、伦理、军事、经济、史学、教育、文艺、美学等有关社会的思想，但在早期，它们与数学、天文、地理、水文、农耕、畜牧等有关自然的思想混合在一起，尚未分化为独立的学问。历史经验在社会认识中发挥着越来越重要的作用，以致形成了以史为鉴的认识方式。

以史为鉴，就是以人类自身的历史发展和历史经验作为认识社会和自我的参照系。从人类以往的历史活动和发展过程中采纳经验、吸取教训是这种认识活动的基本方法。这种方法的目的是为了理解现实、调节行为、创造未来。

以史为鉴是人们认识社会和社会自我认识的第一种自觉形式。它意味着人类第一次明确地意识到人们的认识必须借助于一定的外部参照系。这种参照系不仅应当有外部自然物，而且应当有人类自身。人类在自身的历史活动及其结果中找到了反观自我和现实的镜子，这无疑是人类认识的一大进步。它意味着人类已经不仅能把主我与客我区别开来，而且把"现实中的我"与"历史上的我"既区别开来，又联系起来。从"历史上的我"的活动及结果中认识"现实中的我"的存在原因和发展趋向。它使得人类社会的自我认识立足于人类社会延续发展的历史过程的坚实基础之上。

以史为鉴表明了人们对自己活动结果的关注。追求最好结果与最佳效益，历来是人类活动的重要目标。"结果"作为活动的产物，与活动的方式、节奏、速度、强度之间内在关联，现实的结果都是历史活动造成的。不仅在局部是这样，全局也是这样；不仅在物质生产中是这样，在社会的政治、思想、文化的生活中也是这样。正是源于对历史发展过程中诸多"结果"的把握，人们才逐步形成了历史意识。

修史、论史的复杂性和艰巨性，决定了它不可能是全体社会成员的事，只能由少数经过专门训练的文化人来承担。据考证，中国历史上最早的一批文化官便是史官。史官产生在殷代，负责掌管祭祀和记事。作为"上帝"与"下帝"之间的媒介和历史经验的记载者、传播者、解释者，史官具有极大的权力。学在官府与修史和论史工作的职业化，为人们突破个体生理机制的约束，在有限生涯中掌握更多的知识创造了条件。与之相应，人类对社会的认识和自我认识问题也逐渐获得了一种"学术"意义。西周末年，我国学术开始下移，至春秋战国，社会认识活动逐渐从官府、贵族、宫廷中解放出来，文化官吏分工日益细化，层次日益增加，形成了以"史证"和"史论"为中心的学术研究队伍。各种形式的图书典籍也相应发展起来。人们"谨守其数，慎不敢损益也，父子相传，以持王公"。

与逐渐发达的历史学相适应，形成了一系列具有科学内涵的治史方法。

中国史学方法最显著的特点是"求实"。孔子修《春秋》，主张"信以传信，疑以传疑"，强调"属辞比事"，述而不作，是非明辨，褒贬精当，谨慎之至，留下了著名的"春秋笔法"。司马迁作《史记》，提出了"见盛观衰"、"原始察终"、"具见表里"的社会历史认识方法。直到今天，"有一分史实讲一分话"仍然是史家治史的重要方法论原则。

中国历史认识方法的又一特点是强调"通"，即对历史事件和历史过程要有总体性把握。刘知几专作《史通》，评论古今史书及研究方法，强调治史要在"通"字上下工夫。"夫人识有通塞，神有晦明"，却只有"疏通知远"。①，为此他独创"史通学"，并指出了"通识"的几个方法论要则：博采、善采；兼善、忘私；探赜、直书。清代章学诚作《文史通义》，把博古与通今联系起来，强调"遍阅于自古圣人之不得不然，而知其然"。②

以史为鉴作为人类社会自我认识的第一种自觉形式，其局限性也是显而易见的。它常常自觉或不自觉地表现出某种带有命定论色彩的循环史观。人们对现实的关注往往被历史争论所转移和掩盖，而在社会发展中起

---

① 《史通》卷七。
② 《文史通义·原道上》。

着非常革命作用的发展、创新、突变等又常常被忽视或排除了。笼罩着人们心灵的主要的是一种保守的思想立场。对过去美好时光的追抚与叹息，对历史陈账的纠缠与论争等，不仅过多地耗费了人们的精力，而且妨碍了人们对社会历史进程的科学理解与真正推动。因此，这里讲的自觉，仍然是一种较低层次意义上的自觉，它有其不可磨灭的历史功绩，却也需要在人类理性的进一步觉醒中得以升华和发展。

（三）理性求知

所谓理性求知，就是以人类理性为根据和尺度，去理解和评价社会历史与现实，并进一步建构和创造社会的未来。这是人类社会认识的一种重要发展，既是人类理性精神的表现，又是资产阶级在其革命中所使用的思想武器。

在中世纪的欧洲，神学占据统治地位，"天启真理"至高无上，领悟上帝的旨意成为社会认识的主要目的，神学与经典诠释成为中世纪社会认识的主导方式，这在很大程度上束缚了人类智慧与人的自主意识。这个时期的欧洲万马齐喑，个性受到压抑，智能退化、理性泯灭，历史似乎停滞在无情无欲的叹息和哀怨声中。随着资本主义生产方式的萌芽、发展和壮大，人类理性逐渐觉醒，先后兴起了文艺复兴和启蒙运动。文艺复兴，名义上是要复兴古希腊古罗马文化，实质上是要创造和张扬资产阶级文化。文艺复兴以来的思想家们要求人们以理性对抗神性，以人权取代神权，高扬理性与个性，提倡创造和践行，这是人类本性的一次重新塑造和思想的大解放。启蒙运动进一步彰显了理性的作用，弘扬了社会批判精神，为资本主义和近代工业社会开辟了发展道路，德国古典哲学、英国古典政治经济学和英法空想社会主义成为其重要的思想成果和学科范式。理性认知形式有以下几个特点：

第一，它要求对历史和现实进行理性批判，这是理性认知的前提。它强调人类必须从其内在合理性要求出发并以其为尺度，去科学认识评价历史中发生的一切和现实社会状态，揭示其合理性并加以褒扬；暴露其反理性并加以鞭挞。理性的批判，作为资本主义精神的集中表现，首先指向的是封建主义及其宗法观念和神学目的论等。封建主义的一切都被当做不合理的东西受到理性法庭的审判，被唾弃和批判。资本主义制度则在这种斗争中建立、完善和发展起来，资本主义意识形态也随之得到强化和发扬。但是，理性批判的锋芒随后转向了资本主义制度本身。资产阶级锻造的理性武器不久被空想社会主义者用于对资本主义的批判。资本主义取代封建主义固然是人类历史上的一次伟大进步，但从本质上说，它仍然是用一种形式的剥削制度取代另一种形式的剥削制度。因此，阶级矛盾作为资本主义生产方式固有的内在矛盾，不仅从资本主义产生的那一天起便存在，而且随着资本主义的发展而不断强化。资本主义"理性王国"的现实终于被发现原来也是不合理性的。这一点，人们完全可以凭借反思性和批判性的理性认识得到。

第二，它要求对未来社会进行理性建构。批判是为了建设。批判着眼于历史和现实，建设则着眼于未来。资产阶级思想家对封建主义、宗法观念、神学目的论等进行深入系统批判的同时，也力求以理性为基本原则去建构资本主义的理性王国。自由、平等、博爱、公平、正义、人权等，既是批判封建主义的基本标尺，也是建构资本主义王国的基本原则。整个资本主义制度不过是这种原则的现实化、对象化、组织化。当然，空想社会主义者在对资本主义进行理性批判的同时，也力求按照他们对"理性"、"正义"、"公正"的理解去建构未来的社会，从"乌托邦"到"太阳城"，从实业制度、协作制度到"共产主义移民区"等，都是这一社会理想的思想结晶。空想社会主义尽管是"空想"的，但也包含某些积极合理的因素，从而成为科学社会主义理论的重要思想来源。理性认知使人们对社会的认知达到了一个新的高度，体现了社会认知的预见性、指导性和建构性。

第三，它要求对人与环境的关系进行理性探讨。人与环境的关系问题，本质上是人类理性的来源和功能问题。理性是人之为人的一个重要特征，主观唯心主义者把人类理性看做是人的先验能力，并且是支配一切、创造一切的最高力量。法国唯物主义者则把理性的来源和功能问题放置到人与环境的关系中加以考察，认为人是环境的产物，人类理性来自后天的塑造和教育。他们所说的环境主要是社会环境而不是自然环境，社会环境在他们看来又主要不是指决定社会面貌的生产方式或经济基础，而是指政治法律制度。当他们考察社会法律政治制度的内容并进行评价时，又将其归结为天才的意志、立法者的意见、君王的圣贤等，由此得出了"意见支配世界"的结论。这样，最终还是将理性看做社会发展的决定力量。所以，我们必须对理性自身及其来源进行理性把握。在这个问题上，只有达到辩证唯物主义的高度，才能科学解决人与环境的关系问题。

（四）实证方式

近代以来，随着自然科学的迅速兴起，实证性研究方法也逐渐扩展到社会科学研究领域，使得社会科学逐步分化并朝着实证化方向发展。

实证，即可检验、可证实，这是近代经典自然科学最本质的规定和要求。一种观察陈述或假说，只有得到足够充分的实证材料或实验结果的支持，才能被认为是科学的。因此，精确性、确定性、可重复性等，是实证的基本内涵。近代物理学、化学、天文学、地理学、生物学等自然科学学科，都是由于实验方法和数学方法的普遍应用才获得了长足发展。这种自然实证主义的有效性使人们相信：对于社会问题的研究也可以凭借实证性研究方法，来提高自己的研究水平。

实证性的社会研究方法可以追溯到圣西门和孔德。圣西门力图创立社会物理学和社会生物学，认为一旦把物理学和生物学的方法应用于社会问题研究，对于人类和社会的研究便能成为实证的和科学的学问。① 孔德是社会实证研究的集大成者，他强化了社会科学研究的实证化倾向，他不仅将实证方法提升到哲学高度，创立了实证哲学，而且强调以实证方法研究社会问题，创立了社会学，成为社会学的鼻祖。他主张以实证的知识代替神学和形而上学的思辨并依据他对社会现象内在本质的研究，以及社会生活中贯穿着某种"自然规律"的假设，提出了实证地研究社会的五种基本方法，即整体的方法、观察的方法、实验的方法、比较的方法、历史的方法。

----

① ［法］圣西门：《圣西门选集》上册，何清新译，商务印书馆 1962 年版，第126 页。

实证认识方式是有一定科学价值的，对于促进社会历史研究的科学化水平有重大历史意义。但是，由此走向另一个极端，否定本体论研究的必要性，主张所谓科学只问"是什么"，不问"为什么"，就是不正确的了。

（五）非理性方式

理性的过度张扬导致对于非理性因素的忽视和压抑，引发了人们对于人的情感、意志、欲望和个性等非理性因素的特别关注，这为社会认识中非理性认识方式的产生提供了可能。

德国哲学家叔本华一方面承接康德关于现象世界的理论，将其进一步发挥为"世界是我的表象"，另一方面否定其关于自在世界的理论，强调意志在世界中的决定地位和意义，提出"世界是我的意志"。他说，"这世界的一面自始至终是表象，正如另一面自始至终是意志。"① 而在这两个方面中，意志更为根本和重要。人的真正存在是意志，正是"人的意志"和"意志的人"构成了世界、表明了世界的本质。尼采进一步强化了叔本华的意志主义，认为生命的本质不是盲目地追求生存，而是为了更高的目的和意义。他以权力意志论取代叔本华的生存意志论。他主张把生命的激荡与冲动看做理解世界运动的基本线索，由此来理解世界的进化、人的历史、人的文化、人的生活。

存在主义哲学研究存在，但他们认为真正的存在既不是实在的物质也不是抽象的精神，而是本真的人，是真正存在的人。存在主义哲学的先驱克尔凯郭尔把孤独的个人作为全部哲学的出发点，主张从独特的个人出发来理解人以及人的世界。海德格尔主张把在、在者、此在、能在等区分开来，把人的本真存在和非本真存在区别开来，他尤其关注人的沉沦和异化，认为它们使人成为非本真的存在。雅斯贝尔斯认为哲学是关于存在的学问，真正的存在不是别的，正是人的存在，因此，哲学必须把人的生存问题作为根本问题。萨特致力于建立他所谓的现象学本体论，这种本体论实质上是对人的纯粹意识活动的现象学描述。萨特把他的存在主义看做一

---

① ［德］叔本华：《作为意志和表象的世界》，石冲白译，商务印书馆1982年版，第28页。

种人道主义，从人的主观性和超越性出发来探寻人的意义和价值、人的责任与选择、人的存在与自由，建立起他所谓的"人学辩证法"。其他的人本主义哲学，如弗洛伊德主义、人格主义等，也强调人的非理性而反对理性，把理性置于非理性的统摄之中。

理性和非理性本来都是人的两种能力和特性。完整的人是理性和非理性的统一。非理性认识却把二者割裂并对立起来，用非理性取代理性，用生命本能取代社会性，这是由一种片面性取代另一种片面性。

二、社会科学的特点和功能

社会科学是相对于自然科学而言的，它在当代学科体系中占有重要地位。自然科学以自然现象为研究对象，以探寻自然规律为目标，以实证性研究方法为手段，包括数学、物理、化学、天文、地理、生物等诸多学科。自然科学在人类科学研究、适应和改造自然的过程中发挥着巨大的作用。人文学科随着人类文明发展而逐渐形成，它以人文现象为研究对象，文学、史学、哲学、艺术等是其主干学科。人文学科的目的在于帮助人类理解和把握自身。社会科学形成于近代，它以社会现象为研究对象，力求揭示社会生活的本质和发展规律，并对社会生活作出科学的说明与合理的评价。社会科学包括经济学、政治学、法学、社会学、管理学、教育学等学科，它们在科学地研究社会和改造社会中发挥着重大的作用。

就学科定位而言，社会科学与自然科学区别较大，而与人文学科相近。本书所说的社会科学实际上亦包括人文学科在内。

（一）社会科学研究对象的特点

第一，自为性与异质性。社会科学的研究对象是社会现象，它们都是通过人的有意识、有意志、有情感的活动才形成的，并且，社会现象的运动、演变也必须依靠人的有意识、有目的的活动来维持。因而，社会科学的研究对象具有鲜明的自为性。社会科学的研究对象不仅包括经过人类加工的物质生活条件，还包括注入了人类主观意志的社会构件，如社会制度、社会关系、社会组织、社会机构，以及人的情感、意志、欲望、信念、信仰等。就其层次而言，它包含着日常的、理论的、规划的、操作的各个层次；就其向度而言，它不仅有活生生的现实，还有"消逝了的过去"和"将至的未来"等向度。可见，社会科学诸对象有明显的异质性。

第二，价值与事实的统一性。社会事实虽然可以"外在于"某个人或某些人，但却不能"外在于"所有人。马克思和恩格斯指出，全部人类历史的第一个前提无疑是有生命的个人的存在。社会事实作为人的活动的结果，必然有价值附着其中，甚至可以说，社会事实主要就是价值事实。人们在创造社会事实的过程中，必然把情感、意志、价值等因素凝结于其中。在人的现实的社会活动中，社会事实与社会价值总是互为表里、互相依存、相辅相成的关系。因此，社会研究对象具有价值与事实相统一的特征。

第三，研究主体与研究客体的内在相关性。马克思曾经指出，无论是在性质方面，还是在范围、程度和方式上，科学研究主体与科学研究客体之间都具有某种内在的对应性和相关性。一方面，主体对客体的需要和把握客体的能力决定了外部事物转化为客体的范围、程度和层次，成为主体—客体关系建立所必不可少的主体性条件；另一方面，客体对主体需要的有用性及其可知可塑性则使主体对客体的关注成为可能，成为主客体关系所必不可少的对象性前提。在社会科学研究系统中，主体与客体之间存在着一种特殊的自我涉及、自我相关，这种相关性是社会科学研究系统区别于非社会科学研究系统的最本质的特征之一，是主客体相关律在社会科学研究系统中的特殊表现。社会科学研究活动中，科学研究的主体是生活在社会世界之中的人，科学研究的客体则是通过人们的活动而形成的社会世界，主体与客体之间共质同构，密不可分地自我相关着，由此必然产生出相互对话、相互顺应或相互制约、相互避讳的"自适应"情况。社会科学研究就是社会的人在这种异常复杂的情形之下对人自己生活于其中的社会世界的科学研究。

第四，更大的偶然性与不确定性。与自在存在的自然世界不同，社会是自为的存在。在这个具有自我意识、自我组织、自我调节和自我更新功能的有机体中，不确定的因素更多，偶然性更大。与自然现象相比，社会现象的变化、发展更为迅速，并且这种演变基本上不是循环往复的，而是大多具有新奇性和独特性。在社会历史领域内进行活动的，是具有意识的经过思虑或凭激情行动的追求某种目的的人。当然，社会现象的偶然性、不确定性并不能构成对社会规律的否定。表面上偶然性在起作用的地方，总是受到内部隐藏着的必然性所支配。人们自己的社会行动规律就是通过这些充满不确定性、偶然性的有意志活动及其交互作用而形成的。因此，社会科学研究要更加重视通过偶然性而发现历史的必然性。

第五，可预言性与准确预言的有限性。人们的预言、预测，一般是从一定的初始条件出发并依据特定规律而作出的。预言、预测的可能性和有效性，取决于对象本身及其发展规律的性质和预测主体的能力。社会发展在总体上是有规律可循的，具有可知性和可预言性。但是，与自然现象的可知性、可预言性相比，社会现象的可知性、可预言性又具有更为明显的限度，因为社会规律比自然规律更为复杂。从规律的表现形式来看，自然规律更多地表现为动力学规律，社会规律则主要表现为统计学规律。一般来说，动力学规律所展示的事物之间的规律性关系是一种一一对应的确定性联系，它指明一种事物的存在必定导致另一种确定事物的发生。同时，在动力学规律的作用下，偶然现象的作用是非常有限的，因而可以忽略不计。与之不同，统计学规律展示的不是事物之间的简单的一一对应关系，而是一种必然性和多样随机现象之间的规律性关系。它不仅不能排除大量的偶然现象、随机现象，相反，正是在大量的偶然现象、随机现象中才能表现出规律性。社会事件的发生大多具有随机性。因此，社会科学的可预言性与准确预言具有较大的有限性。①

（二）社会科学研究活动的特点

第一，社会科学研究结构中的研究主体与研究客体自我相关。一方面，在社会科学研究系统的"解剖结构"中，从事社会科学研究活动的主体是人，而人只能是社会的人。不论是个体或集团的科学研究主体，都只能产生和存在于社会之内并在其中获得自己的全部规定、能力、特质和

————————

① 参见欧阳康主编：《人文社会科学哲学》，武汉大学出版社 2001 年版，第 128—134 页。

使命。另一方面，社会科学研究的客体是社会，而社会只能是人的社会。它既是历史上人们交互作用的产物，又是社会人现实存在的基本方式。这样，社会科学研究活动作为主体观念地把握客体的具体运动，便实际地成为社会的人对于人的社会在观念上的接近运动。社会科学研究是社会的人对包括自身在内的社会的科学研究；主体和客体在这里自我相关、难解难分。

第二，社会科学研究活动与社会历史运动内在交织。从发展过程考察，研究社会的活动以把握运动和发展中的社会历史过程为目标和任务。而这种科学研究活动作为人的一种自觉能动活动又实际地内在于社会历史的运动过程之中，作为其中不可实际分割和不可缺少的组成部分而存在和发生作用。社会历史过程不仅作为对象规定着科学研究的结果，而且作为社会科学研究活动所赖以存在的宏观背景而制约着社会科学研究过程。另一方面，社会科学研究活动不仅以自身的活动方式及其发展过程影响着社会历史运动的总体格局和宏观样式，尤其以不断地生产出新的社会学说和社会思想而支配和指导人们的社会历史活动，通过改变人们的具体活动模式而影响到社会历史的进程。

第三，社会科学研究活动的产品与社会科学研究活动的中介系统自相缠绕。社会科学研究活动也是一种有中介的活动。各种形式的物质和精神文化产品，尤其是其中的语言符号和工具系统，是社会科学研究主体观念地掌握社会历史客体的手段和工具。但是，正是在这些文化产品上，我们可以看到它们的多样属性、多重地位和多种功能的自相缠绕。首先，它们是人类以往历史活动的产物，是社会历史过程的记载和见证。在这种意义上，它们是人们科学研究已逝社会历史的中介和凭证。其次，它们是现实的人进行社会交往的工具和媒介，是现实社会存在的组成部分和基本要素。在这种意义上，它们是现实的社会科学研究客体的组成部分。再次，它们是未来文明发展的原点，对未来社会的进化发生着不可忽视的影响，是科学研究主体预测未来社会、观念地建构理想世界的基本依据和现实的参照系统。可见，文化产品在社会科学研究系统中既属于客体又可服务于主体，既是科学研究的对象又须履行"中介"的职能，既是了解历史的窗口又是预测未来的透镜……这多种属性、地位和功能的相互渗透、缠绕和制约，赋予了社会科学研究活动更加神奇的色彩。①

（三）社会科学的特点

第一，个体性与社会整体性的统一。从分析单位的角度来看，整体与个体绝对不能相互割裂，二者是既相区别又相联系的。从发生学的意义上看，个体与社会整体是同步发生、同步形成、同步演进的；从共时态的意义上看，个人与社会整体无论是在实体性、关系性上，还是活动论、价值论上都是密不可分地内在相关、互为条件和相互关照的；从进化论的意义上看，个体与社会整体在人的发展历程中既相互制约又相互促进，二者在范围、程度和水平等各个方面也都处于相关发展的共变过程之中。人及其活动的产物、社会现象都是个体性与社会性的统一。研究对象的这种特殊性质决定了整体研究与个体研究都不是研究社会现象的唯一方法，二者并不完全对立。实际上，它们在社会科学研究中具有功能互补性。因此，社会科学研究应当在个体与社会整体之间保持张力，在个人与社会的有机相关性和互为参照性中展开自己的研究思路，在人与世界的多方面、多层次、多向度参照关系中达到人在高层次上的自我关照和自我理解。研究对象与研究方法的上述特点，决定了社会科学本身也并不是只具有个体性或只具有社会性、整体性，而是个体性与社会整体性的有机统一。

第二，实证性、说明性与理解性、体验性的统一。对社会现象的科学研究我们有两种互为补充的科学研究方式：一是侧重通过实证方法来客观地分析事物的本质、结构、功能及发展规律；二是通过对行为者或社会事件的意义的理解来揭示事物表象之间的内在联系。人与社会位于物质进化阶梯的最高台级，社会运动奠基于也包含了物质世界、生命世界的各种运动形式，服从于各个层次的运动规律和发展规律，因此，对社会现象进行研究，有必要通过各方面各层次的思路和方法来加以把握。在这种意义上，社会科学研究完全排除自然科学的方法是不应当也是不必要的，但仅仅采用自然科学的方法显然也是不够的。自然科学方法与社会科学方法之

---

① 参见欧阳康：《社会认识论》，云南人民出版社 2002 年版，第 109—111 页。

间也并非相互排斥，它们是相容的、互补的，各自有助于说明人类社会生活的不同方面，可以同时在社会科学中得到运用，并帮助人们达到对社会现象的全面完整的理解。因此，社会科学应该是实证性、说明性与理解性、体验性的统一。

第三，批判性、规范性与建构性、创新性的统一。社会科学在对社会现象所进行的描述、说明、理解、反思中，总是浸透着强烈的怀疑精神和批判精神。一种进步的、合理形态的社会科学，总是能对现实的观念世界和物质世界保持清醒的批判态度。它不满足于现有的社会知识，不迷信任何形式的权威，不故步自封，而是始终致力于创造新概念、新定理、新理论、新学说，始终致力于探索、创新，揭示新的真理，始终致力于观念地和实际地建构一个更加美好、合理的新世界。批判、启蒙、创新是进步的社会科学的内在本性，也是社会科学的生命所在。在当代科学体系中，人文科学的批判性、启蒙性、规范性要更强。人文科学的价值不在于直接提供物质财富或实用工具与技术，而是为人类建构一个意义的世界，守护一个精神的家园，通过唤起人类的理性与良知，提高人的精神境界，开发人的心性资源，激发人格力量等方式推动着社会历史的发展和人类的进步。

第四，真理性与可错性的统一。作为对社会现象的科学研究的理论形式，社会科学的不同学科能从各自的侧面和角度在不同程度上揭示社会现象的本质、结构、发展规律，因而，它们都具有一定程度的真理性。但是，社会科学的真理不是绝对的、永恒的，而是具有可错性或可变性的。社会科学对社会现象进行合理解释，这是有风险的、可错的。社会科学虽然也像自然科学一样有一个知识总量积累、水平日渐提高、理论日益完善的进步过程，但是，在社会发展的一定时代却有可能创造出后世难以再现、超越甚至企及的精神高峰。同时，人类社会有许多具有永恒价值和意义的问题，诸如人的本质、世界的意义、生活的目的，以及关于什么是理想、幸福、正义、美丑、善恶等问题，是很难在一定的时代获得一个永恒的答案或不变的结论的。它们会随着人类历史的推进、时代的变迁而呈现出不同的性质和意义，需要人文学者不断地对它们作出新的解释和理解，赋予这些永恒的话题以新的意义。人类的进步和社会的发展也会不断地提出新的问题，需要人们不断地对其加以解答。因此，社会科学理论只要与实践结果之间的不一致超出可容许的误差范围，理论就要加以修改。相应地，社会科学知识的生命期一般相对较短，它对社会现象的说明和解释既有真理性，又具有可错性、可变性。这是社会科学的不足，但也是社会科学的优点和生命力之所在。

第五，价值中立性与非中立性的统一。一方面，社会科学知识作为对社会的本质、规律的正确反映和理解，是社会科学研究与社会现象的一致或符合，它们具有客观真理性。尽管社会科学知识以概念、命题、原理等主观形式表现出来，但是，它们的内容却具有客观性和相对普遍的有效性。换言之，它们所揭示的各种社会规律在一定范围内是具有客观性、稳定性和重复性的，这不以任何人的主观意志和价值观念为转移。社会知识与对象的内容之间具有"相符性"这是客观的。凡为科学的理论都必定具有这种相符性，否则，当某种理论被称为科学的时候，它就成为伪科学。因此，在社会科学的内容具有客观性，其所反映的社会规律是客观的，它们与其对象之间具有不以人的意志和价值观念为转移的"相符性"。在这一特定的意义上，可以认为，社会科学是"客观的"、"价值中立"的。另一方面，科学绝不只是一种客观的知识体系，尤其不是一种脱离社会和人文价值环境的知识体系，因为它同时还是一种社会活动、一种社会建制、一种文化，它是由作为价值载体的人来实现的实践活动，因而又具有"价值非中立性"。

（四）社会科学的功能

正是由于社会科学的多样特点、特殊地位和独特价值，它对我们理解、科学研究、决策和评价社会及其发展有着重要的功能。

第一，社会描述和说明功能。运用社会科学的术语对社会进行符合实际的描述，它侧重指出社会中各种现象"是什么"，这是社会科学的基本功能之一。社会科学对社会的描述主要包括两类：一类是结构描述。它通过对社会各子系统及其排列和联系的描述，进而对整体社会世界的结构和性质进行说明，以使人们对社会的经济结构、政治结构、文化结构及社会的总体结构等的本来面目有更为清晰的研究。另一类是状态变化描述。它对社会世界整体及其诸要素的发生、运动、变化、发展的过程进行动态描述，使人们对社会发生、社会变迁、社会发展的历史进程达到系统的把握。社会科学乃至一切科学之所以产生，其原因之一是人们有探索各种疑难现象"为什么"会这样或那样发生、发展的本性。

第二，社会理解功能。这是社会科学特别是人文学科所具有的独特功能。社会科学的社会理解功能是由社会现象的意义和社会科学研究主体的能力决定的，其要旨在于提示并阐释社会现象的价值、作用和效应。社会理解当然包括社会认知，即对社会现象的含义的了解和把握，但社会理解又不仅是甚至主要不是一个认知的过程，而是一个比社会认知更为复杂的人的精神生命的存在过程、作用过程、丰富和发展过程。了解、领会和把握社会意义的过程固然是在现实的社会实践中展开和实现，因而有其客观的社会基础，但其实质内容却是人的精神生命的自我实现和自我超越。人通过社会科学而实现的自我理解和自我超越，既不仅是对"人已是什么"的静态描摹，也不仅是对"人应是什么"的价值要求，而主要是对在社会历史中活动的人"可能是什么"的意义阐释与把握。在对"人可能是什么"的揭示中，既包含了对"人已是什么"的知识性观念，又包含着对"人应是什么"的期盼和希冀，但又不归结为二者之中的任何一方，它是二者的统一。

第三，社会反思功能。对人和世界的认知关系与实践关系不断进行反思，是社会科学的又一显著功能。社会科学活动是主体以思想、观念的方式接近和掌握客体的自觉活动。科学研究社会现象，本身便包含着对人们的思想和一定思想支配下的行为与活动的科学研究，是一种社会总体的自我科学研究，从而也是一种反思性科学研究。社会科学的反思功能既表现在对人与社会的认知关系或观念关系研究的反思，也表现在对人与社会的实践关系研究的反思。黑格尔指出："哲学的科学研究方式只是一种反思，——意指跟随在事实后面的反复思考"，反思以思想本身为内容，力求思想自觉其为思想"。① 反思就是对思维对象的反复思考，又是对思维

① ［德］黑格尔：《小逻辑》，贺麟译，商务印书馆 2009 年版，第 7、38 页。

本身的反身思考。

第四，社会预见功能。作出科学预见，是社会科学的理论创造与能动作用的显著表现，这是人类合理地改造世界的思想基础。一个有理性的人都会尽可能预见其行为可能引起的社会效应。当然，由于社会本身的复杂性，人们对自己的行动的结果并不总是都能准确预见并有效控制，但力求有所预见，则是人类理性的必然要求。社会科学预见的可靠性、正确性，在可能的范围内是因为理论揭示了对象本质的结果。科学预见要求准确地表达被预见现象发展的具体条件，并运用逻辑的规则以及数学运算，对导出结果的现实可能性作出评估。在社会科学的预见中，鲜明地显示出理论思维对于科学研究的经验层次的超越。社会科学的预见功能，对于在社会发展中有效控制复杂系统并对社会系统的进程进行监督有着巨大的意义。当然，社会预见同社会说明一样，都不可能是绝对的、一劳永逸的。相反，解释错误、预见失败的情况屡见不鲜。这是因为社会本身具有无限的复杂性和发展的无限性，而一定历史条件下的研究主体，其认识能力总是有限的。这种无限和有限的矛盾正是科学发展的动力所在。

第五，社会批判和规范功能。社会科学不仅对社会进行描述、说明、理解和反思，而且对其进行批判。马克思指出，哲学家们只是用不同的方式解释世界，而问题在于改变世界。为了改变世界，人们必须对现存世界进行合理的批判，由此确立作为现实之否定形态的社会理想，进而通过合理的社会实践把社会理想转变为新的社会现实。具有科学精神和人文精神的马克思主义社会科学既不承认包括自身在内的现有一切科学研究和价值观念具有绝对权威性，也不承认现实实践和社会是尽善尽美的。相反，它始终对现实的观念世界和物质世界保持一种清醒的批判态度。这种批判态度并不是消极地否定一切，而是在否定中包含肯定，在"破旧"中包含"立新"，即在批判旧世界中发现新世界，从而使人们在处理自己同外部世界关系的活动中既有连续性、规范性，又有创造性、开拓性。

第六，社会创新和变革功能。社会科学的任务不仅在于说明世界，更重要的在于改变世界，为创造新世界提供理论原则、行动指针和精神动力。马克思指出，包括社会科学在内的科学是"一种在历史上起推动作用的、革命的力量"，① 是推动人类社会发展的一个伟大的历史杠杆。江泽民说："社会科学研究的方向是否正确，社会科学发展状况如何，对人们的思想意识和社会的道德风尚，对经济建设，对社会的稳定和发展，都会产生巨大而深刻的影响，甚至关系到中华民族的兴衰和社会主义的命运。"②

　　人类文明的进步为社会科学的发展提供了前提和条件，而社会科学的发展又为人类文明的进步提供了思想指导。通过对社会历史的回溯与反思，对现实社会的批判与构建，对未来社会的展望与规范，社会科学研究可以达到提升社会的自我认识能力，使人类文明发展行进在正确的方向和轨道上。社会科学的发展标志着人们在认识社会和提升自我认识方面的进步。社会科学研究以其超前性和预见功能，引领人类文明的进步与发展。

三、社会科学方法论的性质和特点

　　"方法"一词在中国古代是规矩、规则的意思。《墨子·天志》篇把以"规"度量圆形之法称做圆法，把以"矩"度量方形之法称做方法。"无以规矩，不成方圆"，就是从这里来的。在西方，"方法"一词源于希腊文，由"Κατά μήκος της"（沿着）和"Οδική"（道路）两个词组成，意思是沿着正确的道路前进。今天我们所说的方法，就是主体依据对客体发展规律的认识而为自己规定的活动方式和行为准则，是人们实现特定目的的手段或途径，是主体接近、把握以至改造客体的工具或桥梁。在科学的探索活动中，研究方法为人们提供规范、原则、程序等，最终影响甚至决定着主体对客体把握的广度、深度和正确程度。方法论是关于方法的理论，它以多种多样的方法为研究对象，探讨方法的基本原理和基本原则，为人们正确认识事物、评价事物和改造事物指明方向。一定的方法论体现着一定的世界观、科学观和技术观。依据理论体系的不同层次而分出

---

① 《马克思恩格斯文集》第 3 卷，人民出版社 2009 年版，第 602 页。
② 《毛泽东邓小平江泽民论哲学社会科学》，中国社会科学出版社 2005 年版，第32 页。

不同层次的方法论，如哲学方法论、科学方法论、技术方法论。

社会科学方法论是从事社会科学研究的方法论，它是对各门具体社会科学研究方法的概括和总结，因而对各门社会科学研究具有普遍的指导意义。社会科学方法论与自然科学方法论的差异，是由它们研究对象的特点所决定的。社会科学的研究对象是人类社会。人类社会与自然界的同一性决定了社会科学研究可以而且应当学习借鉴自然科学的某些方法；而人类社会与自然界的差别性则要求社会科学必须具有适合于社会现象的独特研究方法。

社会科学研究存在着主客体同体性、价值关涉性和理解建构性等独特的方法论特点。

第一，社会科学研究的主客体同体性。社会科学研究者是社会当中的人，相对于社会来说他们是研究的主体；但是社会科学的研究者必然是社会的一部分，因此自己又自然地变成了研究的客体。社会科学研究的这种主客体同体性是社会科学本身的特殊性导致的，而这种特殊性必然影响到我们的研究方法。社会科学研究者既要努力"跳出"社会，力求客体性地对待社会；又要努力"进入"社会，力求更为主体性地体悟社会。因此，这也要求我们社会科学研究者保持某种主客体的张力，不断进出穿梭于社会。

第二，社会科学研究的价值关涉性。马克斯·韦伯曾经提出社会科学研究的"价值中立"原则，要求人们将价值判断从经验科学的认识中剔除出去，划清科学认识与价值判断的界限。但事实上，一方面，社会科学研究始终处在社会历史当中，它必然受到历史背景、文化传统、社会思潮等价值观念的影响；另一方面，社会科学研究总是对某种社会问题的研究，也是试图通过研究找到解决方案。此时，人们将社会某种现象当做社会问题并希望化解或推进，这本身就是某种价值选择和评价。无论是社会认识论的研究主体，还是社会认识论的研究对象，它们都总是包含、渗透、负荷着人的价值因素。在社会研究中，研究主体作为社会存在物、文化存在物，他们总是处于某种社会文化环境之中，其研究动机、目的、方法等无不总是打上各自文化传统和价值观念的烙印；同时，作为社会研究对象的社会现象，也不是完全自在与人无关的"自然"现象，它们都具有人为性。根据认识系统中的主—客相关律，任何社会认识都不可能与主体的价值无关。社会研究主体以及研究对象中包含、渗透、负荷的价值因素表明：社会研究是具有价值关涉性的。

第三，社会研究的理解建构性。在社会研究方法论上一直存在着科学主义与人本主义的争论。科学主义者主张对社会现象的科学研究应当采用研究自然现象一样的方式来研究社会科学，将社会科学的研究建立在观察的基础上，采用物理学等其他自然科学的方法。他们认为应当在关于人的科学和社会科学中寻求自然科学意义上的客观性、实证性、可度量性，使社会科学像自然科学那样成为可以用经验和可检验形式加以阐述的命题，成为自然科学那样的硬科学。人文主义者则突出强调社会现象与自然现象的根本区别，断然拒绝自然科学方法在社会科学中的应用，强调人的科学指向人自身，而人的思想、观念、情感、意志和行为等本身具有个别性、非确定性和非量化性，不可能以自然科学的方式而被客观地加以描述和解释，只能通过理解才能把握。因此理解是人文科学的最本质的方法论基础。我们认为，人类社会包含了物质世界、生命世界的各种运动形式，服从于各个层次的运动规律和发展规律，社会科学研究有必要通过各方面各层次的思路和方法来加以把握。在这种意义上，我们认为，在对人及人类自我认识的研究中，完全排除自然科学的方法显然是不正确的。正如人与自然、人与社会不是截然对立、彼此隔绝的一样，自然科学方法与人文科学方法也不是绝对地相互排斥、水火不容的，而是相互包容、相互补充的。它们各自有助于说明人类社会认识活动的不同方面，可以同时在社会认识论中得到运用，帮助人们达到对人类行为的全面完整的理解。不过这里必须指出，由于社会认识论的反思性质，由于社会研究的目的在于促进和提升人的自我理解，理解方法在社会研究中占有尤为重要的地位。社会研究总是在已有理解的基础之上对社会的进一步研究，而这种理解，一方面包括对某种观念社会总体的自我认知；另一方面包括研究者的个人体验，社会研究者总是自觉或不自觉地将自己的经验运用到社会研究上，这必然和研究者个体成长环境和体验相关联。社会研究常常在这种理解的基础上建构某种社会对象的模型，总是在对已有社会现状的把握的基础上建构研究者所希望的社会事物或社会状态。我们既应看到社会科学研究方法与自然科学研究方法的区别，又应看到二者之间的联系。在当代，科学在深度分化的基础上高度综合，自然科学与社会科学、自然科学方法与社会科学方法也在新的时代条件下愈来愈呈现既相互区别又相互交叉、相互借鉴和彼此融合的趋势。

第二节　马克思主义社会科学方法论

马克思主义社会科学方法论是在批判继承人类社会认识史上的积极成果的基础上，克服以往唯心主义和旧唯物主义的历史局限，依据人类文明进步与发展的客观实际而形成起来的。它开启了科学认识人类社会的新时代。

一、马克思主义在社会历史研究中的革命变革

马克思主义产生前的各种社会认识和社会理论，尽管在社会认识史上有一定的地位和作用，但由于狭小的生产规模限制了人们的眼界，特别是由于剥削阶级的偏见经常歪曲历史，使得它们在总体上不可能给社会历史以真正科学的说明。即使自然观上的唯物主义者，一旦进入社会历史领域，也难以避免地陷入历史唯心主义。正是马克思主义开启了社会认识史上的伟大革命变革。

在 19 世纪中叶，马克思、恩格斯适应无产阶级解放斗争的需要，吸收人类几千年思想文化中的积极成果，深刻分析资本主义社会矛盾和发展趋势，科学总结无产阶级斗争的实践经验，创立了马克思主义——无产阶级和人类解放的学说。马克思主义主张，研究社会历史必须研究社会赖以生存的物质生活条件，并根据这种物质生活条件说明政治、法律、美学、哲学、宗教等观点，即用社会存在去解释社会意识，而不是相反。这样，唯心主义就从它最后的避难所——社会历史领域中被驱逐出去了。如同达

尔文发现自然界发展的规律一样，马克思发现了人类社会发展的规律。历史观的这种深刻变革，为研究社会历史指明了方向，提供了科学的方法论指导，在社会历史研究中实现了革命性的伟大变革。

第一，马克思批判地继承了近代德国古典哲学的积极成果，创立了实践的、辩证的历史唯物主义哲学。黑格尔哲学是近代德国古典哲学的代表，而黑格尔的历史哲学又是近代德国古典哲学历史观的主要体现。黑格尔认为，"哲学用以观察历史的惟一的'思想'便是理性这个简单的概念。'理性'是世界的主宰，世界历史因此是一种合理的过程"。① 他认为理性既是历史的前提，也是历史发展的本质、动因和目的。历史是从属于理性的支配的，理性、绝对精神在历史领域以"世界精神"、世界历史的形式出现。之所以有历史，是因为理性要在其中认识、完成自身，理性只有呈现为历史的状态，它的意义才能显示出来，理性自我生成、自我发展的过程就是历史。马克思深刻地批判了黑格尔历史哲学的思辨的、唯心主义本质，即泛逻辑主义和泛神论本质，认为这是一种头脚倒置的哲学。同时，马克思也批判性地借鉴吸收了黑格尔的辩证方法，认为"他第一个全面地有意识地叙述了辩证法的一般运动形式，"② 在所有的历史领域中，他"都力求找出并指明贯穿这些领域的发展线索"③，"起了划时代的作用"④。马克思把黑格尔哲学中辩证法的合理内核同费尔巴哈哲学中的唯物主义基本内核结合起来，创立了实践的、辩证的、历史的唯物主义，从而为社会科学研究提供了唯一的方法论指导。

第二，马克思批判地继承了英国古典政治经济学的积极成果，揭示了资本主义剥削的秘密。英国古典政治经济学在私有财产的范围内研究了资本主义经济运动规律，探索了劳动、分工等对揭示社会发展规律的意义，从经济上分析了资本主义社会中各主要阶级之间的关系。这是有科学价值的。但是，由于他们从抽象的人性和孤立的个人出发，把私有财产看做是

① ［德］黑格尔：《历史哲学》，王造时译，上海书店出版社 2001 年版，第 8 页。
② 《马克思恩格斯文集》第 9 卷，人民出版社 2009 年版，第 441 页。
③ 《马克思恩格斯文集》第 4 卷，人民出版社 2009 年版，第 272 页。
④ 《马克思恩格斯文集》第 3 卷，人民出版社 2009 年版，第 17 页。

永恒不变的东西，这就决定了他们不能超出对私有财产的抽象的非历史的观点。而要真正理解资本主义生产方式，就必须把私有财产看做历史的产物，看做与人类历史发展的一定阶段相联系的暂时的过渡的东西。为此就必须超出资产阶级意识形态的狭隘界限，批判地对待资本主义生产方式，揭示资本主义剥削的秘密，这个历史任务是由马克思的剩余价值学说完成的。

第三，马克思批判地继承了英法空想社会主义学说的积极成果，创立了科学社会主义学说。空想社会主义又称乌托邦社会主义，是产生于资本主义生产状况和阶级状况尚未成熟时期的一种社会主义学说。它揭露和批判了资本主义制度的种种矛盾和罪恶，指出了资本主义制度的非正义性、不合理性，指出了社会主义制度代替资本主义制度的必然性，并对未来的社会主义社会提出了一些具有某种合理性的设想。但是，由于空想社会主义者不是从实际出发，而是从抽象的"理性原则"出发，因此他们虽然谴责了资本主义，却没有能够科学地说明资本主义；虽然同情无产阶级，却没有认识到无产阶级的历史作用，没有找到实现社会主义的依靠力量；虽然想创立理想社会，却没有找到实现新社会的正确道路。马克思批判地继承了空想社会主义的积极成果，把它奠基在唯物史观和剩余价值学说的基础上，使社会主义由空想变成了科学。这就为正确研究社会主义提供了科学的方法论指导。

第四，马克思批判地继承了法国复辟时期历史理论的积极成果。这种历史理论对阶级斗争进行了历史考察，初步揭示了阶级斗争和经济利益之间的关系，他们试图证明财产关系是社会制度和思想意识的基础。这些思想为马克思主义阶级斗争学说提供了有用的思想资料，但是，马克思主义没有停留在这种阶级斗争理论的水平上，而是进一步指出：（1）阶级的存在仅仅同历史发展的一定阶段相联系；（2）阶级斗争必定导致无产阶级专政；（3）这个专政不过是达到消灭一切阶级和进入无产阶级社会的过渡。马克思主义关于阶级斗争的这种科学理论为无产阶级和人类解放指明了方向，也为社会历史研究提供了基本线索。

列宁说："马克思的历史唯物主义是科学思想中的最大成果。"① 它在人类社会认识史上实现了历史性的伟大变革："第一，以往的历史理论至多只是考察了人们历史活动的思想动机，而没有研究产生这些动机的原因，没有探索社会关系体系发展的客观规律性，没有把物质生产的发展程度看做这些关系的根源；第二，以往的理论从来忽视居民群众的活动，只有历史唯物主义才第一次使我们能以自然科学的精确性去研究群众生活的社会条件以及这些条件的变更。马克思以前的'社会学'和历史学，至多是积累了零星收集来的未加分析的事实，描述了历史过程的个别方面。马克思主义则指出了对各种社会经济形态的产生、发展和衰落过程进行全面而周密的研究的途径，因为它考察了所有各种矛盾的趋向的总和，把这些趋向归结为可以准确测定的、社会各阶级的生活和生产的条件，排除了选择某种'主导'思想或解释这种思想时的主观主义和武断态度，揭示了物质生产力的状况是所有一切思想和各种不同趋向的根源。"②

马克思主义社会科学方法论，是马克思和恩格斯在批判地吸收历史上先进思想家的优秀成果，克服历史唯心主义和旧唯物主义的基础上创立的，是在社会实践发展的过程中不断完善起来的。马克思主义社会科学方法论开创了人类认识社会和研究社会的新时代。

二、马克思主义社会科学方法论的基本内容和功能

马克思主义社会科学方法论以实践的、辩证的、历史的唯物主义为根本方法，包括以实践为基础的研究方法、社会系统研究方法、社会矛盾研究方法、社会主体研究方法、社会过程研究方法、社会认知与评价方法、世界历史研究方法等，构成了一个科学、开放的方法论体系，涉及如何正确处理主体与客体、系统与要素、矛盾与过程、个人与群众、认知与评价、世界历史与民族历史等一系列社会发展中的重大关系问题。

---

① 《列宁专题文集　论辩证唯物主义和历史唯物主义》，人民出版社 2009 年版，第335 页。

② 《列宁专题文集　论辩证唯物主义和历史唯物主义》，人民出版社 2009 年版，第336 页。

第一，以实践为基础的研究方法。实践观点是马克思主义哲学的核心观点，实践是社会存在和发展的基础，是认识发生和发展的基础，也是社会科学研究的方法论基础。人们对世界的认识是与人的实践活动紧密结合在一起的。在实践的过程中发现问题和提出问题，通过对实践经验的理论概括和总结得出普遍的理论，然后在更为深入的实践过程中去检验理论和发展理论，这是社会科学研究首要的基本方法。

第二，社会系统研究方法。社会是一个复杂的大系统，包括生产力系统、生产关系系统、上层建筑系统、人口系统和自然环境系统，而且不同的社会和不同的社会子系统又有各自不同的形态和特征。马克思主义以生产实践为基础，揭示社会系统的发展规律，形成了关于社会系统的基本要素及其相互关系、社会形态的历史演变及其优化等唯物辩证的方法论原则。

第三，社会矛盾研究方法。社会作为复杂的大系统，它的诸系统之间及系统的诸要素之间呈现为复杂的矛盾关系。社会矛盾普遍存在，正是矛盾推动社会的发展。运用社会矛盾研究方法研究社会现象要求我们在矛盾普遍性和特殊性的联结中研究矛盾，着重研究矛盾特殊性，把握矛盾运动的规律性，探求解决矛盾的正确方法和途径。

第四，社会过程研究方法。社会矛盾推动社会发展，使社会展现为一个自然历史过程。运用过程研究方法研究社会现象要求我们正确地把握社会历史过程的连续性和非连续性、前进性和曲折性的统一，客观规律性和主体选择性的统一，坚持历史主义的研究方法、科学预见的研究方法以及逻辑与历史相统一的研究方法。

第五，社会主体研究方法。社会历史过程是通过社会主体活动而实现的。研究社会必须关注人及其活动。马克思主义把"现实的人"作为社会历史研究的出发点，把人的本质理解为社会关系的总和，强调人民群众是历史的创造者，评价历史人物要坚持阶级分析的方法、历史分析的方法和辩证分析的方法。

第六，社会认知与评价方法。社会是由人们的实践活动建构起来的，是人与人交往的产物。社会现象作为人的实践活动的过程和结果，既有客观事实性的一面，又包含着价值性的内容。马克思主义的社会科学方法论，要求社会科学研究必须把事实与价值、科学认知与价值评价有机地统一起来，正确地把握社会认知的方法与途径以及社会评价的客观标准。

第七，世界历史研究方法。世界是一个整体，马克思运用唯物史观研究近代以来的世界经济与社会发展，创立了世界历史理论。当代世界历史发展到经济全球化的时代，现代科学技术促进了社会的信息化进程，各国之间的交往越来越频繁和密切，我们必须确立世界眼光和全球视野。这样才有助于我们把握人类社会发展的规律，正确认识和处理经济全球化条件下的各种重大关系，推动人类社会的进步。

马克思主义社会科学方法论可以帮助人们树立正确的立场、观点、方法，可以为各门社会科学的研究提供基本原则和合理途径，进而帮助人们正确分析、选择和运用各种具体的社会科学方法。正如列宁所说："马克思的哲学是完备的哲学唯物主义，它把伟大的认识工具给了人类，特别是给了工人阶级。"① 也正如毛泽东所说："我们的眼力不够，应该借助于望远镜和显微镜。马克思主义的方法就是政治上军事上的望远镜和显微镜。"②

三、马克思主义社会科学方法论的基本原则

第一，客观性原则。按照人类社会的本来面目认识和理解人类历史，以理论体系不断的自我更新和研究方法不断的自我改进，科学揭示社会历史在其运动和发展过程中"自己构成自己的道路"，坚持认识论的实践标准、历史观的生产力标准和价值观的人民利益标准，反对任何一种形式的主观主义。

一切从实际出发，是唯物主义的基本要求。原则不是研究的出发点，而是研究的结果。我们要从事物本身中去发现其固有的客观联系，而不是从头脑中去主观地构造所谓的联系，不能用臆想的东西代替现实的东西。

---

① 《列宁专题文集　论马克思主义》，人民出版社 2009 年版，第 68 页。
② 《毛泽东选集》第 1 卷，人民出版社 1991 年版，第 212 页。

马克思以前的一般历史哲学的最本质特征之一就是脱离具体的社会历史实际，超越具体的社会历史发展从头脑中虚构出所谓适用于所有历史时代的药方或公式，从而在内容上不可避免地带有某种虚幻性、空想性。在这种情况下，它们当然无法从总体上给人们认识社会的活动以实际的帮助和正确的指导。我们坚持客观性原则，就要按照客观世界的本来面貌去认识世界，而不附加任何外来成分。

列宁在谈到观察的客观性的时候，特别指出："不是实例，不是枝节之论，而是自在之物本身。"① 因为"在社会现象领域，没有哪种方法比胡乱抽出一些个别事实和玩弄实例更普遍、更站不住脚的了。挑选任何例子是毫不费劲的，但这没有任何意义，或者有纯粹消极的意义，因为问题完全在于，每一个别情况都有其具体的历史环境。如果从事实的整体上、从它们的联系中去掌握事实，那么，事实不仅是'顽强的东西'，而且是绝对确凿的证据。如果不是从整体上、不是从联系中去掌握事实，如果事实是零碎的和随意挑出来的，那么它们就只能是一种儿戏，或者连儿戏也不如。"②

第二，主体性原则。马克思主义主体性原则，就是承认、重视并坚持主体在实践和认识活动中的地位和作用的原则。从人自身的求真、求善、求美等内在要求出发，全面认识和评价社会历史客体，并在观念中能动地创造和建构起社会历史发展的未来理想图景，在真理认识、功能评价和审美追求的统一中把握人在社会认识中的自觉能动性，特别要着力揭示人民群众创造历史的伟大作用，为人民群众改造世界提供强大的精神动力和理论指导，坚持群众史观，反对英雄史观。

坚持主体性原则要求我们充分承认人在社会活动和历史进步中的主体性地位，善于揭示人类活动的主体性效应。实践的唯物主义要求对事物一定要从主体、人的实践方面来理解，寻找人与世界之间的联系点和关节点。在这一点上，它同某种把唯物主义解释成"唯客体主义"的传统偏

---

① 《列宁专题文集　论辩证唯物主义和历史唯物主义》，人民出版社 2009 年版，第139 页。
② 《列宁全集》第 28 卷，人民出版社 1990 年版，第 364 页。

见是格格不入的。

　　坚持主体性原则要求我们对主体做具体分析。"主体"是与"客体"相联系的一个范畴。我们必须在具体的对象性关系中确认主体，把握主体的具体结构、功能、特性及其作用，探讨不同层次主体间的相互关系。反过来说，对于主体的理解不能抽象化。在社会科学研究中，往往存在着把某一特殊关系层次上的特殊主体一般化的思想倾向。它往往表现为两种极端：一种是把人类或群体、社会、阶级、民族等当做唯一的"主体"；另一种则把个别的个人当做唯一的"主体"。这两个极端互相排斥，其结果或者是导致抹杀个人及其个性，或者是导致个人主义、自由主义而否认集体、社会，这都是违背马克思主义主体性原则和精神实质的。这一原则表明：世界上和社会生活中存在着多种不同层次和不同方面的主客体关系，每一关系中都有自己具体的主体。只有正确、充分地理解每一主体各自的特点和作用，才能科学地说明其关系的存在和发展，而不能把不同的关系及其主体混为一谈，互相取代。

　　坚持主体性原则要求我们，必须认识到权力和责任的统一性。任何把主体性原则理解为人可以随心所欲，只要权力不负责任，达到"绝对意志自由"之类的想法，都是一种片面的想象。权力、责任与主体的实际地位和现实作用息息相关，权力和责任是彼此结合的。在客体面前，主体的权力所在也就是责任所在，反之亦然。因此，任何现实的主体（人类、社会、阶级、个人）从主体性原则所得到的第一条启示，就是要自觉地认清自己是权力和责任的统一体，而不是其他。在这个意义上，主体性原则正是加强主体自身建设与充分发挥主体的能动性相统一的原则。

　　第三，整体性原则。正确认识自然与社会的关系，把对社会的研究纳入自然—社会的大系统中加以考察，赋予社会认识活动以宏观的历史背景；正确认识个人与社会的关系，以现实的活动着的个人作为出发点，去把握社会的总体运动和结构；把各种分散、零碎的社会现象看做社会总体运动的有机组成部分，在各种社会要素的有序联系中揭示社会有机体的内在组织结构，特别要着力揭示生产方式在社会系统演变中的决定作用，坚持历史唯物主义，反对历史唯心主义。

整体性原则要求我们正确认识自然与社会的关系。从本体论的意义上说，人类社会是相对于自然界而言的；在广义上，人又是自然界的一部分。社会作为相对意义上的客观实体，只有在和自然界的和谐共生中才会产生相对独特的意义。作为人与自然界关系性质的投射和反映，人与社会之间的关系反过来也制约和影响着自身关系的发展。自然和社会作为人类赖以生存的两个基本方面，既是自然界不断人化的历史，也是社会从自然界不断演化生成的历史。因此，社会历史的发展和进步，必然是在自然和社会的关系中表现出来，要真正认识社会历史，必然以自然与社会之间的联系和区别为参照物，并内化为人的主观思维，最后统一于人类改造自然和社会的实践活动之中。

整体性原则要求我们正确认识个人与社会的关系。马克思和恩格斯认为，社会是无数个人交互作用的产物。作为社会最基本的细胞和社会生活最基本的单位，以现实的活动着的个人作为出发点去把握社会的总体结构和运动，是达到整体认识社会的必要步骤。个人的生存状态是在社会环境中形成的，是在自身所处的特定的背景下的一个历史缩影。个人也是一定社会关系的总和，是处于复杂社会关系之网上的纽结。个人在社会中的活动构成了二者之间的互动，其中凸显出来的社会摩擦和矛盾斗争则进一步推动了社会的不断变化和发展。因此，从现实中的活动着的个人作为出发点，厘清个人与社会之间的关系，是科学地掌握和理解社会总体的重要内容。

整体性原则要求我们正确把握社会有机体。社会有机体不是由单一细胞或者晶体组成的，而是由多种内在因素按照一定的方式结构组合并且具有一定功能的系统有机整体。比较而言，社会有机体不同于一般生物有机体，它具有特殊的聚合性和复杂性，它的一切都是通过人的认识和行为来安排和实现的，是人类赋予的"自觉"而不是"自动"的行为。因此，在认识社会时一方面要以系统方法研究社会要素，将社会总体作为基本的参照体系或者大背景去分析并考察社会有机体的各种内在组成部分，把握社会系统的构成要素；另一方面要对总体进行划分，从部分、阶段和要素这些微观层面入手来研究社会系统或者有机体，把各种分散、零碎的社会现象看做社会总体运动的有机组成部分，在各种社会要素的有序联系中揭示社会有机体的内在组织结构，特别要着力揭示生产方式在社会系统演变中的决定作用，坚持历史唯物主义，反对历史唯心主义。

第四，具体性原则。具体问题具体分析是马克思主义活的灵魂。坚持具体地看问题，反对抽象地看问题。分析任何一个社会问题，都要把它放在一定的历史范围之内，对任何社会现象都应当从其内在性质、空间范围和时间特性等方面进行具体的考察，作出定性、定量和定时的分析与判断，从与其他事物的各种联系中获得对于特定社会事件的具体了解和掌握。在阶级社会和有阶级存在的社会中，要着力分析各阶级、阶层之间具体的阶级利益和阶级关系，揭示阶级社会的特殊矛盾结构和阶级斗争的客观规律，探寻不同阶级、阶层在经济上的不同地位，用以解释他们在社会政治权力和思想文化上的差异及对立。

具体性原则是马克思主义社会科学方法论客观性原则的进一步深化和运用。就其直接意义而言，社会认识总是立足于具体的特殊的个别的社会现象和社会事件，而通过对于这些社会现象和社会事件的认识，又进一步揭示出隐藏在这些社会现象和社会事件背后的普遍性、规律性和重复性，从而更深刻地揭示社会生活的本质。根据唯物辩证法的观点，社会现象都是普遍性和特殊性、必然性和偶然性、重复性和单一性的对立统一。人们对社会的认识总是从对事物的特殊性、偶然性和单一性的认识而通向普遍性、必然性和重复性认识。这种从特殊到一般、从偶然到必然、从个别到普遍的过程，伴随着定性研究、定量研究和定时研究。

社会认识中的定性研究，包括对社会现象的属性认定、种类归并以及价值判断等。属性认定，是指根据事物的内在属性对某种现象所作的一种规定性判断，明确它是什么、不是什么。种类归并是指基于一定的标准将具有相似或相同的社会现象联系起来，归为一类，同时将异质的其他社会现象判为异类。价值判断则是对主体与客体之间的价值关系的判定，它回答的不是"是什么"、"属于哪一类"，而是它"有什么用途"、"有多大用途"。

社会认识中的定量研究，是指通过计量手段将事物固有的数量方面的特征以一定方式反映出来，并在不同社会现象的数量关系中研究事物，从而发现和掌握社会规律。定量研究中所关注的"量"包含两种基本情况：一种是绝对量，即某种社会现象自身固有的"量"的特质，如数量、程度、范围、运动速度、水平；另一种是相对量，即通过参照物，在与其他事物的比较中所显现的量。绝对量的统计和分析是观察和认识社会现象的前提和基础；结合参照系进行的相对量的考察和研究，可以帮助人们更加全面透彻地把握某一事物在社会中的实际地位，有助于对社会未来的发展作出科学预测和展望。

社会认识中的定时研究，是指从时间角度研究社会现象。任何社会现象的本质、特征及其量的变化和质的飞跃，都寓于特定的历史境遇之中，是在一定的具体的时间条件下获得的。随着时间的推移，事物的本质、特征等也必然会发生改变。从时间方面对社会现象进行分析和考察，在时间推移的过程中了解事物发展的阶段性、动态性，是社会科学研究的重要方法。

定性研究、定量研究和定时研究在社会认识中各有自己独特的视角，是具体性原则中统一而不可分割的三个方面。它要求我们在分析任何一个社会问题时，都要把它放在一定的历史范围之内，从内在性质、空间范围和时间特性等方面对社会现象进行具体的考察，作出定性、定量和定时的分析与判断，从与其他事物的联系中获得对于特定社会事件的具体了解和掌握。

第五，发展性原则。事物作为过程而存在，每一事物都有其发生、发展、灭亡的历史。研究社会现象必须坚持发展的原则，再现社会现象的过程及其本质。我们既要重视对社会系统进行静态研究，又要重视对社会系统进行动态研究。

关于社会系统的静态研究。事物的发展总是呈现量变和质变两种状态。在社会认识中，静态研究主要指根据一定时间节点或者阶段从社会运动过程中截取相对静止的部分，在观念中对其进行固化，作为人类历史活动的产物和社会进化的结果反映出来，从结构、要素、功能等方面进行全方位的定性与定量的分析和研究，从而发现其特殊本质和发展的特殊规律，为主体活动提供理论指导和实践方案。

关于社会系统的动态研究。社会的发展是绝对的。相对静止中存在运动和变化，量变达到一定程度必然引起质变。社会科学研究要善于在静态的研究中发现其动态因素，回答稳定状态下出现的新问题；更要善于研究社会怎样从一种稳定状态而通向另一种新的更高稳定状态的条件、途径等。这就要求人们在认识社会时要将那些处于相对静止、相对独立的各种社会现象和社会要素按照彼此联系、相互影响的动态发展机制来进行观察，从内部矛盾和外部冲突的交互作用中理解社会机体的活动、变化与发展，在相互交织的状态和影响中把握事物本质的存在属性和活动规律。

第三节　坚持和发展马克思主义社会科学方法论

坚持马克思主义社会科学方法论的指导地位，积极推动其与时俱进，是自觉推动社会文明进步的要求，是深化社会科学研究的需要，也是由马克思主义的性质所决定的。

一、坚持马克思主义社会科学方法论的指导地位

马克思主义社会科学方法论具有严格的科学性和意识形态的先进性。它是马克思主义世界观、历史观在方法论上的体现，是人类思想史的结晶，是工人阶级和人民群众认识社会、改造社会的锐利思想武器。它在科学实践观的基础上，正确回答了社会存在与社会意识、主体与客体、生产力与生产关系、经济基础与上层建筑、个人与群众等范畴之间的辩证关系，把唯物主义和辩证法彻底地贯彻到了社会历史领域。列宁说："沿着马克思的理论的道路前进，我们将愈来愈接近客观真理（但决不会穷尽它）；而沿着任何其他的道路前进，除了混乱和谬误之外，我们什么也得不到。"[1]

---

[1] 《列宁专题文集　论辩证唯物主义和历史唯物主义》，人民出版社 2009 年版，第50 页。

马克思主义社会科学方法论极具综合性，是社会科学发展史上一种科学而完备的方法论。它是在积极扬弃传统社会科学方法论的基础上，以唯物史观为指导，通过吸收借鉴和融合传统社会科学方法论中所有积极成果并加以革命性建构而建立起来的。历史唯物主义是马克思主义社会科学方法论的哲学基础，它为马克思主义社会科学方法论提供一般的方法论指导，而马克思主义社会科学方法论是历史唯物主义在社会科学研究领域的具体化，它是联结历史唯物主义和具体的社会科学研究的中间环节和桥梁，对于进一步推动社会科学研究的发展和丰富历史唯物主义具有重大历史作用，为人们自觉地处理同对象世界的关系提供了基本规范和准则，从而为人们更加自觉有效地从事实践活动、科学活动和哲学活动提供了必要的思维规范、评价原则和认识方法。

二、正确对待当代西方社会科学方法论

正确对待当代西方社会科学方法论，对于坚持和发展马克思主义社会科学方法论具有重要的意义。当代西方社会科学方法论是一个非常复杂的体系，其中包括科学主义与人文主义、个体主义与整体主义以及结构功能主义等主要流派。

科学主义用自然科学的眼光看待社会科学的研究对象、学科性质和研究方法，主张在自然科学的规范和方法论系统中建构社会科学的研究方式和体系。其最根本的特点在于强调社会科学与自然科学的相似性和共通性，在科学一体化观念的支配下以实证主义方式肯定社会科学的可能性，并主张应用实证的方法来研究和发展社会科学，使之走向与自然科学相似的实证主义轨道。在科学主义者看来，首先，社会现象与自然现象在形式上尽管有所不同，但在本质上却都是客观的、因果性的、有规律的，因而是可以观察、试验和概括的。其次，社会科学与自然科学之间除了研究的具体对象和内容有所不同外，在研究逻辑和研究方法上并没有什么大的区别。自然科学的观念和方法具有普适性，它不仅适用于各门各类自然科学，而且也适用于社会问题研究，可以也应当将其引入并用于社会科学研究。再次，相应的，社会科学的研究结果与自然科学知识一样具有客观性

和普遍性，并成为社会科学知识累积性增长的内在组成部分。正是在这种意义上，社会科学有可能成为像自然科学那样的硬科学。社会科学要成为科学，就应当像自然科学一样，以这种统一的科学观和科学标准来建构，并具有统一的科学性质。他们力图把社会科学纳入自然科学的体系和轨道，以自然科学的原则、理论和方法来规范社会科学，建立一种在自然科学性质和基础之上的统一科学。由此，社会科学哲学中的科学主义者又被叫做统一科学论者，科学主义意义上的社会科学被叫做统一科学。应该说，迄今为止，一体化的和实证的科学观仍然是西方社会科学的主要思潮之一，他们认为，这是衡量社会学科是否属于科学的主要标准。

人文主义突出强调社会现象与自然现象的根本区别，强调社会科学与自然科学在性质和研究方法方面的根本区别，主张运用解释学的理论与方法，否认在社会科学研究中运用自然科学方法的必要性和可能性。他们集中探讨社会科学在对象、原则和方法上的特殊性，提出了以理解和解释为主导的社会科学方法论。在他们看来，自然科学关注的对象是自然事实，人文社会科学关注的对象是人文社会现象，这两种现象是根本不同的。自然现象具有客观性、确定性、普遍性和可量化性，可以通过观察等手段对其加以客观、实证的解析与说明。而人文社会现象涉及人的主观方面，与人的信念、动机、思维、情感、意志、需要、愿望等密切相关，具有强烈的个体性、价值性、习得性、偶然性、不确定性、非量化性等。在本质上，它是个意义世界、价值世界。自然科学的基础是承认客观世界存在着普遍规律和一般原则，并以把握这种普遍规律和一般原则为己任。它致力于客观地描述世界的本来面貌和本质规律，具有强烈的和普遍有效的因果性追求。人文社会科学则否认经验的客观性和普遍的因果律，强调个体性和主观性。自然科学重视通过经验的观察来客观地加以描述和解析，社会科学则通过个体的交往来加以理解和解释，力求达到人的精神沟通和相互理解，达到对于价值和意义的合理理解与恰当评价，而这只能通过理解才能把握。因此，社会科学不可能运用自然科学的方法，而必须有自己的独特方法，这就是理解。理解基础上的解释和解释性的理解是研究社会科学的可能性的最重要的方法论基础，也是其最本质的特征。在人文主义者看来，理解和解释的过程本质上是一个"视界融合"的历史性过程。在这个过程中，理解者的主观世界与作为"文本"的人文世界之间达成一致与融合，人们由此求得对于文化世界的理解和解释。因此，与科学主义者所提供的定量化的、实用的、应用性的和累积性的社会科学模式不同，在人文主义者看来，社会科学模式是主观性、解释性、定性、个性化、多元化和非累积性的。

在我们看来，科学主义与人文主义各有其合理性，也各有其局限性。科学主义者力图用自然科学方法论来统摄社会科学方法论，它忽视了社会与自然、社会科学与自然科学的差异，从而使得社会科学无法有效地研究和把握社会的特殊性与复杂性。人文主义者则夸大了社会现象与自然现象的差异性、社会科学与自然科学的对立性，完全否认了自然科学方法论应用于社会科学研究的可能性，这就使社会科学研究难以把握社会现象客观、普遍的方面。实际上，社会现象与自然现象之间既有明显区别，也有内在联系。其联系体现在：物质的社会的精神的价值性因素构成了由客观性到主观性、由普遍性到个体性的链条和区间。社会科学与自然科学既有不同的研究对象和学科性质，也有对于真理性、客观性和合理性的共同追求。社会科学研究既可以在一定的范围内借鉴自然科学的观念和方法，以便把握那些与自然现象内在联系的方面，也有必要和可能创制自己的独特方法，进而去把握社会发展中的复杂性和个性方面。社会科学方法论应当是一个多方面和多层次的复合型体系，以利于对社会现象的全面把握。

解释社会现象应当从个体出发还是从整体出发，这是当代西方社会科学中方法论个体主义与整体主义争论的焦点问题。[①]

个体主义认为个体及其行动是社会运动和社会结构的基础，主张从个体出发解释社会现象。个体主义认为个体是社会真实本体，也是社会分析的基本单元，个体及其行动是社会运动和社会结构的基础，社会不能脱离

---

① 参见 Rajeev Bhargava：Indiuidualism in Social Science，Clarendon Press，1992，pp. 55—60.

个体存在，大规模的社会事件仅仅是事件参与者个人的行动、态度、关系的集合或结构，最终可以还原为个体和个体行为来解释。可以把波普尔看做个体主义的主要代表。他认为："社会理论的任务是要仔细地用描述性的或唯名主义性的词语建立和分析社会学模式，这就是说，依据每个人以及他们的态度、期望、关系等情况来建立和分析社会学模式——这个设定可以称为'方法论个人主义'。"① 波普尔对于方法论个体主义的界说强调了每个人的内部、外部状况对于分析并建立社会学模式的作用和意义。个体主义在西方思想史上有着悠久的传统，迄今仍为西方社会解释理论中的显学之一。而它的三种形式：本体论个体主义、说明性的个体主义与语义学个体主义，又相应地涉及社会说明和理解中的三个层次的问题：社会研究的对象是什么；如何解释这种对象；对这种解释如何进行表述等问题。对这三个问题，方法论个体主义和整体主义都有不同的回答。如果说，整体主义认为社会研究的对象是社会整体，并要求把一切社会现象（包括社会中的个人）纳入社会整体进行理解；个体主义则要求把一切社会现象（包括社会关系、社会组织、社会制度、社会规范、社会运动等）还原到个体的层面，从个人的行动和目的、意图、动机方面去理解，以把握它们的意义。因此，尽管当代方法论个体主义确实与既往社会历史哲学有这样或那样的区别，它自身内部也分化出不同的主张，但细究起来，它同整体主义一样，也是在寻求对社会理解的必要性和可能性，也同样承诺了社会意义的一种定位，只不过它把这种必要性和可能性、社会意义归结于个体及活动的层面，从而把个体对于社会理解的作用放到了至上的地位而已。个体主义还有一个更基本的认识论观点就是：如果不能观察个人，便不可能获得关于社会群体宏观特征的知识。如沃特金斯所述：对社会科学家和历史学家来说，不存在把握社会系统整体结构的"直接通道"，他们不可能像化学家那样，无须了解气体分子的具体特征即可直接测量气体的宏观性质（如温度、压力等）。我们所能得到的可靠知识必定只是关于

① ［英］卡尔·波普尔：《历史决定论的贫困》，杜汝楫等译，华夏出版社 1987 年版，第 108 页。

个人倾向和境况的，所以"对一种抽象社会结构的理论性理解应从关于具体个人的经验性信念导出"。①

整体主义认为社会整体决定社会个体，主张从整体出发解释社会现象。整体主义的所有形式都把社会整体置于首要位置，并认为社会整体是个人行为的影响者和约束者。它关注对个人行为发生作用的社会影响，集中考察社会制度、惯例等如何制约个人行为。因此，它"对社会进行分析、研究的基本对象不是个体或个体现象，而是社会的法则、倾向（dispositions）和运动等等"②。法国社会学家迪尔凯姆是整体主义者的典型代表，他更多地使用"集体性"或"集体"、"集合体"这些术语所表达的整体主义思想与孔德、斯宾塞和塔尔德等人的个体心理主义观点相对抗，认为："构成社会现象的是集体性的信仰、倾向和守则……集合体和个人这两种现象通常有不同的状况……个人的思想存在于个人身上，集体的思想存在于集体之中，它独立于个人而发生作用。与这种集体思想和行为相适应，采取某种形式，构成一种特别的团体，形成集合的现象，这与个人现象显然不同。"③ 整体主义者还认为，在历史和社会科学的说明中可以甚至必须运用整体性的社会规律或倾向，也就是说这种规律和倾向不可能还原为个人倾向和行为，而且社会现象大多是人们互动行为的意外结果，它仅靠心理学说明是不充分的。他们反对个人主义的主要依据是，历史和社会过程实质上是整体性、系统性的，运用个人主义方法不可能得到令人满意的理论说明。

综上可见，个体主义与整体主义的争论是基于对社会个体和社会整体及它们之间关系的不同理解，有其社会本体论的分歧。在我们看来，它们各自对个体与社会（以至人类整体）的关系作了片面的理解。这里问题

---

① ［美］D. C. 菲立普：《社会科学中的整体论思想》，吴忠等译，宁夏人民出版社1988年版，第39页。

② 景天魁、杨音莱：《社会学方法论与马克思》第1册，人民出版社1993年版，第89页。

③ ［法］埃米尔·迪尔凯姆：《社会学方法的规则》，胡伟译，华夏出版社1999年版，第8页。

的关键在于正确理解和说明个人、群体和类之间的关系及其历史发展、现代特点和未来走向。

我们认为，无论在发生学意义上，还是在共时态结构与历时态演进过程中，个体、群体和类作为人存在的三种层次性形式，都是密不可分地内在相关、互为条件、互织互渗、互促互动的。在发生学意义上，个人、群体和类是作为人的三种存在形式而同步发生、同时形成、同步演进的。在共时态意义上，个人、群体和类作为人存在的三个基本层次，无论是在实体性上、关系性上，还是活动论上均是密不可分地内在相关、互为条件和相互关照的。在进化论意义上，个体、群体和类在人的发展历程中相互制约又相互促进，在范围、程度和水平等各方面处于相关发展的共变过程之中。当代人的发展，既是个体人的发展，又是群体发展，也是人类的发展；当代人所面对的问题，既有个体问题，也有群体问题，还有类的问题。因此，在个体与整体的关系上，一方面是没有独立的个体则没有真实的人类，另一方面没有完整的类也不可能有真实的个体。社会正是个人、群体和类的内在统一体。既然如此，从方法论上看，要对社会现象作出科学的说明，就必须在个体与人类这种社会结构的两极之间保持张力。我们既须从个体的角度来考察群体和人类，也须从群体和人类的背景中来关照个体，个体方法与整体方法是相互使用、互相支撑的。我们既不应将其割裂开来，更不能将其对立起来。只有在个体与社会的相互关照和互为参照之中，才能达到对于社会现象的真实把握。

结构功能主义主张借鉴运用现代自然科学方法来研究人类行为和社会系统，揭示人类社会系统与生物、物理系统相同的结构和机制。结构功能主义者认为社会是具有一定结构或组织化手段的系统，社会的各组成部分以有序的方式相互关联，并对社会整体发挥着必要的功能。整体是以平衡的状态存在着，任何部分的变化都会趋于新的平衡。因此他们主张运用现代自然科学方法来研究人类行为和社会系统，揭示人类社会系统与生物、物理系统相同的结构和机制。总体来看，结构功能主义具有以下主要特征：其一，在研究层次上，结构功能主义通过强调"系统"范畴而将社会结构、社会整体作为基本的分析单位，把研究重点放在社会上，坚持社会优先于个体的立场。认为个体的社会人格是由社会赋予和塑造的，个体参与社会活动的动机也是社会价值系统的反应，并将个体活动与其行动的有社会意义的后果加以区分，以后者为研究重点。其二，在研究方向上，结构功能主义代表着一种与历史进化论和传统因果论不同的研究取向。在解释社会现象时，结构功能主义强调和侧重的是社会系统的现存结构，而非其产生的历史过程；是其在维持系统生存中所发挥的效果，而不是决定论意义上的原因；把适者生存这一进化规律作为不言而喻的前提，侧重考查其所以能继续维持生存的各种机制；对于社会系统的内部组成部分，将其视为某种既成事实，侧重考察它们在维持系统功能中所作出的贡献。其三，在研究主题上，结构功能主义致力于回答的最基本问题是：一个社会系统为了维持其存在，有哪些条件必须得到满足？这些条件又是如何得到满足的？对于结构功能主义而言，任何现存社会都具有制度模式（结构），而这些制度模式发生着相互支持的关系（功能），从而保证了社会系统的生存。即凡是有助于系统存在的因素、机制和过程都得到突出的强调和优先考虑。因此，一般认为结构功能主义具有一种维护现存体制的倾向。

我们认为，积极借鉴自然科学的方法来研究社会的结构与功能是有必要和价值的，但同时也应当看到社会在组织结构、运行机理和功能实现方面区别于自然科学的性质和特点，尤其是人的价值追求和主体性活动在社会运行中的作用。因此，社会科学研究还需要借鉴和创制自己的独特方法，以更好地把握社会的运行与发展。

西方社会科学方法论具有悠久的历史，它有许多积极的成果，特别是在微观层次和操作层面有许多科学合理的因素，有利于推进西方社会的自我批判和自我发展，也对如何看待、理解和解决当代西方社会所存在的诸多复杂问题，提供了多种思路、看法和态度。现代人文社会科学的各个学科实际上也正在面对种种问题进行研究并探索解决办法。尽管它们各自在不少方面的思路、观点不无片面，但是有许多见解也相当深刻。在这种意义上，它推动着西方社会的自我认识、自我批判、自我治疗、自我修复和自我发展，值得我们借鉴和吸收。但西方社会科学方法论由于其阶级和历史观的局限，在总体上是非科学的，不可取的。对待西方社会科学方法论，我们不能无批判地简单照搬。一方面，要善于选择、吸收它的某些合理之处，为我所用；另一方面，又要对其片面、极端和非理性的主张进行理性的披露，善于分析它的局限性，并加以改造和超越。①

三、马克思主义社会科学方法论是开放的科学体系

马克思主义社会科学方法论在与社会实践的互动中展示出自己所特有的开放性的科学体系。

第一，与时俱进是马克思主义社会科学方法论产生一个半世纪以来在国际化和民族化发展中不断改变和发展自身的历史进程的真实写照。一个半世纪以来，马克思主义作为由马克思、恩格斯及其战友所创立的具有德意志民族特色的理论，在无产阶级革命的世界性发展中不断地向相关的国家和人民传播，为他们所接受和运用，并在与各国革命实践的结合中不断地与相关的民族文化相融汇，丰富着自己的内容，改变着自己的形态，发挥着自己的功能，获得了长足的发展。马克思主义哲学在欧洲、亚洲、美洲以至世界各地得到最为广泛的传播，造就了社会主义在 20 世纪的辉煌，创生了多种民族形式的马克思主义——苏联的列宁主义，越南的胡志明主义，古巴的马蒂主义等。在中国则有毛泽东思想、邓小平理论和"三个代表"重要思想，科学发展观与和谐社会理论等将其推向了更高阶段。

第二，与时俱进是马克思主义社会科学方法论的科学本性。与时俱进是思想理论保持其科学性和真理性所必不可少的条件，也是马克思主义作为实践的、辩证的、历史的唯物主义的基本要求。在马克思主义看来，思想理论的科学性和真理性有其现实的对象性基础和实践性条件，而对象世界、人的实践都是不断变化和发展的，要想保持并发展思想理论的真理性和科学性，就必须使其与对象的发展演变保持同步的更新，以思想理论的相应变化来反映对象的变化。而从发挥思想理论的指导作用尤其是先导作

---

① 参见欧阳康：《人文社会科学哲学》，武汉大学出版社 2001 年版，第 46—55 页。

用的角度来看，更是要求思想理论的优先发展、超前发展。通过思想理论创新来带动和指导科技创新、制度创新、文化创新和其他方面的创新。这就对思想理论和方法论的与时俱进提出了很高的要求。要在思想理论上与时俱进，就必须坚持解放思想、实事求是的思想路线和认识原则。邓小平指出："解放思想，就是使思想和实际相符合，使主观和客观相符合，就是实事求是。"① 只有自觉坚持解放思想、实事求是，才能使马克思主义社会科学方法论不断丰富和发展。正如毛泽东所说："马克思列宁主义并没有结束真理，而是在实践中不断地开辟认识真理的道路。"②

第三，当代社会实践和社会现实为马克思主义社会科学方法论的开放性及与时俱进提供了鲜活的现实基础。不向社会实践和社会现实敞开，开放性就会失去现实根基，马克思主义社会科学方法论就会走向自我封闭，停滞不前。坚持马克思主义社会科学方法论的开放性，最关键的是要坚持理论与实践相结合的基本原则。马克思主义社会科学方法论从社会实践和社会现实中走来，也必须在社会实践和社会现实中发展。马克思主义社会科学方法论的研究对象、理论视野、适用范围的开放性以及理论的真理性，是马克思主义社会科学方法论进一步发展的理论前提；日益敞开的现代化建设实践和不断发展的人类社会为马克思主义社会科学方法论的发展奠定了现实基础；社会现实和社会实践的发展路径，为马克思主义社会科学方法论的发展拓宽了发展道路；现代自然科学和思想理论成果的丰富性，为马克思主义社会科学方法论提供了宝贵的精神滋养。这些都为马克思主义社会科学方法论的发展和完善开辟了广阔的前景。

经济全球化和科学技术革命深刻地改变了当今世界的面貌，使人类社会的生产方式、生活方式和交往方式发生了并继续发生着历史性的巨大变化。恩格斯说："甚至随着自然科学领域中每一个划时代的发现，唯物主义也必然要改变自己的形式；而自从历史也得到唯物主义的解释以后，一条新的发展道路也在这里开辟出来了。"③ 我们应当以马克思主义为指导，

---

① 《邓小平文选》第 2 卷，人民出版社 1994 年版，第 364 页。
② 《毛泽东选集》第 1 卷，人民出版社 1991 年版，第 296 页。
③ 《马克思恩格斯文集》第 4 卷，人民出版社 2009 年版，第 281 页。

认真总结中国特色社会主义现代化建设的历史经验，借鉴和吸收人类一切文明成果，直面当代人类文明发展中的各种矛盾和问题、各种理论和方法，通过深入研究和探索，不断丰富和发展马克思主义社会科学方法论。

第四，与时俱进、开拓创新是马克思主义社会科学工作者应有的精神状态。理论工作者要勇于和善于随着实践的发展而不断地自我批判、自我更新、自我发展、自我超越。创新是一个民族进步的灵魂，是一个国家兴旺发达的不竭动力，是一个政党永葆生机的源泉，也是一个马克思主义者最为重要的精神状态。中国特色社会主义事业既无前人的现成经验可以照搬，也无外人的现成道路可以照走，更不可能停顿下来等待理论探索好了再往前走。我们只能在实践中探索，在实践中发展。为了在实践中尽可能地避免失误和减少代价，在最短的时间里以最小的代价获取最大的成功，要求我们在思想上始终保持与时俱进的精神状态，通过理论创新推进和指导实践创新。面对当代世界的新变化和当代中国的新发展，我们哲学社会科学工作者应当以更加开放的心态、更加广阔的视野、更加缜密的思维，坚持和发展马克思主义社会科学方法论。

思考题

1. 如何理解社会认识与社会科学方法论的演变逻辑？

2. 如何理解社会科学方法论的性质和特点？

3. 如何理解马克思主义在社会科学研究中的革命变革？

4. 如何评价和借鉴西方社会科学方法论？

5. 如何在理论与实践的结合上坚持和发展马克思主义社会科学方法论？

阅读文献

1. 黎澍、蒋大椿主编：《马克思恩格斯论历史科学》，人民出版社1980年版。

2. 中国社会科学院马克思列宁主义毛泽东思想研究所编:《毛泽东邓小平江泽民论哲学社会科学》,中国社会科学出版社 2005 年版。

3. 陈先达:《走向历史的深处——马克思历史观研究》,中国人民大学出版社 2006 年版。

4. 欧阳康:《社会认识论导论》,中国社会科学出版社 2010 年版。

5. 陈波:《社会科学方法论》,中国人民大学出版社 1980 年版。

6. 刘鲁鹏:《解开社会之谜——历史唯物主义方法述要》,明天出版社 1996 年版。

7. [德] 马克斯·韦伯:《社会科学方法论》,李秋零、田薇译,中国人民大学出版社 1999 年版。

第一章　以实践为基础的研究方法

实践是社会存在和发展的基础，是认识发生和发展的基础，也是社会科学研究的方法论基础。在实践中发现问题和提出问题，对实践经验进行理论概括和总结，通过实践检验理论和发展理论，是社会科学研究应当遵循的首要的基本原则。

第一节　立足实践的需要研究理论

马克思主义认为，社会生活在本质上是实践的。实践是人类社会产生、存在和发展的基础，也是社会科学研究的基础。从事社会科学研究，必须立足于人的实践活动，把实践的需要作为理论研究的出发点。

一、社会生活在本质上是实践的

马克思主义创立了科学的实践观，阐明了实践在社会生活中的地位和作用，实现了世界观和历史观的革命变革，为社会科学研究奠定了基础，指明了正确方向。马克思指出："从前的一切唯物主义——包括费尔巴哈的唯物主义——的主要缺点是：对对象、现实、感性，只是从客体的或者直观的形式去理解，而不是把它们当做人的感性活动，当做实践去理解，不是从主体方面去理解。因此，和唯物主义相反，唯心主义却把能动的方面发展了，但只是抽象地发展了，因为唯心主义当然是不知道现实的、感性的活动本身的。"[①] 忽视人的社会实践活动，是一切旧哲学的共同局限性，因而它们不可能正确地解释历史的发展。马克思主义用人的实践活动解释历史的发展，从而达到对社会历史的正确认识，为社会科学研究奠定了可靠的方法论基础。

---

① 《马克思恩格斯文集》第 1 卷，人民出版社 2009 年版，第 503 页。

　　第一，实践活动决定人类社会的产生、存在和发展。历史的发源地不在天上的云雾中，而在"尘世的粗糙的物质生产中"。人的实践活动是把人和动物区分开来的"第一个历史活动"，"一当人开始生产自己的生活资料，即迈出由他们的肉体组织所决定的这一步的时候，人本身就开始把自己和动物区别开来"。① 马克思主义以前的历史观都是唯心史观。旧唯物主义离开人的实践活动，满足于用自然解释历史的发展，否认社会历史的实践本质。在旧唯物主义者的视野中，只有自然的历史，没有社会的历史。唯心主义只承认抽象的精神活动，不承认现实的人的实践活动，用抽象的精神解释历史的发展，把人类社会的历史完全归结为精神的历史，用逻辑的自我运动取代了人类历史的发展，实质上是否认了真实的历史和现实的人的活动。其结果是旧唯物主义陷入了自然主义，唯心主义滑向了神秘主义。它们的共同局限在于，否认了人的实践活动在观察和认识社会中的作用，因而不可能达到对社会的正确认识。历史唯物主义用人的实践活动解释历史的发展，超越了自然主义和神秘主义。马克思、恩格斯十分关注对人类历史的研究，他们强调指出，"我们仅仅知道一门唯一的科学，即历史科学。历史可以从两个方面来考察，可以把它划分为自然史和人类史。……我们需要深入研究的是人类史。"② 人类历史是人们自己创造的，一部人类社会的历史，本质上就是人的实践活动的历史。人的实践活动贯穿于社会发展的全部历史过程，包含着人类历史的全部秘密，人的实践活动的水平体现了历史发展的程度。因此，立足人的实践活动研究社会，用人的生产实践活动解释人类历史的方法，"是唯一的唯物主义的方法，因而也是唯一科学的方法"③。

　　第二，实践活动不仅改变了环境，同时也改变了人本身。实践活动作为人的存在方式，是人类为了满足自身需要而进行的能动地改造世界的物质性活动。实践活动作为人类特有的活动，集中体现了人的本质的社会性。物质生产实践、社会政治实践、科学文化实践，是人类实践活动的三

① 《马克思恩格斯文集》第 1 卷，人民出版社 2009 年版，第 519 页。
② 《马克思恩格斯文集》第 1 卷，人民出版社 2009 年版，第 516—519 页。
③ 《马克思恩格斯全集》第 23 卷，人民出版社 1972 年版，第 410 页

种基本形式。在上述三种实践活动的基础上，形成了社会生活的三大基本领域，即物质生活、政治生活和精神生活，并对象化为社会的基本结构，即经济结构、政治结构和观念结构。在上述三种实践活动中，物质生产实践是人类最基本的实践活动，对其他实践活动具有主导的作用。人的生存依赖于人的物质生产活动。"人们为了能够'创造历史'，必须能够生活。但是为了生活，首先就需要吃喝住穿以及其他一些东西。因此，第一个历史活动就是生产满足这些需要的资料，即物质生产物质生活本身。"① 正是在这个意义上说，物质生产活动是人的存在方式或生存方式。人们通过物质生产活动，在满足自身需要的同时，也使外部世界发生了变化。我们"周围的感性世界决不是某种开天辟地以来就直接存在的、始终如一的东西，而是工业和社会状况的产物，是历史的产物，是世世代代活动的结果"② 。人们在进行物质生产的同时，也生产了自己的物质生活；在改变生产方式的同时，也改变了自己的生存方式；在改造客观世界的同时，也改造了人的主观世界；在改变环境的同时，也改变了人本身。环境的改变和人的活动或自我改变的一致性，只能被看做并合理地理解为革命的实践。

第三，实践活动是思维和存在、主观和客观统一的基础。马克思主义实践观的确立，不仅科学地解决了人和环境的关系问题，同时也科学地解决了人的认识问题，解决了思维和存在、主观和客观的关系问题。实践活动高于理论活动，实践不仅具有普遍性的品格，而且具有直接现实性的品格。思维和存在的统一，主观和客观的统一，只有在人的实践活动中才能得到解决。人的思维是否具有客观真理性，这不是一个理论的问题，而是一个实践的问题。只有通过实践，才能达到思维和存在、主观和客观的统一。"凡是把理论引向神秘主义的神秘东西，都能在人的实践中以及对这种实践的理解中得到合理的解决"③ 。离开实践，思维和存在的统一、主观和客观的统一只能是一

---

① 《马克思恩格斯文集》第 1 卷，人民出版社 2009 年版，第 531 页。
② 《马克思恩格斯文集》第 1 卷，人民出版社 2009 年版，第 528 页。
③ 《马克思恩格斯文集》第 1 卷，人民出版社 2009 年版，第 501 页。

个悬而未决的问题。

二、实践的需要是理论研究的出发点

关于理论研究的出发点，历史唯物主义和历史唯心主义具有本质的区别。历史唯心主义主张从思想或观念出发，"从天国降到人间"。相反，历史唯物主义主张从实践的需要出发，"从人间升到天国"，我们"不是在每个时代中寻找某种范畴，而是始终站在现实历史的基础上，不是从观念出发来解释实践，而是从物质实践出发来解释各种观念形态。"① 我们之所以坚持从社会实践的需要进行理论研究，这是由社会实践对理论的基础地位决定的。

实践的需要决定理论的产生和发展，决定理论研究的走向，决定理论研究的价值。社会实践的需要是理论的生长点，也是理论的出发点。没有实践需要，不可能有理论的产生。实践需要对理论的基础作用，不仅表现为实践决定理论的形式，而且表现为实践决定理论的内容。"每一个时代的理论思维，包括我们这个时代的理论思维，都是一种历史的产物，它在不同的时代具有完全不同的形式，同时，具有完全不同的内容。"② 只有体现时代发展和实践要求的理论，才能同自己时代的现实世界接触并相互作用。理论的产生源于实践。离开了实践，理论就成为无源之水，无本之木。理论的价值也在实践。离开了实践，理论就丧失了意义。"理论在一个国家实现的程度，总是取决于理论满足这个国家的需要的程度。"③ 实践的需要不仅是理论产生的基础，也是理论发展的不竭动力。正如恩格斯所说，"社会一旦有技术上的需要，这种需要就会比十所大学更能把科学推向前进。"④ 落后于实践和时代的理论，便不可能发挥对实践的指导作用。这就要求我们，必须随着实践的发展，推进理论创新。只有这样，我们的理论才能担当指导实践的重任，引导实践的发展。此外，实践的需要

---

① 《马克思恩格斯文集》第 1 卷，人民出版社 2009 年版，第 544 页。
② 《马克思恩格斯文集》第 9 卷，人民出版社 2009 年版，第 436 页。
③ 《马克思恩格斯文集》第 1 卷，人民出版社 2009 年版，第 12 页。
④ 《马克思恩格斯文集》第 10 卷，人民出版社 2009 年版，第 668 页。

规定了理论的任务。实践不仅促进了理论的产生和发展，而且规定理论研究的任务。"人类始终只提出自己能够解决的任务，因为只要仔细考察就可以发现，任务本身，只有在解决它的物质条件已经存在或者至少是在生成过程中的时候，才会产生。"① 每一代人只能提出和完成自己所处时代提出的任务，只能提出和完成自己所处的社会实践提出的课题。任何理论都是一定时代的理论。因此，理论研究不能超越时代，不能脱离实际。

离开思辨的天国，踏入坚实的大地，才能解决思想的矛盾。对现实的疏离必然导致理论自身的贫乏。这是社会科学发展的客观规律。立足实践的需要研究理论是马克思主义经典作家一以贯之的研究方法。马克思主义不是远离群众的思辨体系，不是高谈阔论、脱离现实的清谈理论，不是空讲道理、解决不了实际问题的书斋学说。马克思曾经批判青年黑格尔派远离现实生活而醉心于抽象的哲学批判的思辨倾向，他指出：青年黑格尔派的"哲学家没有一个想到要提出关于德国哲学和德国现实之间的联系问题，关于他们所作的批判和他们自身的物质环境之间的联系问题"。② 也就是说，青年黑格尔派脱离实际，不关心德国现实，热衷于形而上学的抽象思辨，仅仅是一些"关于意识的空话"。与这种倾向相对立，马克思认为，这样的哲学需要终结了："在思辨终止的地方，在现实生活面前，正是描述人们实践活动和实际发展过程的真正的实证科学开始的地方。关于意识的空话将终止，它们一定会被真正的知识所代替。对现实的描述会使独立的哲学失去生存环境，能够取而代之的充其量不过是从对人类历史发展的考察中抽象出来的最一般的结果的概括。"③ 显然，在这里，马克思很明确地指出，立足于思想世界的抽象只是"意识的空话"，这种"空话"并不是"真正的知识"，只要一回到现实世界，它马上就会"失去生存环境"，而变得"没有任何价值"，必定会被立足于"人们实践活动和实际发展过程的真正的实证科学"所代替。因此，"德国哲学从天国降到

---

① 《马克思恩格斯文集》第 2 卷，人民出版社 2009 年版，第 592 页。
② 《马克思恩格斯文集》第 1 卷，人民出版社 2009 年版，第 516 页。
③ 《马克思恩格斯文集》第 1 卷，人民出版社 2009 年版，第 526 页。

人间；和它完全相反，这里我们是从人间升到天国。"① 德国哲学在太空飞翔，而马克思只求全面深入领悟在现实生活中遇到的日常事物。真正的哲学应该走出思想世界回归现实生活世界，关照现实的人和他们的物质生活条件，确立实践活动优先于理论活动的原则。

现在，"纯学术研究"（即学院派）已经成为社会科学研究中的一种值得注意的倾向，其研究路向就是离开实践的需要进行理论研究。所谓"纯学术研究"的研究范式，过分重视纯学理的研究，忽视了对现实问题的研究，往往局限于狭窄的学科领域，沉溺于小格局、经院式的文本解读，热衷于"返本"而忽略"开新"，习惯于从自身的学术框架中提出问题，依据自身的学科背景，自说自话，自言自语，自娱自乐，躲在小楼成一统，满足于小圈子里"相濡以沫"。这样的研究也许"有高度"，但却"无高峰"；这样的研究也许可以获得圈内人的捧场，但却无法赢得大众的喝彩。尽管这种研究范式对于纠正浮光掠影的学风，摆脱应景的执著，扼杀浅尝辄止的浮躁，提升社会科学的学术品位，功不可没，但与此同时也出现了另一种偏向：在"思想淡出，学术凸显"的旗帜下，理论的目光对现实视而不见，学术的能量对现实无能为力，思想的话语对现实沉默寡言，甚至于沉默不语。在急剧变动的现实生活面前，这些所谓分量很重的社会科学成果却基本上"不在场"，思想与现实相敬如"冰"，现实性与学术性之间构成了紧张的二元对立关系。

如果说学院派的本质是脱离实践的需要研究理论，那么，它的表现形式则是晦涩文风。文风问题的关键在于表述，表述是问题的展开方式和思想的实现方式，同样的内容不同的表述，效果是完全不同的。当前，有的学者过于注重学术包装，热衷于"创造"一些新的词汇、新的概念，似乎只有如此才能体现学术的深度和思想的深邃；有的学者热衷于抽象和思辨，习惯于用一些大家都看不懂的话语表达一个大家都明白的道理，把有意义的问题表述得没有意义。其实，真正的创新理论首要的或主要的方面不在于引进或生造一些连自己都没有弄懂的新名词、新概念，如果能在司

---

① 《马克思恩格斯文集》第 1 卷，人民出版社 2009 年版，第 525 页。

空见惯、人人皆知的问题上，通过研究提出自己的一点真知灼见就很了不起。如哥白尼，正因为意识到了寻常现象中的"非常"之处，才成就了天文学上的一场"哥白尼革命"；再比如艾思奇，一本薄薄的《大众哲学》的历史作用比任何一本脱离实际的哲学专著要强大和持久得多。社会科学要走向大众，文风问题至关重要。理论文章要尽可能生动些，概念和术语要有公共性、可理解性，要能解渴，要与大众产生心理共鸣，要让人有"众里寻他"之感。社会科学研究要善于用朴实的文字、清新的文风来表达深刻的思想，要避免纯粹的思辨和使用连自己都不懂的术语，要杜绝用一些大家都不明白的话语来表达一个大家都明白的道理。平易的语言并非苍白，如能直指问题要害，则可显示出深邃的内涵和巨大的张力。列宁说过，"最高限度的马克思主义 =（Umschlag）最高限度的通俗化"。① 深入深出假学问，照搬照说，说出来很深奥，满足于思想的"拷贝"，充其量是个理论的留声机；浅入深出装学问，钻研得很肤浅，表达得很深奥，"头重脚轻根底浅"，"以己昏昏就难以使人昭昭"，表面上有学问，实际上装深沉、装高雅，徒有虚名并无实学；浅入浅出没学问，满足于浅尝辄止，只知其一不知其二，只识其表不入其里，理论不彻底，如何说服人；未入即出非学问，打着某某学说的幌子，贩卖的是自己的私货，"嘴尖皮厚腹中空"，到处"忽悠"人；深入浅出才是真学问，钻研得很深刻，表达得很通俗，融会贯通，娓娓道来，依靠真理的权威、理论的力量说服人，而不是依靠世俗的权威、专制的力量压服人。

与"学院派意识"凸显并存的是"体系情结"浓重。或者说，在某种程度上恰恰就是因为挥之不去的"体系情结"助长了"学院派意识"。当然，社会科学研究中的"体系情结"并非始于现在，而是古已有之。比如，德国古典哲学体系蔚为壮观，那时，德国哲学家们构建体系的冲动蔚然成风，哲学体系如雨后春笋般冒出来，甚至"最不起眼的哲学博士，甚至大学生，动辄就要创造一个完整的'体系'"。② 其实，这不过是一

---

① 《列宁全集》第 36 卷，人民出版社 1959 年版，第 468 页。
② 《马克思恩格斯文集》第 9 卷，人民出版社 2009 年版，第 8 页。

种"放肆的伪科学",一种"高超的胡说",一种"幼稚病"(恩格斯语)。今天,"体系情结"在中国依然浓重,不少初入茅庐的社会科学工作者都在试图构建宏大而完备的理论体系,而缺少对现实生活的关照,这就使得本来源于生活的社会科学理论在这种自言自语、孤芳自赏的学术生态中潜伏着脱离生活、远离大众的危机。收敛"体系情结",更多面向人生实际,是转变文风的一个重要方面。

受当前"凸显学术"这一范式的影响,社会科学研究中存在着明显的不和谐音符,突出地表现为伴随着理论成果爆炸式增长的是对现实生活的淡漠。我们提供了很多的社会科学研究成果,可能有着过剩的言说能力和无尽的言说内容,但未必解答了很多当下的问题,未必提供了很多现世的智慧,未必满足了社会的需要,未必符合大众的口味,学术繁荣的背后掩盖的是学术贫困的现实。尽管我们也试图处处"发言",但却处处难逃失语的命运;尽管我们也常常强调学术的问题意识,但学术本身却没有"问题",原因在于对"问题"的理解成了问题,不理解只有学术与现实的关联才能产生问题;尽管我们也主张关注当下的"中国问题",但对于究竟哪些才是最紧要的"中国问题"却无从辨别,往往是东一榔头西一棒子,捡了芝麻丢了西瓜;尽管我们也似乎言必称"实践",但对于什么是真正的"实践"却两眼茫然,"实践"本身越来越成为一个学院式的概念;尽管我们也强调改造世界,却始终抓不住问题的关键,总给人隔靴搔痒之感;尽管我们也发现了一些现实问题,但往往只是局限于宏大的领域,而对于中观和微观领域的问题,则很少纳入理论研究的视野,作出充分的理论回答。究其根本,在于往往离开实践的需要去研究理论。离开实践的需要,注定缺乏关照现实的力量,最终只会窒息理论自身的生命力。

在"纯学术研究"这种范式的影响下,一些马克思主义理论工作者为了迎合"凸显学术"的潮流,也走向了片面学术化的道路。以概念消解问题,以文本抗拒时代,以思辨绕过生活,以逻辑替代经验,以经典代替流变,以深刻拒斥通俗,在纯粹精神领域里自娱自乐,对现实生活乃至整个外部现实世界采取一种规避的态度,仅仅把马克思主义看做一种纯学术活动,不关心现实。认为研究现实就不是学术,现实问题之类不过是难登大雅之堂的"形而下"的俗物。马克思主义理论研究成了一种无关乎政治也无关乎现实的智力游戏。部分马克思主义理论工作者"不能站在社会车轮的前头充任向导的工作"，① 醉心于幽静孤寂的学术生活，擅长于象牙塔中的寻章摘句，热衷于自由清静的窃窃私语，满足于脱离实际的高蹈论列，沉湎于生造术语的孤芳自赏，游荡于抽象思辨的概念王国，其结果是在活生生的现实面前，马克思主义却失语了。这与其说是被边缘化，还不如说是一种自我放逐。殊不知，这样一种"学术性诉求"实际上是一种与马克思主义的理论本性相悖、纯经院化的追求，使得原本扎根于大地的马克思主义成为漂浮的、缺乏现实维度和历史内容的空中楼阁。它也不是什么学术品位提升的产物，而是马克思主义理论自信心旁落的症候；不是什么"马克思主义学科发展路向和致思理路的革命性转向"，而是部分人面对西方流行话语、"西方文化优越论"的冲击和挤压而采取的一种消极应对策略；不是什么"马、中、西交汇"的结果，而是反映了这些人面对现代西方社会科学的诘难和挑战缺乏应有的理论自信和理论准备；不是什么治疗"马克思主义过时论"的最佳良方，相反是加速马克思主义过时的旁门左道。这种"学术性诉求"不可能拯救马克思主义于困境之时，也不可能化为人民群众内在的学养，它所导致的结果无非是马克思主义要么在"纯洁中堕落"，要么在"纯粹中萎靡"，要么在"纯正中迷失"。

当然，这里必须指出三点：其一，我们强调社会科学研究的现实性丝毫不意味着放弃甚至排斥学术性，真正具有现实性的思想必然具有学术性，真正的学术也应该体现现实性。我们的要求是将学术能量释放到学术之外；我们的限度是在现实性中实现学术性，在学术性中彰显现实性。其二，我们强调社会科学研究的现实性丝毫不意味着否定基础研究。基础研究表面上远离现实，但从其最终的意义上来说，真正的基础研究都指向现实，而且往往是因为现实的问题反映出我们在基础理论上的不足。其三，我们强调学术关照现实，但不是粉饰现实，追逐时尚。学术研究不能整齐

---

① 《毛泽东选集》第 1 卷，人民出版社 1991 年版，第 295 页。

划一为应景式的研究，尤其不能逾越学术底线，昧着学术良知去为丑陋的现实充当辩护士。

三、社会科学研究要有强烈的问题意识

问题是时代的声音。理论研究归根到底是对问题的研究。离开了问题便不可能有真正的社会科学。社会科学研究的这一特点，要求社会科学研究活动和社会科学研究主体必须坚持以问题为中心，始终饱含强烈的问题意识。马克思在《集权问题》一文中深刻阐述了捕捉时代问题的极端重要性。他说："真正的批判要分析的不是答案，而是问题。……问题就是公开的、无畏的、左右一切个人的时代声音。问题就是时代的口号，是它表现自己精神状态的最实际的呼声。"① "问题"与"时代"的关联在于，人类始终只能提出自己能够解决的问题。因为只有在解决它的物质条件已经存在或者至少是在生成过程中的时候，问题才会产生。问题是时代矛盾的集中反映，问题中饱含了时代的呼唤、群众的呼声；现实的要求和矛盾最强烈地表现在人类所面对的问题之中，问题始终纠缠着我们，促使我们去研究，获取一种帮助我们把握问题，从而解决问题的理论。

提出问题是解决问题的前提。爱因斯坦说："提出一个问题往往比解决一个问题更重要，因为解决一个问题也许仅是一个数学上的或实验上的技能而已。而提出新的问题，新的可能性，从新的角度去看旧的问题，却需要有创造性的想象力，而且标志着科学的真正进步。"② 这句话同样适应于社会科学。强烈的问题意识，首先表现在善于提出问题。如果问题本身没有什么意义，甚至是一个伪问题，那么，而后的全部研究都会变得没有什么价值。恩格斯曾说：马克思"在前人认为已有答案的地方，他却认为只是问题所在。"③ 在马克思所处的资本主义时代，私有制问题是资本主义生产关系的基础，是一切社会矛盾的根源。最早批判私有制的是空

---

① 《马克思恩格斯全集》第 40 卷，人民出版社 1982 年版，第 289 页。

② ［美］爱因斯坦、［加］茵菲尔：《物理学的进化》，周肇威译，上海科学技术出版社 1962 年版，第 66 页。

③ 《马克思恩格斯文集》第 6 卷，人民出版社 2009 年版，第 21 页。

想社会主义者，但他们没有上升到哲学的高度追问其历史的合理性，古典经济学"没有想去过问私有制的合理性的问题"①。马克思超出他们的地方在于，他不仅提出了私有制的合理性问题，并把这一问题转换成对资本和雇佣劳动关系合理性的追问。马克思正是通过对这些问题的追问完成了对资本主义的解剖，为唯物史观和社会主义学说提供了科学的论证。

　　社会科学研究的全部奥秘正在于以"问题"为中心。围绕问题而发展是社会科学发展的内在逻辑。社会科学研究"只能从问题开始"，"永远始于问题，终于问题——愈来愈深化的问题，愈来愈能启发新问题的问题"②。社会科学理论的产生源于问题，它的发展是因为解答问题，它的停滞是因为忽视问题，它的创新是因为面临老理论无法解决的新问题，它的生命力在于准确把握和解决了时代提出的重大问题，它的使命始终指向人类的生存和命运问题。这既是问题展开的内在逻辑，也是理论发展的内在逻辑。任何真正的社会科学理论，它的成长的全部奥秘正在于而且仅仅在于：以问题为轴心。理论如果背叛问题而宣布独立，那无异于自取灭亡。社会科学理论不可能固守不变的问题域，不可能是一种给定的、封闭的理论体系，不是人们可以一劳永逸地捕获和套用的公式及原理，而是一个不断遭遇新的问题并在其推动下不断前进的过程。任何一个历史时期都会产生新的问题，这些问题不仅是一定社会历史条件下社会矛盾的集中反映，也是一定社会发展阶段的重要标志。真理是具体的，任何理论都是在以往的历史实践中产生的，而在变化了的历史条件下，我们不能苛求用以往的理论解答新问题。这就需要我们进行理论创新，根据社会的发展和形势的需要，研究新情况，回答新问题。离开问题去进行理论研究，是纸上谈兵，毫无意义；离开问题去追求理论创新，是无的放矢，毫无根据。社会科学的发展进步似乎是从理论到理论的不断进步，实质上是"从问题

---

① 《马克思恩格斯文集》第 1 卷，人民出版社 2009 年版，第 57 页。
② ［英］卡尔·波普尔：《猜想与反驳》，傅季重等译，上海译文出版社 1986 年版，第318 页。

到问题的不断进步——从问题到愈来愈深刻的问题"①。

　　一部马克思主义发展史就是以"问题"的更替为中轴而牵动的核心概念范畴新陈代谢的历史。毛泽东在延安整风时强调："应确立以研究中国革命实际问题为中心，以马克思列宁主义基本原则为指导的方针，废除静止地孤立地研究马克思列宁主义的方法。"② 江泽民也指出："确立以实际问题为中心研究马克思主义的方法，是我们党一贯倡导的科学方法论"。③ 马克思主义经典作家在理论构建中始终坚守问题中心的原则而非逻辑本位的原则，始终处于发问状态，"问题"中凝结着他们对现实的洞察和对未来的企盼，凝结着他们改造世界的痛彻心扉的情感和愿望。纵观马克思主义发展史，没有马克思、恩格斯对资本主义合理性的追问，对人类社会发展规律的追问，对无产阶级乃至全人类的解放道路和前途命运的追问，就不会有马克思主义的诞生。没有列宁对帝国主义时代特征的追问，对落后国家能否进行社会主义革命的追问，就不会有列宁主义的问世。没有以毛泽东为代表的第一代中国共产党人对"什么是新民主主义革命、怎样进行新民主主义革命"这一根本问题的追问，就不会有毛泽东思想的创立。没有邓小平、江泽民、胡锦涛等中国共产党人对"什么是社会主义、怎样建设社会主义，建设一个什么样的党、怎样建设党，实现什么样的发展、怎样发展"这一系列问题的追问，就不会有中国特色社会主义理论体系的形成和发展。马克思主义发展史启示我们，只有在"问题"与"理论"的交织互动中，我们才能破译马克思主义的成长密码，马克思主义也才能获得自己的当代意义。

　　直面"中国问题"是社会科学研究的根本要求。社会实践丰富多彩，社会问题错综复杂，社会科学研究领域十分宽广。有社会担当意识和历史责任意识的社会科学工作者，要十分重视研究那些事关国家、民族命运，事关经济社会发展全局的重大问题、关键问题和前沿问题。这对于从全局

---

① ［英］卡尔·波普尔：《猜想与反驳》，傅季重等译，上海译文出版社 1986 年版，第 317 页。
② 《毛泽东选集》第 3 卷，人民出版社 1991 年版，第 802 页。
③ 《江泽民文选》第 3 卷，人民出版社 2006 年版，第 339 页。

上推动我们事业的发展，从根本上统一我们的思想，具有重大的意义。当代中国面临诸多重大的矛盾和问题，迫切需要纳入学术研究的视野，给予深刻的理论回答。比如：技术异化、现代性危机与后现代挑战的问题，公共治理、政治建构与公民社会培育的问题，价值伦理、大众文化批判与理性精神建设的问题，女权性别、消费异化与资本逻辑的问题，生态环保、发展代价与全球风险的问题。社会科学研究的目光应当投向当前最急需解决的现实问题，自觉深入时代的深处，研究中国问题，提升中国经验，建构中国理论，引领中国发展，自觉参与面向未来实践的积极筹划，自觉地为实现中华民族的伟大复兴提供思想前导，使社会科学研究成果真正成为革新时代不可或缺的实践智慧。

背离问题意识和批判精神，既无益于社会科学的健康发展，也无益于中国社会的理性塑造。马克思主义不是"单向度"（马尔库塞语）的理论，不是价值中立的学说，不是毫无锋芒的学术。面对现实，马克思主义真理"像光一样，它很难谦逊"。① 马克思主义辩证法"在对现存事物的肯定的理解中同时包含对现存事物的否定的理解，……辩证法不崇拜任何东西，按其本质来说，它是批判的和革命的"。② 当代中国的社会科学尤其是中国化马克思主义应该高扬问题意识和批判精神，及时就重大现实问题作出切中时弊的主题发言，以思想的力量参与当代社会的理性塑造。我们不能忘记苏联解体东欧剧变的惨痛教训，苏联学者在反思这一教训时指出：问题是哲学与政治的关系始终没有处理好，哲学成了政治的婢女，学者成了政治的工具，马克思主义理论完全丧失了问题意识、批判精神和反思功能，马克思主义学者完全放弃了学术责任、学术权力和学术良心。今天，如果我们的理论研究长期对"问题"视而不见，避而不谈，错而不纠，纠而不力，或明哲保身，苟且偷安，醉心于在远离"问题"的温室中进行思想劳作，习惯于淡泊宁静的学术生活和幽静孤寂的问学风格，这既无益于现实的理性塑造，也无益于理论的健康发展。任何现实，只要它

---

① 《马克思恩格斯全集》第 1 卷，人民出版社 1995 年版，第 110 页。
② 《马克思恩格斯文集》第 5 卷，人民出版社 2009 年版，第 22 页。

不是专制和霸权，就没有远离理性批判和反思的豁免权。社会科学研究工作者再也不能听任理论与问题"相安无事、和平共处"的潜规则大行其道，要自觉培养更加博大的理论视野，自觉体现更加宏阔的现实关怀，以理性的方式把握时代，以理论的力量影响时代，自觉担当起"为时代立言"的学术责任以及创造中华民族"思想自我"的学术使命。

第二节　对实践经验进行理论总结

社会科学研究要重视实践经验，但不是停留于经验，而是要通过对实践经验的概括和总结，发现真理性、规律性的认识，在个别中找到一般，在特殊中寻求普遍。这是社会科学研究的本质所在。

一、科学理论是实践经验的概括和总结

科学理论不但是适应实践的需要而产生的，而且是对实践经验的概括和总结。社会科学形成和发展的过程，就是对实践经验的概括、总结和提升的过程，就是超越经验、"向现实本身去寻求思想"[①] 的过程，就是从经验中发现规律、从现象中把握本质、从材料中引出观点的过程，就是从丰富的感性材料中造成概念和理论的系统、从感性认识跃进到理性认识的过程，就是将丰富的感性材料加以去粗取精、去伪存真、由此及彼、由表及里的改造制作过程。邓小平说："一个新的科学理论的提出，都是总结、概括实践经验的结果。没有前人或今人、中国人或外国人的实践经验，怎么能概括、提出新的理论？"[②] 历史唯心主义不仅从观念出发解释历史的发展，而且从观念出发解释认识的过程。马克思主义超越了历史唯心主义的局限性，"它不是在每个时代中寻找某种范畴，而是始终站在现实历史的基础上，不是从观念出发来解释实践，而是从物质实践出发来解

① 《马克思恩格斯全集》第 40 卷，人民出版社 1982 年版，第 15 页。
② 《邓小平文选》第 2 卷，人民出版社 1994 年版，第 57—58 页。

释各种观念形态。"① 思想观念不能离开实践经验，"经验的观察在任何情况下都应当根据经验来揭示社会结构和政治结构同生产的联系，而不应当带有任何神秘和思辨的色彩。"② 只有从感性的实践活动出发，才有可能"按照事物的真实面目及其产生情况来理解事物"，"任何深奥的哲学问题……都可以十分简单地归结为某种经验的事实。"③ 因此，把人的实践活动作为认识活动的基础，既避免了把感性直观等同于感性世界的经验主义，也避免了用观念代替现实的理性主义，从而保证认识的真实性与客观性。我们对社会历史的认识，既不是离开现实的纯粹的感觉，也不是离开现实的纯粹的理性，而是在实践基础上对社会生活的理论把握。"历史从哪里开始，思想进程也应当从哪里开始，而思想进程的进一步发展不过是历史过程在抽象的、理论上前后一贯的形式上的反映。"④

社会科学研究既要总结成功的经验，也要总结失败的教训。正反两方面的经验都是宝贵财富。只有全面总结正反两方面的经验，才能深刻了解事物的本质和规律。恩格斯曾经指出："伟大的阶级，正如伟大的民族一样，无论从哪方面学习都不如从自己所犯错误的后果中学习来得快"，⑤ "要获取明确的理论认识，最好的道路就是从本身的错误中学习，'吃一堑，长一智'。"⑥ 邓小平也说："在社会主义建设方面，我们的经验有正面的，也有反面的，正反两方面的经验都有用"；"历史上成功的经验是宝贵财富，错误的经验、失败的经验也是宝贵财富。"⑦ 因此，社会科学研究不能忽视失败的经验，应该加强对为什么会遭受挫折，挫折给我们传递什么样的启示，怎样才能更好地避免这些挫折等方面的研究。在民主革命时期，中国共产党经过胜利、失败、再胜利、再失败的"两起两落"，

① 《马克思恩格斯文集》第 1 卷，人民出版社 2009 年版，第 554 页。
② 《马克思恩格斯文集》第 1 卷，人民出版社 2009 年版，第 524 页。
③ 《马克思恩格斯文集》第 1 卷，人民出版社 2009 年版，第 528 页。
④ 《马克思恩格斯文集》第 2 卷，人民出版社 2009 年版，第 603 页。
⑤ 《马克思恩格斯文集》第 1 卷，人民出版社 2009 年版，第 379 页。
⑥ 《马克思恩格斯文集》第 10 卷，人民出版社 2009 年版，第 560 页。
⑦ 《邓小平文选》第 3 卷，人民出版社 1993 年版，第 139、234—235 页。

总结了正反两方面的经验，才真正认识了中国革命的规律，逐步形成了毛泽东思想。在社会主义建设时期，我们总结了新中国成立以来的历史经验，其中包括"文化大革命"的教训，才逐步形成了中国特色社会主义理论体系，开辟了中国特色社会主义道路。

社会科学研究既要重视总结别人的经验、过去的经验，更要重视总结自己的经验、现实的经验，在不同时空的比较中认识事物的本质和规律。拒绝研究别人的经验、过去的经验，只承认自己的经验，是十足的狭隘经验主义；拒绝研究自己的经验、现实的经验，一味照搬别人的经验、过去的经验，是十足的教条主义。二者都是主观主义。毛泽东曾指出，"我是靠总结经验吃饭的"。① 邓小平也十分重视总结经验，他指出，我们事业的不断发展，"不靠上帝，而靠自己努力，靠不断总结经验"。② 他反复地说："走一步，看一步"，"摸着石头过河"，"在干中学，在实践中摸索"③。邓小平理论中的很多内容就是在总结群众经验的基础上形成的。1992 年初，邓小平在"南方谈话"中指出："农村搞家庭联产承包，这个发明权是农民的。农村改革中的好多东西，都是基层创造出来，我们把它拿来加工提高作为全国的指导。"④ 同年 7 月，邓小平在审阅党的十四大报告稿的时候指出，"改革开放中许许多多的东西，都是群众在实践中提出来的。""我的功劳就是把这些事物概括起来，加以提倡。"⑤

社会科学研究既要超越经验主义，也要超越理性主义。西方近代的经验主义和理性主义关于认识可靠性问题的争论，陷入了各自的片面性和局限性。经验主义者把人的认识归结为感性经验，以为只有感觉和经验才具有可靠性。在他们看来，人们的认识说到底就是对感觉经验的认识。相反，理性主义者则把人们的认识归结为理性思维，完全否认感觉经验的可

---

① 参见程思远：《难忘的一天》，《我眼中的毛泽东》，河北人民出版社 1990 年版，第 225 页。

② 《邓小平文选》第 3 卷，人民出版社 1993 年版，第 118 页。

③ 《邓小平文选》第 3 卷，人民出版社 1993 年版，第 258 页。

④ 《邓小平文选》第 3 卷，人民出版社 1993 年版，第 382 页。

⑤ 《邓小平年谱》，中央文献出版社 2004 年版，第 1350 页。

靠性，以为正确的认识必须依靠理性思维。或者说，人们的认识就是对理性和观念的认识。事实上，无论是经验主义还是理性主义，都拒绝回答人的感觉或理性的外部源泉问题。理性主义在批判经验主义过程中，陷入了先验论或独断论，甚至带有神秘主义的色彩；而经验主义在批判理性主义的过程中，则陷入了不可知论。总之，马克思主义以前的哲学家都没有看到人的实践活动在认识过程中的重要地位和作用。马克思从人的感性活动出发，创立了以实践为基础的历史唯物主义，才真正超越了经验主义和理性主义。马克思认为，"只要描绘出这个能动的生活过程，历史就不再像那些本身还是抽象的经验主义者所认为的那样，是一些僵死的事实的汇集，也不再像唯心主义者所认为的那样，是想象的主体的想象活动。"①这里所说的"抽象的经验论者"，就是指以费尔巴哈为代表的自然主义；而"唯心主义者"，就是指以黑格尔为代表的绝对理性主义。无论是经验主义，还是理性主义，都离开了人的现实的感性活动。所以，"在思辨终止的地方，在现实生活面前，正是描述人们实践活动和实际发展过程的真正的实证科学开始的地方。"② 认识的基础既不是纯粹的感性直观，也不是抽象的理性思维，而是现实的实践活动。只有从现实的人的实践活动出发，才能对人类的历史发展作出正确的解释，才能达到人们对客观事物的正确认识，才有真正的社会科学。

二、原则不是研究的出发点而是研究的结果

从实际出发，还是从原则、概念、定义或主观想象出发，这是马克思主义研究方法和唯心主义研究方法的本质区别。恩格斯在批判杜林从原则出发的先验论时指出："原则不是研究的出发点，而是它的最终结果；这些原则不是被应用于自然界和人类历史，而是从它们中抽象出来的；不是自然界和人类去适应原则，而是原则只有在符合自然界和历史的情况下才是正确的。"③ 马克思、恩格斯反复强调："共产党人的理论原理，决不是

---

① 《马克思恩格斯文集》第 1 卷，人民出版社 2009 年版，第 525 页。
② 《马克思恩格斯文集》第 1 卷，人民出版社 2009 年版，第 526 页。
③ 《马克思恩格斯文集》第 9 卷，人民出版社 2009 年版，第 38 页。

以这个或那个世界改革家所发明或发现的思想、原则为根据的"，"这些原理不过是现存的阶级斗争、我们眼前的历史运动的真实关系的一般表述。"① 真正的原则产生于社会科学研究的末尾，是它的结果。

社会科学研究应该坚持一切从实际出发的原则。坚持一切从实际出发，是马克思主义社会科学方法论的基本命题。这里所说的"实际"就是"客观存在的事实"。正如毛泽东所指出的："我们是马克思主义者，马克思主义叫我们看问题不要从抽象的定义出发，而要从客观存在的事实出发，从分析这些事实中找出方针、政策、办法来。"② 坚持彻底的唯物主义的立场，就必须做到观察的客观性，做到一切从实际出发。"在自然界和历史的每一科学领域中，都必须从既有的事实出发。"③ 只要我们"按照事物的真实面目及其产生情况来理解事物，任何深奥的哲学问题……都可以十分简单地归结为某种经验的事实。"④ 一切符合事物的本来面目的认识都是正确的认识，"一切根据和符合于客观事实的思想是正确的思想"⑤。毛泽东说："我们要从国内外、省内外、县内外、区内外的实际情况出发，从其中引出其固有的而不是臆造的规律性，即找出周围事变的内部联系，作为我们行动的向导。而要这样做，就须不凭主观想象，不凭一时的热情，不凭死的书本，而凭客观存在的事实，详细地占有材料，在马克思列宁主义一般原理的指导下，从这些材料中引出正确的结论"⑥。客观事实既是认识事物的出发点，也是社会科学研究的出发点。

从实际出发不等于价值中立。一切从实际出发，绝不是否认和放弃价值立场。价值中立是西方社会科学研究中形成的带有唯客观主义色彩的一种方法论原则。价值中立论主张，从事社会科学研究的主体一旦选择了研究课题，就必须放弃任何价值观念，用"纯粹客观的态度"和"中立的

① 《马克思恩格斯文集》第 2 卷，人民出版社 2009 年版，第 44—45 页。
② 《毛泽东选集》第 3 卷，人民出版社 1991 年版，第 853 页。
③ 《马克思恩格斯文集》第 9 卷，人民出版社 2009 年版，第 440 页。
④ 《马克思恩格斯文集》第 1 卷，人民出版社 2009 年版，第 528 页。
⑤ 《毛泽东选集》第 2 卷，人民出版社 1991 年版，第 477 页。
⑥ 《毛泽东选集》第 3 卷，人民出版社 1991 年版，第 801 页。

原则"进行观察和分析，以保证研究结果的客观性。社会科学研究作为
一种以追求真理为最终归宿的探索性实践，无疑要坚持客观性原则，客观
地描述和分析社会，防止主观的随意性，这是科学研究的基本前提。但
是，社会科学研究的客观性，并不是否认研究主体的基本立场和价值选
择。社会科学研究并不是纯粹的理论思维，而是一种社会行为，其中渗透
着研究者的价值观念。无论是研究课题的选择，研究方案的设计，研究资
料的取舍，还是在研究结果基础上提出的建议等各个环节上，无不渗透着
研究者的价值立场、价值判断和价值选择。社会科学研究不仅具有客观
性，而且具有鲜明的价值性，无视主体的价值选择是根本不可能的。即使
是价值中立论者也没有否认价值判断，也不可能放弃价值选择。事实判断
和价值选择是两个不同的领域，我们在关注事实和价值区别的同时，不要
忽视它们之间的联系。社会科学研究绝不是没有立场的一般事实的简单描
述，社会科学研究者从一开始就不能不面对价值问题，价值判断和价值选
择伴随社会科学研究的全过程。那种企图把事实与价值截然分开，甚至排
除一切价值因素的想法是根本行不通的，纯粹的价值中立是根本不存在
的。既不要用价值性取代客观性，也不要用客观性排斥价值性，而是要努
力实现事实和价值具体的历史的统一。马克思主义是科学的理论，也是具
有鲜明立场的理论，是科学性和人民性的统一。马克思主义不仅主张要认
识社会发展的客观规律，同时也公开承认代表工人阶级和广大劳动人民的
利益。恩格斯指出："科学越是毫无顾忌和大公无私，它就越符合工人的
利益和愿望。在劳动发展史中找到了理解全部社会史的锁钥的新派别，
一开始就主要是面向工人阶级的。"① 列宁更加明确地指出，马克思主
义"对世界各国社会主义者所具有的不可遏止的吸引力，就在于它把严
格的和高度的科学性（它是社会科学的最新成就）同革命性结合起来，
并且不仅仅是因为学说的创始人兼有学者和革命家的品质而偶然地结合
起来，而是把二者内在地和不可分割地结合在这个理论本身中"②。可

---

① 《马克思恩格斯文集》第 4 卷，人民出版社 2009 年版，第 313 页。
② 《列宁专题文集 论辩证唯物主义和历史唯物主义》，人民出版社 2009 年版，第
    213 页。

见，在社会科学研究方法上，马克思主义实现了科学性和价值性的高度统一。

社会科学的研究方法和叙述方法是不尽相同的。研究的过程是总结经验的过程，是发现事物本质和规律的过程。因此，研究方法是从事实出发，从现实到思想，从经验到理论，从个别到普遍。叙述方法则不同，它是从事物的内在结构出发，按照逻辑的顺序安排范畴体系。正如马克思所指出，"研究必须充分地占有材料，分析它的各种发展形式，探寻这些形式的内在联系。只有这项工作完成以后，现实的运动才能适当地叙述出来。这点一旦做到，材料的生命一旦在观念上反映出来，呈现在我们面前的就好像是一个先验的结构了。"① 所以，叙述的方法并不是依据现实生活中社会现象所发生的时间顺序，而是可以超越时间的顺序，依据逻辑的顺序展开。马克思政治经济学的叙述方法正是如此，"把经济范畴按它们在历史上起决定作用的先后次序来排列是不行的，错误的。它们的次序倒是由它们在现代资产阶级社会中的相互关系决定的，这种关系同表现出来的它们的自然次序或者符合历史发展的次序恰好相反。问题不在于各种经济关系在不同社会形式的相继更替的序列中在历史上占有什么地位。……而在于它们在现代资产阶级社会内部的结构。"② 可见，叙述并不必然是依据历史的顺序，而是可以按照逻辑的顺序来展开。需要指出的是，叙述方法和研究方法的不同，绝不是否认现实对思想的基础地位和决定作用。

三、调查研究是进行社会科学研究的基础一环

调查研究，首先是调查，然后是研究；没有调查，就无法研究。所谓调查，就是在实践中搜集丰富的感性材料，获得真实的感性认识。所谓研究，就是从丰富的感性材料中找出事物内在的、本质的、规律性的东西，把感性认识上升为理性认识。

---

① 《马克思恩格斯文集》第 5 卷，人民出版社 2009 年版，第 21 页。
② 《马克思恩格斯文集》第 8 卷，人民出版社 2009 年版，第 32 页。

　　调查研究是唯物主义的基本要求。"即使只是在一个单独的历史事例上发展唯物主义的观点，也是一项要求多年冷静钻研的科学工作，因为很明显，在这里只说空话是无济于事的，只有靠大量的、批判地审查过的、充分地掌握了的历史资料，才能解决这样的任务。"① 要了解情况、掌握资料，唯一的方法是向社会作调查；没有调查就没有发言权，就没有真正的社会科学研究。随着社会的发展，特别是现代科学技术的进步和信息社会的到来，调查研究的方式、途径和载体进一步丰富，调查研究的时效性、准确性和科学性进一步提高，调查研究的地位不是淡化了而是强化了，调查研究仍然具有其他方法不可替代的重要作用。

　　调查研究是社会科学研究的基本方法。既可以向实际做调查，也可以向群众做调查，还可以向文献做调查；既可以是全面调查、总体调查，也可以是重点调查、典型调查，还可以是抽样调查、个案调查；既可以是会议调查、访谈调查、蹲点调查，也可以是书面调查、问卷调查、网络调查，还可以是田野调查、实地调查、试验调查；等等。在调查研究过程中，既要善于从个别的典型调查中获得一般的规律性认识，又要以一般性的认识指导进一步的调查。在收集调查材料时，既要注意数量，尽量全面而详细地占有材料；又要注意质量，善于从繁多的调查材料中抓住要点，把握事物本质。在研究调查材料时，既要进行科学的分析，又要善于正确地综合。

　　只有深入实际，调查研究，才能形成科学的理论。没有马克思对社会生活的细致考察，就不可能创立历史唯物主义；没有毛泽东对中国社会的调查研究，就不可能开辟适合中国国情的新民主主义革命道路；没有邓小平对当代中国实际的准确把握，就不可能开创中国特色社会主义道路。马克思正是由于深入实际、调查研究，才实现了世界观的转变。大学期间的马克思系青年黑格尔派的一员，热衷于黑格尔哲学。大学毕业之后，马克思创办了《莱茵报》，投身于火热的社会生活中，经过广泛而深入的调查研究，马克思发现了黑格尔哲学和现实生活的冲突。黑格尔哲学主张，法

---

① 《马克思恩格斯文集》第 2 卷，人民出版社 2009 年版，第 598 页。

律和观念决定物质利益。但是，经过"关于林木盗窃法的辩论"，马克思发现，林木占有者之所以坚持修改法律，是为了维护他们自身的物质利益。"应该为了保护林木的利益而牺牲法的原则呢，还是应该为了法的原则而牺牲保护林木的利益，——结果利益所得票数超过了法的票数。"①不是法律和观念决定物质利益，而是物质利益决定法律和观念。这是马克思"第一次遇到要对所谓物质利益发表意见的难事"。为了解决这个"苦恼的疑问"，马克思需要把"从前的哲学信仰清算一下。这个心愿是以批判黑格尔以后的哲学的形式来实现的"②。通过对黑格尔哲学的批判，马克思清醒地认识到，"要获得理解人类历史发展过程的锁钥，不应当到被黑格尔描绘成'大厦之顶'的国家中去寻找。而应当到黑格尔所那样蔑视的'市民社会'中去寻找。"③ 沿着这条道路前进，马克思从历史唯心主义走向历史唯物主义。毛泽东是中国共产党大兴调查研究之风的开创者，他不仅深入调查中国的实际，而且全面系统地论述了调查研究的理论。他强调中国革命斗争的胜利要靠中国同志了解中国情况。"共产党的正确而不动摇的斗争策略，绝不是少数人坐在房子里能够产生的，它是要在群众的斗争过程中才能产生的，这就是说要在实际经验中才能产生。因此，我们需要时时了解社会情况，时时进行实际调查。"④ 他主张"一切结论产生于调查情况的末尾，而不是在它的先头"；他强调"没有调查，没有发言权"，"不做正确的调查同样没有发言权"⑤。正是由于对中国社会的深入调查和深刻把握，毛泽东才找到了一条符合中国国情的民主革命道路。

　　调查研究要客观、周密和系统，要掌握全部材料的总和，而不是实例，不是枝节之论。列宁说："在社会现象领域，没有哪种方法比胡乱抽出一些个别事实和玩弄实例更普遍、更站不住脚的了。挑选任何例子是毫不费劲的，但这没有任何意义，或者有纯粹消极的意义，因为问题完全在

① 《马克思恩格斯全集》第 1 卷，人民出版社 1995 年版，第 288 页。
② 《马克思恩格斯文集》第 2 卷，人民出版社 2009 年版，第 593 页。
③ 《马克思恩格斯全集》第 16 卷，人民出版社 1964 年版，第 409 页。
④ 《毛泽东选集》第 1 卷，人民出版社 1991 年版，第 115 页。
⑤ 《毛泽东文集》第 1 卷，人民出版社 1993 年版，第 268 页。

于，每一个别情况都有其具体的历史环境。如果从事实的整体上、从它们的联系中去掌握事实，那么，事实不仅是'顽强的东西'，而且是绝对确凿的证据。如果不是从整体上、不是从联系中去掌握事实，如果事实是零碎的和随意挑出来的，那么它们就只能是一种儿戏，或者连儿戏也不如。"① 搜集材料既要全面又要有重点，历史的和现实的，内部的和外部的，正面的和反面的，主要的和次要的，愈丰富愈好。在此基础上，加以分析、综合，抓住本质，抓住规律，抓住全局。新中国成立之初，毛泽东提出要"努力找出在中国这块大地上建设社会主义的具体道路"，也就是要解决如何建设社会主义、如何巩固和发展社会主义这一崭新的历史课题。毛泽东在进行这一历史性探索时，也是从调查研究入手的，《论十大关系》就是这一探索的重要成果。这次调查研究，从 1956 年 2 月 24 日开始，按照重工业、轻工业、交通邮电、农林水利、财贸金融的顺序，听取中央主管经济的 34 个部门的工作汇报，到 4 月 24 日结束。其中 4 月 18 日到 24 日，毛泽东用 6 天时间听取了国家计委关于第二个五年计划的汇报。前后历时两个月，实际听汇报的时间为 43 天。与此同时，毛泽东还接受李富春的建议，通知工交部门 200 到 300 个重要工厂、建设工地，分别向中共中央、国务院写一份书面汇报。他还提出今后几个月拟再分别听取各省、市、自治区党委关于经济工作的汇报。毛泽东曾回忆说："那个十大关系怎么出来的呢？我在北京经过一个半月，每天谈一个部，找了三十四个部的同志谈话，逐渐形成了那个十条。如果没有那些人谈话，那个十大关系怎么会形成呢？不可能形成。"② 毛泽东在听取汇报和共同研讨中，集中思考如何正确处理经济建设的若干关系问题，先是形成并归纳出三个关系，即沿海与内地的关系、轻工业与重工业关系、个人与集体的关系，随之又增加中央与地方的关系、经济建设与国防建设的关系。实际上毛泽东提出了一条不同于苏联的中国工业化道路，也已涉及对过分集中的经济体制进行改革的问题。在五大关系的基础上，后来又增添了与经济建

---

① 《列宁全集》第 28 卷，人民出版社 1990 年版，第 364 页。

② 逄先知、金冲及主编：《毛泽东传》（1949—1976）（上），中央文献出版社 2003 年版，第 471 页。

设相联系的政治生活和思想文化生活中调动各种积极因素以及学习外国等五个关系，最后形成十大关系。《论十大关系》一文作为探索适合中国国情的社会主义建设道路的开篇之作，"对当前和以后，都有很大的针对性和理论指导意义"。①

第三节　在实践中检验理论和发展理论

研究理论是为了指导实践。理论指导实践的过程，也是理论接受实践检验的过程，还是实现理论发展的过程。社会科学研究不仅要总结和概括实践，而且要回归实践，自觉接受实践的检验，在实践检验中不断丰富、完善和发展理论。

一、在实践中检验理论

社会科学的成果是不是符合客观实际和实践主体的需要，这是社会科学研究必须解决的一个带有根本性的问题。否则便无法对其作出客观评价。

理论是否正确，在理论的范围内不能解决，只能在实践中得到检验。马克思说："人的思维是否具有客观的……真理性，这不是一个理论的问题，而是一个实践的问题。人应该在实践中证明自己思维的真理性，即自己思维的现实性和力量，自己思维的此岸性。关于思维——离开实践的思维——的现实性或非现实性的争论，是一个纯粹经院哲学的问题。"② 凡是把理论引向神秘主义的神秘东西，都能在人的实践中以及对这个实践的理解中得到合理的解决。

实践标准既是确定的，又是不确定的。所谓确定性，就是只能以实践的结果论是非，而不能以本本论是非，不能以圣人论是非，不能以权威论

---

① 逄先知、金冲及主编：《毛泽东传》（1949—1976）（上），中央文献出版社 2003年版，第 486 页。

② 《马克思恩格斯文集》第 1 卷，人民出版社 2009 年版，第 500 页。

是非，不能以长官意志论是非，不能以自我感觉论是非。某一认识即使不能被一时的实践证实或证伪，最终也必将被无限发展的实践所证实或证伪。从最终的、本源性的意义上来说，实践标准具有唯一性，这是确定的，只有实践才是检验真理的标准；从可靠性的意义上来说，实践标准具有权威性，实践最终能够检验出一个认识是不是真理。所谓不确定性，首先是指实践总是具体的、历史的，任何实践都无法摆脱主客观条件的局限性，不能完全证实或驳倒现有的一切认识。列宁说："实践标准实质上决不能完全地证实或驳倒人类的任何表象。这个标准也是这样的'不确定'，以便不让人的知识变成'绝对'，同时它又是这样的确定，以便同唯心主义和不可知论的一切变种进行无情的斗争"①。其次是指实践检验认识是一个过程。真理是一个过程，任何真理不可能停留在一个水平上，它是一个不断拓展和深化的过程，即不断发展的过程。实践是具体的和历史的，实践对真理的检验也不是一劳永逸的，而是一个过程。为此时此地的实践检验是真理的论断，在彼时彼地就未必是真理。在社会科学研究中，要把实践标准的确定性和不确定性统一起来，被实践证明是正确的认识，就毫不动摇地坚持；被实践证明是错误的认识，就及时地加以纠正；对那些尚未被实践证实或证伪的东西，就要在实践中继续研究和探索。

实践本身是需要反思的。有自觉的实践，有盲目的实践；有正确的实践，有错误的实践；有积极的实践，有消极的实践；有健康的实践，有颓废的实践；有完整的实践，有残缺的实践；有成功的实践，有失败的实践。不同的实践都是检验真理的标准，区别在于有的是从正面直接证实真理，有的是从反面间接证实真理，有的是从侧面迂回证实真理。比如，"农村包围城市、武装夺取政权"是中国民主革命的正确道路，土地革命、建立革命根据地、开展游击战争等就从正面证实了这一理论的真理性；相反，开展"城市暴动"等就从反面映衬了这一理论的真理性。

----

① 《列宁专题文集　论辩证唯物主义和历史唯物主义》第 2 卷，人民出版社 2009 年版，第 49 页。

　　然而，在社会科学研究中，实践检验毕竟滞后于理论本身，如何在实践检验之前初步判定研究成果的科学性和价值？研究者除了坚持实践标准之外，逻辑证明、文本检验、经验证实、时间标准、有用标准、权力标准等也是客观存在的。那么如何看待这些标准呢？

　　第一，逻辑证明。即运用已知的正确的概念和判断，运用已经证实的经验事实命题、公理、定理和定义，通过逻辑演绎和推理，从理论上确立另一种判断正确性的方法。逻辑证明是探索和检验真理的一种方式，在检验真理的过程中起着重要的作用。坚持实践是检验真理的唯一标准，并不意味着否认或贬低逻辑证明在社会科学研究中的重要作用，不能把逻辑证明和实践标准割裂开来、对立起来。逻辑证明的作用在于：可以将特殊的实践结论提升到一般；可以在实践检验之前初步预判理论的正确性；在某种新的理论尚待发现的时候，可以起到由已知推论未知的探索真理的作用，为真理开辟道路；在理论形成和发展的过程中，可以起到阐述理论真理性的作用，使理论由"知其然"提升到"知其所以然"；理论在实践中接受检验时，用什么实践来检验，通过什么途径来检验，实践的主体、客体以及工具如何有效地结合起来，逻辑可以提供线索，避免走弯路；分析实践过程和实践结果时，也需要进行逻辑上的分析，仔细检查表述实践结果的命题与待检验的理论命题之间是否确有逻辑联系，以及这种联系的意义如何。此外，逻辑证明似乎还常常发挥着直接检验某些理论真理性的作用，例如数学、逻辑学和哲学等领域。

　　合逻辑的不一定合事实。逻辑证明不能与实践标准并列，更不能代替实践标准。逻辑证明的推理前提是在以往的实践中被证明了的正确的认识；逻辑证明中所依据的思维规律和思维规则是在以往的实践中产生的，同时有赖于在今后的实践中不断丰富和发展的；逻辑证明的所有结论有待于实践的最终检验；即使是数学、逻辑学、哲学等领域的逻辑证明也是以实践为后盾和最后标准。一句话，逻辑本身是实践的产物，逻辑证明的前提、规则和过程都是以实践为基础的，逻辑证明的有效性和可靠性归根到底也是实践决定的。卡尔纳普把"逻辑上有效"和"物理上有效"加以区别的说法不无合理的成分。所谓正确或逻辑上有效相当于通常说的合乎逻辑，是指推理形式正确（前提蕴涵结论）；真实性或物理上有效则相当于通常说的合乎实际，这才意味着命题是真理。逻辑只能证明前者而不能证明后者。只是在大多数情况下，合乎逻辑的情况下通常也是合乎实际的，逻辑上有效的情况下通常也是物理上有效的。正因为如此，逻辑证明在表面上才具有了这样一种假象，似乎能够取代实践而成为检验理论的标准。打一个不完全恰当的比喻：某人之所以是罪犯，并不是等法庭根据材料进行推论、作出判决的时候才确定的，证明此人是罪犯的不是推论，而是调查掌握的事实。总之，逻辑证明在检验真理过程中起着不可缺少的重大作用，但不管它的作用多么不可缺少、多么重大，就其性质来说也还是一种辅助作用，在社会科学研究中决定理论真理性的最终判决者并不是逻辑，而是实践。

第二，文本检验。即以文本作为衡量理论真理性的标准。这里所说的文本并不是泛指一切文本，而是专指各个学科领域内公认的经典，即"历经最糟糕的野蛮攻击而得以劫后余生的作品"（库切语），历经后人最诚挚的颂扬而光景常新的作品。那么，如何看待文本标准呢？一方面，文本往往是历史沉淀下来的经过长期实践反复验证过的权威文本，是千百年来大浪淘沙后的精品。文本的权威是实践赋予的，是在实践中获得的。这些文本在一定范围内具有理论的合理性、历史的合理性以及实践的合理性。正因为如此，读经典才具有必要性，在学术研究中引经据典才具有合理性。社会科学研究应该尊重文本，如果试图绕过本学科领域内的经典文本而独辟蹊径进行研究，那是一条歪门邪道。世界上没有任何一种理论是横空出世，是世界之外的遐想。真正伟大的思想家都是博古通今、学贯中西的，真正伟大的理论都是站在前人肩膀上获得的。

但是，另一方面，任何经典文本都是特定历史条件下的产物，是前人认识成果的记录，无法避免历史的局限性，也不具有无条件的真理权，这是不容否认的客观事实。而且，文本自身的真理性也不是一劳永逸的，同一个文本在变化了的时空条件下是否仍然具有真理性，这不是一个理论问题，而是一个实践问题，是一个有待实践检验的问题。毛泽东在《反对本本主义》中指出："马克思主义的'本本'是要学习的，但是必须同我国的实际情况相结合。我们需要'本本'，但是一定要纠正脱离实际情况的本本主义。"① 如果以文本作为检验真理的标准，就是以尚待检验的认识为标准，等于没有标准。因此，社会科学研究不能迷信文本、盲从文本，以教条主义的态度对待文本；再权威的文本也不能成为检验理论真理性的最后标准，理论的真理性最终只能回到实践中检验，文本的权威不管有多高，不能高过实践的权威。实践的结果最无情，它决不迁就任何文本。

当然，承认文本的局限性，绝不能成为我们贬低文本甚至否定文本的借口，而只能成为发展文本、超越文本的理由；承认文本的局限性，也绝不等于否定文本的权威，经典文本仍然是我们进行社会科学研究绕不过去的基础，仍然是我们判定理论合理性的一个重要参考依据。总之，社会科学研究既要尊重文本的权威，更要尊重实践的权威，始终坚持实践权威高于文本权威的原则。

第三，经验证实。即以经验作为衡量理论真理性的标准。经验是进行社会科学研究的宝贵财富，社会科学理论是对实践经验的概括和总结。经验作为检验理论科学性的标准有一定的合理性，因为经验来自于实践，实践过程也是经验的累积过程。科学的理论应该符合人们的经验，为人们的经验所证实，经验证伪了的理论很难说是科学的。这里要严格区分"客观实际"与"经验事实"的异同。平常我们在谈到事实时，不管是否自觉，一般都包含两方面的内容：一是客观事实，二是我们根据自我感知对客观事实的描述和判断，即经验事实。可见，客观实际与经验事实两者有相通之处，但经验事实毕竟不是客观事实本身。经验事实虽然是以被模写的东西的客观实在性为前提，但由于客观事物本身的复杂性、认识过程主客观条件的局限性以及认识主体能力的差异性，因此，我们决不能把客观实际与经验事实完全等同起来。"不容争辩，模写决不会和原型完全相同"，② 这种加入了自己主观经验的经验事实，既有与客观事实符合的地

---

① 《毛泽东选集》第 1 卷，人民出版社 1991 年版，第 111—112 页。
② 《列宁全集》第 18 卷，人民出版社 1988 年版，第 246 页。

方，也有一些主观的成分，因此，以经验事实作为判断理论真理性的标准是不完全可靠的。

经验标准相对于实践标准而言，不可靠性还表现在：经验标准往往根据已有的现成的经验来检验今天的理论，其实过去的经验对于今天乃至未来而言，只具有或然性的意义，而不具有必然性的意义。相反，实践检验理论，从时间维度来说，既指向过去的实践，更强调当下以及未来的实践。实践是开放的、不断发展的。有经验证实不了的认识，但却没有实践检验不了的认识，任何理论成果终将在人类的实践中得到证实或证伪。

第四，时间标准。即以时间作为衡量理论科学性真理性的标准，也即"现代"意味着科学、有用，"传统"意味着不科学、过时。比如，马克思主义过时论者认为，马克思主义产生于19世纪，现在人类社会已经进入21世纪了，世界形势已经发生了深刻变化，经济全球化进程飞速发展，信息社会扑面而来，这些都已经对马克思主义构成了根本性的挑战，马克思主义已经过时了。他们还认为，马克思主义是自由竞争资本主义时代的理论产物，打着维多利亚时代资本主义的烙印，对于今天的国际垄断资本主义时代来说是过时了；马克思主义有利于理解上一个世纪的问题，但不是今天的问题；马克思主义只有在闹革命的地方受欢迎，在搞建设的地方则不需要；马克思主义指导中国搞计划经济可以，搞市场经济不行。一句话，马克思主义过时了。

其实，时间标准是不能成立的。不能以理论产生的时间先后来判断理论的真理性。一种思想的新与真、老与假没有任何联系，最新冒出来的思想可能一开始就是谬误，而一个古老的思想可能至今仍然是真理。时间不能成为判断理论真理性的标准，只要没有超出理论的适用范围，真理就不会过时。

第五，有用标准。即以实用主义的态度对待社会科学，主张凡是有用的理论就是科学的理论。美国实用主义哲学家詹姆斯说："凡是有利于我们的工作，并使我们获得效果的东西就是真理，这也是真理的唯一标准。"他说，上帝的观点是真理，因为"上帝的观念至少能给人以安慰的效果"，这显然是十分荒谬的。它同马克思主义主张的实践标准虽然在词句上好像差不多，而实质是完全不同的。列宁说："在唯物主义者看来，人类实践的成功证明着我们的表象同我们所感知的事物的客观本性相符合。在唯我论者看来，'成功'是我在实践中所需要的一切，而实践是可以同认识论分开来考察的。"① 真理是有用的，而有用的未必是真理。否则一切恶人的倒行逆施都可以因为对他们有用而宣布为真理了。

第六，权力标准。认为谁掌握了权力，谁就掌握了真理；谁垄断了权力，谁就垄断了真理；谁的权力大，谁的真理就多。在中国的封建社会，皇帝的地位至高无上，他的话就是绝对真理，"金口玉牙，说啥算啥"。这种权力真理论在我国曾经一度泛滥成灾，至今仍然有一定市场。其实，职务和权力大小，属于政治范畴，而真理属于认识论范畴，二者之间并无必然联系。职务可以给人以权力，但不能保证给人以智慧，在真理面前人人平等，大家都应服从真理的裁决。权力从来就不是、不应该也不能够成为判断理论是非的标准，判断理论真理性的权威只能来自于实践。社会科学研究者应该保持独立性、自主性和自律性的品格，坚持独立思考的问学风格，不迷信权威，不盲从权威，不屈从权威，不畏惧权威，不依附权威，敢于直言，敢于说真话，敢于独立思考。

二、在实践中发展理论

理论是时代的产物。时代孕育理论，又发展理论。任何时代都有反映自己时代特征的思想理论体系，任何真正的思想理论体系都是自己时代的精神上的精华。这个时代的特定的理论体系，既是时代的产儿，是"被把握在思想中的它的时代"②，又是解决时代问题的指针。马克思、恩格斯指出："一切划时代的体系的真正的内容都是由于产生这些体系的那个时期的需要而形成起来的。所有这些体系都是以本国过去的整个发展为基

---

① 《列宁专题文集 论辩证唯物主义和历史唯物主义》，人民出版社 2009 年版，第 46 页。

② [德] 黑格尔：《法哲学原理》，范扬、张企泰译，商务印书馆 1982 年版，第 12 页。

础的，是以阶级关系的历史形式及其政治的、道德的、哲学的以及其他的后果为基础的。"① 这个理论体系"不仅从内部即就其内容来说，而且从外部即就其表现来说，都要和自己时代的现实世界接触并相互作用"②。恩格斯说："每一个时代的理论思维，包括我们这个时代的理论思维，都是一种历史的产物，它在不同的时代具有完全不同的形式，同时具有完全不同的内容。"③ 纵观马克思主义 160 多年的发展史，马克思主义始终是时代的产物。它在不同的时代具有不同的形式和内容，如列宁主义、毛泽东思想、中国特色社会主义理论体系与经典马克思主义相比就赋予了鲜明的时代特色，烙上了浓厚的时代印记。

与时代发展同进步是社会科学的理论品质。在实践中发展理论，是理论发展的客观规律。实践检验真理的过程，是修正错误的过程，是发现真理的过程，也是发展真理的过程。客观世界的运动、变化、发展永无止境，人们在实践中对于客观世界的认识也永无止境。社会科学决不能漠视时代的发展变化，否则就会被时代所淘汰。与时俱进是马克思主义的理论品质，从《资本论》到《帝国主义论》，从"共同胜利论"到"一国胜利论"，从"城市中心论"到"农村包围城市"，从"苏联模式"到"中国道路"，从"剥夺剥夺者"到"和平赎买"，从"和平统一"到"一国两制"，从"以经济建设为中心"到"以人为本"，从"发展才是硬道理"到"科学发展"，从"构建社会主义和谐社会"到"建设持久和平共同繁荣的和谐世界"等，无不体现了马克思主义与时俱进的鲜明特质。

创新理论的关键是创新实践。实践有常规实践（重复性实践）与创新实践之分。常规实践，是指在已有的现成的经验条件下，按照沿袭下来的规则、惯例和传统所进行的实践活动。创新实践，是指通过对事物规律、属性、关系的新发现或新运用，能够更有效地认识世界和改造世界的实践。常规实践是同质性的、重复性的、稳定性的实践；创新实践是异质

① 《马克思恩格斯全集》第 3 卷，人民出版社 1965 年版，第 544 页。
② 《马克思恩格斯全集》第 1 卷，人民出版社 1956 年版，第 121 页。
③ 《马克思恩格斯文集》第 9 卷，人民出版社 2009 年版，第 436 页。

性的、创造性的、进取性的、风险性的实践。常规实践与创新实践对于人类社会的意义也是不同的：常规实践在维系社会稳定、保存历史风韵的同时，往往偏向于守旧；创新实践在积极建构未来的同时，也潜藏着动荡和风险。社会科学研究不能忽视常规实践，但重点是研究创新实践。创新实践通过破坏旧结构、建立新结构，否定旧事物、创立新事物，使人类的实践活动具有了破旧立新、推陈出新的本性，能够提供关于未知世界的新信息、新知识，使人类的认识发展具有了深厚的基础，能够开辟人类认识真理的新道路，有助于我们超越旧有的理论，创立新理论。而常规实践由于所遵循的客观规律已经为人们所掌握，所以它一般不能提供人类认识客观世界的新信息，对社会科学发展也无太多助益。

　　世界上不存在已经完成了的理论。任何科学理论都是时代的真理，而不是终极真理。在探索真理的道路上，永远不会出现这样的时刻，人们"除了袖手一旁惊愕地望着这个已经获得的绝对真理，就再也无事可做了"。[①]"马克思列宁主义并没有结束真理，而是在实践中不断地开辟认识真理的道路"。[②] 任何科学理论的真理性都是相对的，都行走在通往绝对真理的途中，任何学者都无权宣布自己的理论已经终结了真理发展的一切可能性。任何科学理论都不可能结束真理，这是因为"人的思维是至上的，同样又是不至上的，它的认识能力是无限的，同样又是有限的。按它的本性、使命、可能和历史的终极目的来说，是至上的和无限的；按它的个别实现情况和每次的现实来说，又是不至上的和有限的"；这是因为"思维的至上性是在一系列非常不至上地思维着的人中实现的；拥有无条件的真理权的认识是在一系列相对的谬误中实现的；二者都只有通过人类生活的无限延续才能完全实现"；[③] 这也是因为"世界体系的每一个思想映象，总是在客观上受到历史状况的限制，在主观上受到得出该思想映象的人的肉体状况和精神状况的限制"，[④] 因而每一时代的理论"所包含的

① 《马克思恩格斯文集》第 4 卷，人民出版社 2009 年版，第 270 页。
② 《毛泽东选集》第 1 卷，人民出版社 1991 年版，第 295—296 页。
③ 《马克思恩格斯文集》第 9 卷，人民出版社 2009 年版，第 92、91 页。
④ 《马克思恩格斯文集》第 9 卷，人民出版社 2009 年版，第 40 页。

需要改善的东西，无例外地总是要比不需要改善的或正确的东西多得多。"① "全世界自古以来，没有任何学问、任何东西是完全的，是再不向前发展的。"② 人的认识包含着至上性和不至上性的矛盾，无限性和有限性的矛盾。正是这些矛盾，决定了理论发展的不可完成性和无限可能性；也正是这些矛盾，决定了对社会的认识是一个从不知到知、从知之不多到知之较多、从知之不深到知之较深、从知之不够正确到知之比较正确的过程。因此，"人类总得不断地总结经验，有所发现，有所发明，有所创造，有所前进。停止的论点，悲观的论点，无所作为和骄傲自满的论点，都是错误的。"③

三、破除迷信，解放思想

社会科学研究需要破除迷信，解放思想。科学与迷信是对立的，坚持科学就必须破除迷信。毛泽东说："我们除了科学以外，什么都不要相信，就是说，不要迷信。中国人也好，外国人也好，死人也好，活人也好，对的就是对的，不对的就是不对的，不然就叫做迷信。要破除迷信。不论古代的也好，现代的也好，正确的就信，不正确的就不信，不仅不信而且还要批评。这才是科学的态度。"④ 破除迷信就是不能迷信书本、迷信经验、迷信古人、迷信洋人、迷信天才、迷信权威，破除一切束缚人们思想的精神枷锁。解放思想就是要把自己的思想认识从那些不合时宜的观念、做法和体制的束缚中解放出来，从对马克思主义的错误的和教条式的理解中解放出来，从主观主义和形而上学的桎梏中解放出来，使主观与客观相符合，使思想与实际相一致。

第一，解放思想的前提是有思想。解放思想是因为思想本身成了思想前进的最大障碍。思想的枷锁主要是思想自己设置的，归根结底要从自己的"思想"中解放出来，从那些因循守旧的思想、故步自封的思想、照

---

① 《马克思恩格斯文集》第 9 卷，人民出版社 2009 年版，第 91 页。
② 《毛泽东文集》第 3 卷，人民出版社 1996 年版，第 299 页。
③ 《毛泽东文集》第 8 卷，人民出版社 1999 年版，第 325 页。
④ 《毛泽东文集》第 6 卷，人民出版社 1999 年版，第 330 页。

本宣科的思想、无所作为的思想、狭隘局限的思想、似是而非的思想、陈旧过时的思想中解放出来。因此，没有思想，也无所谓思想解放。当代中国，解放思想，其中一个重要指向就是错误理解的马克思主义和教条式理解的马克思主义。要达到这一点，必须满足一个前提条件，这就是首先必须清楚什么是真正的马克思主义，然后才有可能判断哪些是对马克思主义的错误理解，哪些是对马克思主义的教条式理解，哪些是附加到马克思主义名下的错误观点。否则，思想解放就是无的放矢。

目前有一种倾向，就是有的人把解放思想变成套话，言必称解放思想，而实际上并没有什么思想。对于一个没有思想的人来说，首要的不是解放思想的问题，而是丰富思想的问题。社会科学研究应该尊重前人的思想，认真研读"大家"的学术经典，这些经典是我们从事社会科学研究无法绕过的阶梯，是无声的老师。有的人根本就没有什么思想，马克思主义的经典文本没有读懂，甚至根本就没有读；马克思主义的精神实质没有领会，甚至根本就是望文生义；马克思主义的当代发展没有了解，甚至根本不知道什么是当代中国的马克思主义，却打着解放思想的旗帜反对马克思主义，妄言"老祖宗"这也过时，那也不对，时刻幻想着超越前人。要求一个没有思想的人解放思想，其结果只能是促使他胡思乱想，犹如脱缰的野马，前行找不着方向，折返找不着归途。这样的所谓思想解放，对社会科学的进步和社会的发展毫无益处。我们不能把解放思想泛化，而随意地轻言解放思想。

第二，解放思想的实质是实事求是。"解放思想，就是使思想和实际相符合，使主观和客观相符合，就是实事求是"。[1] 要做到解放思想，实事求是，必须防止和克服主观主义。毛泽东指出："在人们的思想方法方面，实事求是和主观主义是对立的。"[2] 主观主义表现为教条主义和经验主义。教条主义片面夸大理论，轻视实践，否认理论在实践中的发展。它不是把理论作为指导行动的方法，而是满足于书本上的个别论断，并把它

---

[1] 《邓小平文选》第 2 卷，人民出版社 1994 年版，第 364 页。
[2] 毛泽东：《在省市自治区党委书记会议上的讲话》（1957 年 1 月 27 日）。

看做包医百病的灵丹妙药，用它直接去对照和剪裁现实。与教条主义相反，经验主义片面夸大感觉经验，轻视理论思维。满足于个人的局部经验，并把它当做普遍真理和终极认识，否认感觉经验向理性思维的升华。教条主义和经验主义本质上是一致的，二者都是用僵化和静止的观点对待理论与实践。

第三，解放思想要求敢思敢想，但不是胡思乱想。社会科学研究要尊重本本，但不能搞本本主义；要尊重别人的经验，但不能照搬别人的经验；要尊重自己的经验，但不能固执己见；要有科学的怀疑精神，但不能无缘由地否定一切。对一切都要加以分析，看它是不是有真道理、有几分道理，择其是者而从之，其不是者不从之。解放思想要求不搞迷信，不盲从，"敢"字当头，敢思敢想，但解放思想不是异想天开、蛮干胡来的妄想；不是白日做梦、无中生有的空想，不是天马行空、随心所欲的乱想；不是各行其道、自说自话的臆想；不是漠视规律、漠视科学的瞎想。解放思想，敢思敢想，不能成为目无前人、目无他人的借口，不能成为目无章法、胡思乱想的借口，不能成为目无法纪、胡作非为的借口，也不能成为目空一切、为所欲为的借口。在社会科学研究中，我行我素、为所欲为不是解放思想，上有政策、下有对策不是解放思想，有令不行、有禁不止不是解放思想，钻法律空子、钻政策漏洞也不是解放思想。以这样那样的理由，把前人的思想、客观的规律、成熟的经验、科学的结论视为儿戏，一定要坚车渡河、骏马力田，那不是解放思想，而是胡思乱想。可见，解放思想既是一种敢于突破陈规的勇气，又是一种勇于创立新说的智慧。

解放思想必须划清"胡思乱想"与"奇思妙想"之间的界限。解放思想要求在坚持马克思主义的前提下大力推进理论创新。然而，很多的理论创新首先往往表现为一种奇思妙想，以不同于所谓的正统观点表现出来。正因为如此，常常被所谓的正统派贬斥为"胡思乱想"，冠之以"异端"的称谓。其实，正确对待和科学评价"异端"也是一种思想解放。对待"异端"，不能一棍子打死，不能简单地斥之为非马克思主义甚至是反马克思主义而扼杀在摇篮之中。翻开人类思想史，我们可以看到，许多伟大的思想创造和理论创新，由于与陈规旧说相悖，在它刚刚崭露头角的时候，往往被定性为"歪理邪说"而备受苛责。比如，马克思主义发展史上的诸多重大理论创新往往始于"异端"而归于正统，列宁的"一国首先胜利论"和"新经济政策"，毛泽东的"农村包围城市"的革命道路，邓小平的社会主义市场经济理论等，莫不如此。如何科学地评价"异端"呢？还是离不开实践标准和"三个有利于标准"，对那些已经被实践反复证明了的反映客观规律具有科学成分或行之有效的东西，不论其始作俑者是谁，不能搞"唯成分论"，尤其是不能随意挥起意识形态的大棒来裁判，不能简单地扣上非马克思主义的帽子。

第四，解放思想永无止境但有边界。从其过程来说，解放思想无止境；从其范围来说，解放思想有边界。现在有一种倾向认为，强调解放思想，就是要敢于突破法律制度的限制，敢于冲撞理论的权威，敢于践踏伦理道德的底线，敢于逾越马克思主义理论的边界，任何事情没有做不到，只怕想不到；只要想得到，就能做得到。这里涉及的是解放思想的底线和边界问题。思想解放到底有没有底线，如果有，底线在哪里？我们以为，解放思想应该守住"三条底线"。

一是人民利益的底线。代表最广大人民的根本利益是马克思主义最鲜明的政治立场，马克思主义始终坚信人民的地位最高，人民的力量最大，人民的尊严不可践踏，人民的利益不可冒犯，人民的意愿不可背叛。解放思想不能冲撞人民利益的底线，不能背叛和践踏最广大人民的根本利益。任何时候社会科学如果背叛了人民的利益，沦为特权集团、反动势力和倒退势力的辩护士，必将会为人民所不耻，被历史所唾弃。

二是伦理道德的底线。解放思想必须遵守底线伦理，遵循社会普遍认可的道德良知和价值规范。社会科学不能放弃社会责任，不能忘却道德良心。真正的社会科学应该以建设性的方式参与社会的理性塑造，应该提供"为天地立心，为生民立命，为往圣继绝学，为万世开太平"的大智慧，而不能成为价值失范、道德沦落、信念缺失、精神萎靡、躲避崇高、精神世界贬值的吹鼓手。

三是马克思主义理论的边界。邓小平指出："解放思想，是指在马克思主义指导下打破习惯势力和主观偏见的束缚，研究新情况，解决新问题"。① 这里实际上蕴涵了解放思想应该坚守的第三条底线——马克思主义理论的边界。解放思想要求破除"马教条"，但不是解构马克思主义，不能通过思想解放导致思想混乱，也不能通过思想解放走向马克思主义的反面。解放思想，没有特定的对象限制，就是对"什么是马克思主义"这样的问题也要解放思想，但这不是为了否定马克思主义，而是为了摆脱那些禁锢我们的思想的假马克思主义的东西，貌似马克思主义的东西，附加到马克思主义名下的东西，错误理解和教条式理解马克思主义的东西。社会科学研究要坚持马克思主义基本原理和科学精神，坚信马克思主义揭示的人类社会发展规律无可撼动，坚信马克思主义追求的民主、自由、平等、公平、正义等价值原则无可撼动，坚信马克思主义秉持的始终代表最广大人民根本利益的价值立场无可撼动，坚信马克思主义确立的人的自由全面发展和人类解放的价值理想无可撼动。否则，社会科学研究就会丧失根本、迷失方向。同时，又要科学对待马克思主义，完整准确地理解马克思主义，并在新的实践中发展马克思主义。现在，一些人打着解放思想的旗号，披着马克思主义的外衣，贩卖的是自己的私货；一些人不学不懂不信不用马克思主义，却擅长于将非马克思主义的东西强加于马克思主义；一些人口头上是马克思主义，行动上是非马克思主义。有些所谓的"反思者"、"改革者"以解放思想为幌子，打着改革的旗号，把西方发达国家反映资产阶级主流意识形态的思想理论、政策主张奉作圭臬，或根本否定马克思主义的科学性，或认为马克思主义已经过时，唯美国是瞻，唯西方是举，这不是解放思想，而是搅乱思想。

　　解放思想永无止境，但不是漫无边际。在解放思想的全过程中，人民利益的底线，伦理与道德的底线，马克思主义理论的边界是三条不可逾越的红线。

　　总之，社会科学研究工作者怎样从实践的认识而不是西方经典理论的预期出发，建立符合中国历史实际的社会科学，怎样通过民众的生活实

_____

① 《邓小平文选》第 2 卷，人民出版社 1994 年版，第 279 页。

践，而不是以原则来替代人类迄今未曾见过的社会实际，来理解中国的社会、经济、政治及其历史，这是我们面临的挑战。"我们要到最基本的事实中去寻找最强有力的分析概念"，① 在此基础上建立符合中国实际的社会科学。

思考题

1. 如何理解社会生活在本质上是实践的？

2. 为什么说社会科学研究要有强烈的问题意识？

3. 社会科学研究为什么不能停留在实践经验的水平上？

4. 如何理解从实际出发与价值中立的根本区别？

5. 文本标准和逻辑证明在检验社会科学真理性的过程中，有什么意义和局限性？

阅读文献

1. 马克思：《关于费尔巴哈的提纲》，《马克思恩格斯文集》第 1 卷，人民出版社 2009 年版。

2. 马克思、恩格斯：《德意志意识形态》第一章第二节，《马克思恩格斯文集》第 1 卷，人民出版社 2009 年版。

3. 毛泽东：《实践论》，《毛泽东选集》第 1 卷，人民出版社 1991 年版。

4. 杨春贵：《论思想方法》，中共中央党校出版社 2011 年版。

---

① 黄宗智：《认识中国——走向从实践出发的社会科学》，《中国社会科学》2005 年第 1 期。

第二章　社会系统研究方法

人类社会是以系统的方式存在和发展的。系统研究方法是适用于各门社会科学研究的重要方法。马克思主义经典作家对人类社会发展的研究生动体现了系统研究方法，以社会生产实践为基础，形成了对社会系统的构成要素、社会系统形态历史演变、社会系统的优化等一系列唯物又辩证的方法论原则，为研究和认识人类社会及其发展的客观规律指明了方向。在吸收当代系统科学思维成果的基础上，社会系统研究方法不断丰富发展，成为社会科学研究、认识和改造社会的重要方法论武器。

第一节　系统、系统科学和系统研究方法

社会系统研究方法是系统研究方法在社会科学领域的体现和运用。要了解和掌握社会系统研究方法，需要对系统、系统科学、系统研究方法以及马克思主义与系统研究方法的关系，有一个简要而又符合历史实际的把握。

一、什么是系统?

要了解社会系统研究方法，首先要了解什么是系统。

"系统"这个概念，既源远流长又新颖时尚。它来源于古代人类的社会实践经验，在古代中国和古希腊的哲学思想中得到了反映，在马克思、恩格斯的哲学思想中得到了生动运用，在当代系统科学中成为中心概念。人类自有生产活动以来，无不在同自然系统打交道。早在公元前 256 年，中国战国时期秦昭襄王在位期间，蜀郡郡守李冰父子率领蜀地各族人民创建了都江堰这项千古不朽的水利工程。都江堰主要由鱼嘴、飞沙堰、宝瓶口三大主体工程与 120 多项系列辅助工程构成。鱼嘴、飞沙堰、宝瓶口三者巧妙结合，相互制约，协调运行，引水灌田，分洪减灾，科学地解决了

江水自动分流、自动排沙、控制进水流量等问题，消除了水患，使川西平原成为"水旱从人"的"天府之国"，是令当代人都叹为观止的伟大的水利系统工程。正如中国著名科学家钱学森就此所指出的，"人类在知道系统思想、系统工程之前，就已经在进行辩证地系统思维了。"①

朴素的系统概念，不仅表现在古代人类的实践中，而且在古代的哲学思想中也有反映。在中国战国时期产生的五行说认为，宇宙万物及各种自然现象都由金、木、水、火、土五种要素相生相克的运动、变化所构成，体现了一种原始的系统观念。古希腊时期著名的辩证法思想家赫拉克利特提出"世界是包括一切的整体"。唯物主义哲学家德谟克利特最早使用了"系统"这一术语。他还著有《宇宙大系统》一书，可惜的是这一著作已经失传。

19 世纪自然科学取得了巨大发展。特别是能量守恒定律、细胞学说和进化论的发现，以实证科学本身提供的材料，逐步揭示了客观世界固有的系统联系。正如恩格斯所说："由于这三大发现和自然科学的其他巨大进步，我们现在不仅能够说明自然界中各个领域内的过程之间的联系，而且总的说来也能说明各个领域之间的联系了，这样，我们就能够依靠经验自然科学本身所提供的事实，以近乎系统的形式描绘出一幅自然界联系的清晰图画。"② 自然科学的这一重要进展，引起了哲学对系统现象的关注，也为马克思主义哲学的形成和发展提供了丰富的素材。马克思主义哲学创始人不仅使用系统概念揭示世界联系和发展的固有属性，而且把系统思想应用于社会科学研究，取得了巨大的理论成果。

进入 20 世纪，一方面自然科学开始由经典科学向现代科学转变，另一方面社会实践活动越来越大型化和复杂化，由此导致系统论、控制论、信息论、系统工程、自动化技术、通信技术等一系列以系统为中心概念的新的学科群相继产生，并在此基础上形成了系统科学。系统科学、相对论、量子力学和分子生物学，被称为 20 世纪的四大科学发现，对 20 世纪

---

① 《智慧的钥匙——钱学森论系统工程》，上海交通大学出版社 2005 年版，第 39 页。
② 《马克思恩格斯文集》第 4 卷，人民出版社 2009 年版，第 300 页。

的人类思维方式产生了深远影响。随着系统科学的产生和发展，系统概念、系统思想、系统研究广为流行，在自然科学和社会科学中都出现了系统研究的热潮。

那么，什么是系统呢？如果从具体科学的层面看，关于系统的定义有上百种。例如比较常见的有："系统是一个动态和复杂的整体，相互作用结构和功能的单位"，"系统是能量、物质、信息流不同要素所构成"，"系统往往由寻求平衡的实体构成，并显示出震荡、混沌或指数行为"，"一个整体系统是任何相互依存的集或群暂时的互动部分"。如果从最概括最抽象的哲学世界观方法论层面看，可以对系统作如下定义：所谓系统就是由若干相互联系、相互作用的要素按一定方式组成的统一整体。

可以从如下方面理解系统概念：第一，凡是系统在一定意义上必定是一个功能整体。第二，凡是系统整体都由数量不等但至少两个以上的部分所组成。相对于系统而言，这些组成部分称为系统的要素。第三，凡是系统都有一定的边界，从而与周围的环境相区别。第四，凡是系统都有一定的结构。结构就是系统要素相互联系、相互作用的一定方式，包括要素的比例关系、排列次序和组合方式等。第五，凡是系统都有一定的层次。层次是指在系统中不同的组成部分依次隶属的等级关系。世界上的事物都是以系统的形式存在的，系统既是事物具有普遍联系的表现，又是事物具有相对独立性的表现。

正如一般系统论的创始人冯·贝塔朗菲所说，"'系统'概念构成了一个库恩所说的新'范式'"。系统作为一个新的科学范式"与经典科学那种分析的、机械的、单项因果关系的范式大不相同"，引起了"思想和世界观的重新定向"[①]。这是因为在近代科学基础上形成的形而上学方法论，片面强调对事物进行孤立分析，忽视事物各个组成部分之间的相互联系，忽视事物作为系统整体在这种相互联系中形成的新属性新性能。这种以孤立的个体为中心的研究方法，对于研究组成要素之间的相互作用可以

---

① ［美］冯·贝塔朗菲：《一般系统论　基础、发展和应用》，林康义、魏宏森译，清华大学出版社 1987 年版，第 4 页。

忽略不计的简单系统还可以适用，但是对于研究那些要素之间存在着不可忽略的相互作用的复杂系统，对于研究复杂性，则不再适用了。现代科学的对象，特别是社会科学的对象，绝大多数是复杂系统，具有复杂性，因此，系统概念、系统范畴应运而生。但是，正如钱学森所指出："辩证唯物主义体现的物质世界普遍联系及其整体性的思想，也就是系统思想。系统思想是辩证唯物主义的内容，绝不是国外一些人所说的那样是 20 世纪中叶的新发现和现代科学技术独有的内容。"①

二、什么是系统科学？

在当代，社会系统研究方法引起人们广泛注意，成为社会科学研究的重要方法，始于系统科学的兴起。系统科学是把对象作为系统来进行专门研究，揭示复杂系统运动的规律，研究和应用它的一般原理去解决实际问题的一个新兴科学群。

系统科学的兴起肇始于一般系统论、控制论和信息论的问世。一般系统论是美籍奥地利生物学家冯·贝塔朗菲创立的一门以逻辑和数学为手段，研究适用于系统的一般原则和规律的科学。从 20 世纪 30 年代到 40 年代，冯·贝塔朗菲先后提出了有机系统论和一般系统理论。他认为一切有机体都是一个系统，并以数学形式对系统概念、终极性、整体性、集中性、等终极性等一般系统论的基本概念作出阐述，提出了动态系统理论和开放系统理论。控制论是研究动物、机器以及社会中的控制和通信的理论。其主要创始人是犹太裔美国数学家维纳。控制论是自动控制、通讯技术、电子计算机与数学、逻辑语言学、生理学、心理学相互渗透的产物。维纳 1948 年发表的《控制论：或关于在动物和机器中的控制和通信的科学》一书标志着控制论作为一门新兴学科的诞生。控制论的基本概念是信息概念和反馈概念。维纳揭示了由信息和信息反馈构成的系统的自动控制的规律，抓住了一切控制和通信过程的共同特点，从而为研究动物、机器以及社会中的控制和通信现象奠定了科学基础。信息论是一门应用数理

① 《智慧的钥匙——钱学森论系统工程》，上海交通大学出版社 2005 年版，第 41 页。

统计方法来研究信息处理和信息传递的科学，它是研究通信和控制系统中普遍存在着的信息传递的规律，以及如何提高各种信息传输系统的有效性和可靠性的一门通信理论。美国数学家香农是信息论的创始人。1948 年他发表了《通信的数学理论》的长篇论文，从理论上阐明了信源、信宿、信道、编码、译码等有关通信方面的一些基本问题，创立了通信系统的模型，建立了度量信息量的公式，初步解决了从信息接收端（信宿）提取由信息源发来的信息的技术问题。此后，信息论被广泛地应用于物理学、化学、生物学、心理学等领域中，形成了一种内容广泛的新学科。一般系统论、控制论、信息论，是适应现代化大生产和现代科学技术发展的需要应运而生的。它们的产生极大地推动了现代化生产和科学技术的发展，同时，现代化生产和科学技术又促进了它们本身的发展和完善。自 20 世纪中叶以来，科学技术日益呈现了系统论化、控制论化、信息化的趋势，"系统时代"、"信息时代"正在成为人类社会发展特征的重要标志。

系统科学兴起和形成于 20 世纪 60 年代，至今仍在蓬勃发展，方兴未艾。一般系统论、控制论、信息论的创立及其不断发展，信息技术、系统工程、自动化技术在生产实践中的广泛应用，耗散结构理论、协同学、超循环理论和混沌理论等系统研究基础理论的蓬勃兴起，汇成了一股系统研究的热潮，它标志着一门新兴的科学体系——系统科学已臻于形成。适应科学发展的这一需要，贝塔朗菲在 1968 年就提出了系统科学这一概念。他把一般系统论作了进一步的推广，将系统工程等工程技术吸收到其中，将其称为广义系统论，有时也用系统科学这一名称指称这一更为广泛的系统研究领域。1977 年，日本学者市川信发表《系统科学》一文，更为明确地提出了系统科学的概念。他把系统科学定义为以系统为研究对象的科学，更确切地说，系统科学的研究对象是组织化的复杂系统。

20 世纪 70 年代末 80 年代初，我国著名科学家钱学森就系统研究提出了一系列新颖独到的见解，以其开创性的工作为系统科学体系的形成，奠定了牢固的基础。钱学森对一般系统论、控制论、信息论、系统工程、信息技术、自动化技术、耗散结构理论、协同学、超循环理论、混沌理论等学科进行了综合考察。在此基础上，他认定："应该回到系统这一根本概念，采用'系统科学'这个词。"① "系统的思想要建立一个完整的科学体系。就是系统科学。"② 为了建立系统科学体系，钱学森把系统方法应用于系统科学体系的建构中。他把系统科学知识本身看做一个系统，按系统论的原理考察了这一系统的层次结构。他认为，从系统层次结构的观点看，全部科学知识都分属于三个层次。最接近社会实践的层次是工程技术层次；在工程技术层次之上，是作为工程技术直接理论基础的技术科学层次；技术科学进一步概括，上升为更高的层次，这就是基础科学。钱学森认为，系统科学也是由这样三个层次构成的。第一个层次是直接用于改造客观世界的工程技术层次，它包括各类系统工程、信息技术和自动化技术等；第二个层次是直接为系统科学技术提供理论基础的技术科学，包括控制论、信息论和运筹学等；第三个层次是揭示系统普遍性质和一般规律的基础科学。钱学森称这个层次为系统学。系统学是一门正在建立的新学科，一般认为它包括美籍奥地利裔科学家贝塔朗菲创立的一般系统论、俄籍比利时裔科学家普利高津创立的耗散结构理论、德国物理学家哈肯创立的协同论、德国生物学家艾根创立的超循环理论，此外还有突变论、混沌理论等前沿性的学科。钱学森还提出，从系统科学通向哲学有一个由此达彼、沟通双方的桥梁，这就是系统观。系统观在系统学的基础上才能完满地建立起来。在目前，有马克思主义哲学的系统思想，有系统科学的一系列成果，建立哲学的系统观将是一件对马克思主义哲学发展具有巨大推动作用的工作。

三、什么是系统研究方法？

社会系统研究方法是社会科学中的系统研究方法，是系统研究方法在社会科学中的体现和运用。了解了系统研究方法，才能进一步掌握社会系统研究方法。对于系统研究方法可以简要作如下概括：

第一，系统研究方法是对系统科学的最新思维成果进行哲学方法论提

---

① 钱学森等：《论系统工程》，湖南科学技术出版社1982年版，第186页。
② 《系统理论中的科学方法与哲学问题》，清华大学出版社1984年版，第10页。

炼的产物。系统科学的兴起对当代科学方法论的发展产生了重大推进作用。系统科学与相对论、量子力学和分子生物学一起构成了 20 世纪的四大科学发现。由于系统科学具有跨学科的交叉科学、横断科学的性质，相对于相对论、量子力学、分子生物学而言，具有更浓厚的世界观方法论色彩。国内外的研究者几乎一致认为，系统科学提供的"系统"、"信息"等范畴，整体性、结构性、层次性、开放性、随机性、非线性、非平衡、复杂性等特性，提供了一幅崭新的世界科学图景。它是对建立在经典科学基础之上的近代科学图景的一场革命，对哲学特别是科学方法论的发展必将产生深远的影响。在对系统科学最新成果进行哲学提炼的基础上产生了现代形态的系统思想和系统研究方法。特别是 20 世纪 70 年代以来，现代系统思想蓬勃兴起，广泛传播，形成了席卷世界的系统研究热潮。系统研究方法成为各门自然科学和社会科学普遍运用的方法，受到了广泛重视。

第二，系统研究方法是解决复杂系统问题的科学方法。系统科学是适应科学研究的对象由简单性向复杂性转变而产生的。现代科学的研究对象一般都是复杂系统，这些系统的特点是：因素众多，结构复杂，具有整体性、结构性、层次性、开放性、随机性、非线性、不稳定、非平衡和多种发展可能等特点。用传统的研究方法解决复杂系统问题，已经捉襟见肘，无能为力，而系统科学则以研究系统的整体性、结构性、层次性、开放性、随机性、非线性、涨落性、不稳定、非平衡和多种发展可能等特点见长，因而建立在系统科学基础上的现代系统思想对于解决复杂系统的问题，显示出了传统方法不能与之相比的优越性。所以，系统科学现在又被称为复杂性科学，人们把现代系统思想看做是解决复杂系统问题的科学方法。

第三，系统研究方法是辩证思维方法在当代的最新发展。系统研究方法的产生虽然与现代科学特别是系统科学形成与发展有着密不可分的联系，但它的思想渊源却又源远流长，与哲学有着不解之缘，特别是马克思主义的唯物辩证法有着丰富的系统思想。在创立唯物辩证法的过程中，马克思和恩格斯不仅使用了"系统"这一概念，而且大量论述涉及和深刻体现了系统思想。他们对系统的整体性、结构性、层次性、开放性、随机性、非线性等复杂性表现，虽然不可能采用系统科学的术语进行表述，但确有很多相近的论述和分析。他们把系统思想作为重要的方法论工具，应用于对自然界和人类社会的研究之中，使系统研究方法成为唯物辩证法的重要有机组成部分。在《资本论》中，马克思为了从整体上达到对资本主义社会系统的认识，以其特有的系统方式剖析了资本主义社会系统的内部结构，以清晰的理论形式再现了资本主义社会系统这一具体整体，揭示了资本主义社会系统的运动规律，为运用系统思想研究社会问题树立了典范。正是由于马克思、恩格斯对系统思想方法的这种重要贡献，很多现代系统理论的研究者都认为马克思是系统方法的创始人。贝塔朗菲本人就曾指出，马克思是为系统理论作出贡献的先驱之一[1]；美国学者 D. 麦奎里等人认为，马克思的"理论工作主要部分都可以看作是富有成果的现代系统论方法研究的先声"[2]；波兰学者希通卡把马克思称为"社会科学中现代系统方法的始祖"[3]；钱学森也指出："局部与全部的辩证统一，事物内部矛盾的发展与演变等，本来就是辩证唯物主义的常理；而这就是'系统'概念的精髓。"[4] 他总结说："系统思想是进行分析与综合的辩证思维工具，它在辩证唯物主义那里取得了哲学的表达形式，在运筹学和其他系统科学那里取得了定量的表述形式，在系统工程那里获得了丰富的实践内容。"[5] 所以，我们说，系统研究方法是对马克思主义经典作家的系统思想进行深入挖掘和对现代系统科学思维成果进行总结概括的产物。它体现了唯物辩证法联系和发展的基本原则，是建立在当代科学水平上的辩证思维方法。

由于自然界和人类社会都是作为系统存在的，因而系统研究方法是普

[1] 参见庞元正、李建华主编：《系统论、控制论、信息论经典文献选编》，求实出版社 1989 年版，第 30 页。

[2] 《马克思和现代系统论》，《国外社会科学》，1979 年第 6 期。

[3] 转引自《马克思和现代系统论》，《国外社会科学》，1979 年第 6 期。

[4] 《智慧的钥匙——钱学森论系统科学》，上海交通大学出版社 2005 年版，第 79 页。

[5] 《智慧的钥匙——钱学森论系统科学》，上海交通大学出版社 2005 年版，第 42 页。

遍适用于自然科学和社会科学的研究方法。马克思主义的系统研究方法主要是从社会科学的研究中产生，并在对人类历史和各种社会现象的研究中得到了生动运用，形成和体现为以辩证唯物主义和历史唯物主义为理论基础的社会系统研究方法。

第二节　社会是个复杂的大系统

马克思主义从社会生产实践出发，把人类社会看做是一个由人口系统、自然环境系统、生产力系统、生产关系系统、上层建筑系统组成的复杂大系统，而作为生产力和生产关系相统一的生产方式与人口、自然地理环境构成了对社会意识具有决定作用的社会存在。马克思深刻揭示了社会大系统各个要素之间的复杂关系，并由此对唯物史观作了一个经典表述："人们在自己生活的社会生产中发生一定的、必然的、不以他们的意志为转移的关系，即同他们的物质生产力的一定发展阶段相适合的生产关系。这些生产关系的总和构成社会的经济结构，即有法律的和政治的上层建筑竖立其上并有一定的社会意识形式与之相适应的现实基础。物质生活的生产方式制约着整个社会生活、政治生活和精神生活的过程。不是人们的意识决定人们的存在，相反，是人们的社会存在决定人们的意识。"① 这一论述为社会历史研究提供了根本的方法论指导，同时也对社会这个复杂的大系统的主要构成要素及其相互关系的研究提供了根本指导。

一、生产力系统

生产力是人类在生产实践中利用自然、改造自然的能力，是社会大系统中起决定性作用的力量。生产力的要素或子系统，按照一定的比例和相互联系方式结合起来，形成生产力的整体功能，构成了生产力系

---

① 《马克思恩格斯文集》第 2 卷，人民出版社 2009 年版，第 591 页。

统。生产力系统由独立的实体性要素、运筹性要素、渗透性要素等子系统组成。

劳动者、劳动资料、劳动对象是构成生产力系统的实体性要素。劳动者是具有一定生产经验和劳动技能的人。劳动资料是传递人对劳动对象的作用的物和物的系统。劳动对象是劳动过程中被加工的东西。作为实体性要素的劳动者,既包括体力劳动者,又包括脑力劳动者。劳动者具有一定的生产经验和劳动技能,这种经验和技能包括体力和智力两个方面。劳动者个体的体力和智力,在生产力发展的不同阶段,所具有的地位和作用不同。就社会发展的一般趋势而言,劳动者的智力因素在生产中所发挥的作用越来越重要。

劳动资料亦称劳动手段,是人们在生产劳动过程中用来改变或影响劳动对象的一切物质资料和物质条件。劳动资料包括十分复杂的内容。生产工具是劳动资料的主要构成要素,标志着生产力发展的水平。在不同的社会经济发展阶段,劳动资料的构成,以及劳动资料中各个部分的作用是不同的。工业革命以前,劳动资料以手工工具(石木工具或金属工具)为主体;工业革命以来,机械成为劳动资料的主体。在当代,由于国际分工和交换的大发展,生产和流通日益社会化,劳动资料中的能源动力系统、自动控制系统、运输系统和信息传递系统的作用越来越大。

劳动对象是被生产劳动加工作用的客体,分为两大类:一类是天然存在的、没有经过人们加工的自然界物质,如矿藏、原始森林;另一类是经过人们加工的原材料,如纺纱用的棉花、炼油厂的原油、机械制造用的钢铁等。劳动对象是生产力中必不可少的要素。缺少了它,就不能生产任何产品。劳动对象的数量、质量和种类对于生产力的发展有很大的影响。随着科学技术的进步,人们不断发现自然界中许多新的有用物质,或者物质的许多新的有用属性,使劳动对象的范围进一步扩大,劳动对象更加多样化。

在生产力系统中,劳动者、劳动资料、劳动对象三个要素仅仅是构成它的实体性要素,是生产力系统的硬件构成。生产力系统的构成还有其非实体性的条件或软件构成,包括科学技术、管理等渗透性要素和运筹性要素。

科学技术是生产力系统的渗透性要素。马克思指出："生产力中也包括科学"。① 科学技术是人类生产实践的经验总结，同时又是人类认识和改造自然的新起点，推动生产力的进一步发展。正如马克思所指出："劳动生产力是随着科学和技术的不断进步而不断发展的"②。当科学还处于知识形态未加入生产过程以前，它只是一种精神力量，是潜在的生产力。只有当它通过技术环节应用于生产过程，渗透到其他要素中，科学技术才能转化为现实的生产力。如物化到劳动资料和劳动对象中，改变和提高生产资料的性质和水平；用科学知识武装劳动者，提高劳动者的智力和生产技能；把科学技术转化为生产组织管理的手段，提高管理效率和生产效率。

劳动的分工、协作和生产管理构成了生产力系统的运筹性要素。分工、协作和管理之所以属于生产力系统的运筹性要素，这是因为这类要素的作用在于通过对生产力系统的其他要素的选择、调动、处置、匹配等手段，在数量比例上做到合理结合，从而现实地形成协调运转的总体生产力。"协作提高了个人生产力，而且是创造了一种生产力。"③ 管理使生产力的各种要素协调运转，对提高生产效率具有重要作用。

在生产实践中，生产力系统的各项要素相互联系，相互作用。劳动者是生产力系统中的主体性要素，它具有能动性，是"全人类的首要的生产力"④。以劳动工具为主的劳动资料在生产力要素中具有重要作用，"各种经济时代的区别，不在于生产什么，而在于怎样生产，用什么劳动资料生产。"⑤ 而"劳动生产力是随着科学和技术的不断进步而不断发展的"。⑥ 在现代，科学技术已经成为"第一生产力"，科学技术和管理在

---

① 《马克思恩格斯全集》第 46 卷（下），人民出版社 1980 年版，第 211 页。
② 《马克思恩格斯文集》第 5 卷，人民出版社 2009 年版，第 698 页。
③ 《马克思恩格斯文集》第 5 卷，人民出版社 2009 年版，第 378 页。
④ 《列宁选集》第 3 卷，人民出版社 1995 年版，第 821 页。
⑤ 《马克思恩格斯文集》第 5 卷，人民出版社 2009 年版，第 210 页。
⑥ 《马克思恩格斯文集》第 5 卷，人民出版社 2009 年版，第 698 页。

生产中发挥着越来越大的作用。

二、生产关系系统

生产实践是一种社会性活动，人们在生产过程中结成的社会关系即生产关系。生产关系作为一个系统，包括三方面的构成要素，即生产资料所有制关系，人们在生产中的地位和相互关系，以及产品的分配关系。这三个方面的关系，体现在社会生产和再生产过程的生产、分配、交换、消费等各个环节当中。

生产资料所有制关系，指的是生产资料归谁占有、由谁支配的问题。它表明了人们对生产资料是否具有拥有和支配的地位，决定着生产资料和劳动者结合的方式，通过人对物的关系反映着人与人之间的社会关系。生产资料所有制关系是生产关系的基础，它决定着整个生产关系的性质，是区别生产关系类型的根本标志。人们在生产中的地位和相互关系，指的是生产资料所有者与劳动者、不同分工的劳动者在生产中所处的地位，以及由此产生的互相交换活动的关系。在各种生产活动和生产部门之间，城市和乡村之间，生产组织和生产活动的不同岗位之间，体力劳动者和脑力劳动者之间，由于分工的不同人们在生产中处于不同的地位，相互之间存在着交换活动的关系。产品的分配关系，指的是社会产品归谁占有、由谁支配，生产出来的物质财富既要用于个人的生活消费，又要用于再生产和扩大再生产，还要用于社会的公共需要，从而分配关系包括了物质生产部门的初次分配，以及在初次分配之后在全社会范围内所作的二次分配。

生产资料所有制关系、人们在生产中的地位和相互关系、产品的分配关系，作为生产关系系统的三个构成要素彼此之间存在着相互联系、相互作用的关系，但这种相互作用的关系又是不平衡的。其中，生产资料所有制是生产关系的基础，它决定着人们在生产中的地位和相互关系，以及产品的分配关系。例如在生产资料归氏族共有的原始社会中，人与人之间的关系是平等的、互助的合作关系；在生产资料私有制的社会中，由于生产资料掌握在少数剥削者手里，广大被剥削的劳动者没有或者只有很少的生产资料，因而生产的指挥权、管理权掌握在少数生产资料所有者的手中，他们在生产劳动中总是处于支配、指挥、管理、监督的地位，劳动者则处于被支配、被指挥、被管理、被监督的地位，他们之间的关系是一种统治和被统治、剥削和被剥削、压迫和被压迫的关系。

生产资料所有制还作用于产品的分配关系，决定着产品的分配方式。马克思指出："分配的结构完全决定于生产的结构。分配本身是生产的产物，不仅就对象说是如此，而且就形式说也是如此。就对象说，能分配的只是生产的成果，就形式说，参与生产的一定方式决定分配的特殊形式，决定参与分配的形式。"① 这说明，生产资料所有制不同，产品的分配方式就不同。在原始社会，由于社会成员共同占有生产资料共同劳动，因而平均分配劳动产品。在私有制社会，由于生产资料为少数人占有，劳动产品按占有生产资料的多寡分配，生产资料的占有者对不占有生产资料的劳动者存在着剥削。在消灭私有制的新社会，按劳分配成为劳动产品分配的主要形式。人们在生产中的相互关系和分配关系又对生产资料所有制具有反作用，使生产资料所有制关系得到贯彻和体现。

生产资料所有制是生产劳动得以进行的前提，决定着整个生产关系的性质。在任何社会条件下，要进行生产劳动，必须具备劳动者和生产资料两项因素，只有二者以一定的方式结合起来，才能进行生产劳动。而劳动者和生产资料相结合的社会形式，就是生产资料所有制。"实行这种结合的特殊方式和方法，使社会结构区分为各个不同的经济时期"②。在人类社会发展史上，原始社会、奴隶社会、封建社会、资本主义社会和社会主义社会的生产关系不同，主要因为它们的生产资料所有制形式不同。

三、上层建筑系统

马克思主义把由一定发展阶段的生产力所决定的占统治地位的生产关系的总和，称为一个社会的经济基础，而把建筑在一定经济基础之上的各种制度、设施和意识形态的总和称为社会的上层建筑。上层建筑作为一个

---

① 《马克思恩格斯文集》第 8 卷，人民出版社 2009 年版，第 19 页。
② 《马克思恩格斯文集》第 6 卷，人民出版社 2009 年版，第 44 页。

系统，包括政治上层建筑和思想上层建筑两个部分。

政治上层建筑是指建立在经济基础之上的政治法律设施和政治法律制度及其相互关联的方式。政治法律设施主要包括政权机构、政党组织、军警组织、法庭监狱等。政治法律制度指国家的管理形式、组织形式、行使权力的制度和法律规定等，包括关于政权的组织形式及相关的立法、司法、宪法的规章等。

思想上层建筑又称为意识形态，是由政治思想、经济思想、法律思想、道德、艺术、宗教、哲学等各种观点所构成的社会意识形式。当然，并非所有的社会意识形式都具有意识形态属性，如自然科学、语言学、逻辑学等，不是特定经济基础的反映，不属于上层建筑。而大部分社会科学，从不同侧面以不同方式反映特定的经济基础并为之服务，构成了社会的思想上层建筑。

在上层建筑系统中，政治上层建筑与思想上层建筑之间存在着紧密的相互联系、相互作用。这种关系主要表现为：

第一，政治上层建筑以思想上层建筑为指导。政治上层建筑作为思想的"物质附属物"，是在一定的思想、观点指导下自觉建立起来的，而这些思想、观点又无不是一定的思想上层建筑的体现。思想上层建筑为政治上层建筑的建立和职能发挥提供了基本的思想理论根据。在阶级社会和有阶级存在的社会中，上层建筑具有阶级性。一定的政治法律制度和设施是以该社会统治阶级的思想体系为指导建立起来的。统治阶级的思想体系，不仅作为观念力量发挥作用，而且又总是通过建立相应的政治法律制度和设施，作为现实的政治力量发挥作用。

第二，思想上层建筑受到政治上层建筑的影响和制约。恩格斯指出：国家政权等是"第一个支配人的意识形态力量"，"国家一旦成了对社会来说是独立的力量，马上就产生了另外的意识形态"①。政治上层建筑尤其是一定的国家制度一旦形成，对于生活在这个国家中的人来说，又成为一种外在的环境和既定的现实力量，在很大程度上影响着思想上层建筑的

---

① 《马克思恩格斯文集》第 4 卷，人民出版社 2009 年版，第 308 页。

状况。可见，基于经济基础之上的政治上层建筑和思想上层建筑，在辩证发展的链条中总是相互作用和互为因果的。

第三，政治上层建筑和思想上层建筑作为一个系统整体，都是经济基础的反映。一般来说，在政治上层建筑和思想上层建筑中，最直接反映经济基础的是政治。政治观点和政治制度是上层建筑中最重要的组成部分。特别是国家政权，更是上层建筑系统中的核心力量。在有阶级存在的社会中，政治主要指阶级关系，而规定和调整阶级关系的主要力量是国家政权，由哪一个阶级掌握国家政权，决定着国家和整个上层建筑的性质。国家、法律体现了在经济领域中占统治地位的阶级的意志，统治阶级的思想也是该社会中占统治地位的思想。政治是经济的集中表现。在上层建筑内部，思想既反映经济又反映政治，并通过政治来反映经济。毛泽东指出："一定的文化（当作观念形态的文化）是一定社会的政治和经济的反映，又给予伟大影响和作用于一定社会的政治和经济。"① 这种情况体现的就是上层建筑内部政治上层建筑与思想上层建筑的相互作用关系，同时也体现了上层建筑与经济基础之间的相互作用关系。

四、人口系统

人口系统是构成一个社会的有生命的个人的总和，包括人口的数量、质量、年龄构成、性别构成和区域分布及其发展变化状况等因素。人口因素是社会赖以存在和发展的必要物质条件。没有人口的生产，就没有社会的延续和发展。没有一定数量、质量的人口，社会发展水平就会受到制约。人口的增速、人口性别的比例、人口年龄构成的比例、居民受教育的程度等，在社会发展中都具有不容忽视的作用。

人是社会的主体，人口系统是社会大系统存在的第一前提。在唯物史观创立的代表作《德意志意识形态》中，马克思就提出了关于社会存在的三要素的思想。他认为，社会存在的基本组成要素有三项：一是"自然基础及它们在历史进程中由于人们的活动而发生的变更"；二是人类自

---

① 《毛泽东选集》第 2 卷，人民出版社 1991 年版，第 663 页。

身的生产和再生产，即"个人肉体的再生产"；三是物质资料的生产和再生产。马克思强调指出，"社会结构和国家总是从一定的个人的生活过程中产生的"，① "全部人类历史的第一个前提无疑是有生命的个人的存在。因此，第一个需要确认的事实就是这些个人的肉体组织以及由此产生的个人对其他自然的关系。"② 可见，马克思是把人的肉体组织及其再生产，也就是把人口因素作为"一切历史的第一个前提"、作为社会系统的基本构成要素而提出的。

人口系统作为社会大系统的构成要素，同社会大系统的其他组成系统存在紧密的相互联系和相互作用关系。

第一，人是社会生产力系统的首要要素，是物质资料的生产者，又是物质资料的消费者。人口系统与生产力系统有着密不可分的联系。只有在一定数量的人口基础上才能形成现实的生产力，进行改造自然界的物质生产活动。面对人与自然的矛盾以及个人的软弱无力，人们必须联合起来进行生产活动，用群体的力量弥补个体力量的不足。马克思、恩格斯指出："这种生产第一次是随着人口的增长而开始的。"③ 在一定的生产力水平上，人口数量也是影响社会生产力发展的重要因素。历史上曾经出现这样的时期，在人口比较稠密的地区，生产和科学发展的速度比较快，社会比较繁荣。反之，当人口增长过快，超过生产力的发展水平，人口的进一步增加就会危及社会文明并影响社会生产力的发展。社会生产力系统的发展不仅以一定数量的人口为前提，而且在不同时代还以人口的一定的结构和质量为基础。在历史上，人口的数量、年龄结构、性别结构、知识结构曾经在生产中起过重要的影响作用。当代人类社会的发展，对人口质量的要求越来越高，人口的教育构成、人口的职业构成、年龄结构的构成、技术熟练程度的构成，对生产力系统的发展起着越来越重要的作用。

第二，人是生产关系系统的承载者和调解者。生产关系是在生产实践中人和人结成的一定社会关系，是人们的生产实践活动以及个体活动借以

---

① 《马克思恩格斯文集》第 1 卷，人民出版社 2009 年版，第 524 页。
② 《马克思恩格斯文集》第 1 卷，人民出版社 2009 年版，第 519 页。
③ 《马克思恩格斯文集》第 1 卷，人民出版社 2009 年版，第 520 页。

实现的形式。不论是生产资料所有制关系，还是在生产过程中人们的相互关系和产品分配关系，都是由人口系统中的不同人群来承担的。生产关系所体现的物质利益关系，是由人们的物质需要引起的，并通过不同人口群体而承载和体现。人们奋斗所争取的一切，都是为了实现一定的物质利益。人们在生产关系中所处的社会地位不同，特别是对生产资料的占有关系不同，决定着人们实际所获得的物质利益的性质和水平也就不同。这种状况决定了人口系统中的不同群体成为不同利益的获取者，而不同利益获取者存在的矛盾是处于和谐还是激化状态，对生产关系系统社会功能的发挥和正常运转具有极为不同的作用。在阶级社会中，由于人们对生产资料的占有和对产品的分配不同，又使人口系统划分为不同的阶级。不同阶级之间的矛盾状况，对生产关系系统和整个社会大系统的协调运转具有重大影响，乃至起着决定性作用。

第三，人是上层建筑系统的构成主体。人口系统与上层建筑系统存在紧密的相互联系、相互作用。这表现为一定的人口的数量和质量、人口的阶级结构，都会对一个国家的政治上层建筑状况产生影响。恩格斯曾以作为上层建筑的军队与组成军队的士兵的关系为例指出，对陆军和海军的"装备、编成、编制、战术和战略"起"变革作用的"，"是更好的武器的发明和士兵成分的改变"。其实，不仅是军队，作为政治上层建筑的政权机构、法院监狱、政党组织等，其性质和功能的发挥，无不与社会成员的数量和质量、科学文化水平、阶级结构等人口系统的状况密切相关。此外，一定人口的民族构成、社会心理和习俗往往又会对思想上层建筑产生不同程度的影响。在当代之所以有不同文明的碰撞和融合，也都与一定的人口的不同民族特点有着密切关系。反之，政治和思想的上层建筑又会对一定的人口系统的数量、质量、结构产生影响。"不孝有三，无后为大"的传统观念，曾对中国人口的过多增长产生影响。改革开放后实行计划生育的基本国策，对控制中国人口过快增长则发挥了重要作用。

五、自然环境系统

自然环境系统，是指对人类生存和发展产生直接或间接影响的各种天然形成的物质和能量的总体,如大气、水、土壤、日光辐射、生物等。马克思认为:"社会是人同自然界的完成了的本质的统一",①"人们所处的各种自然条件——地质条件、山岳水文地理条件、气候条件以及其他条件。任何历史记载都应当从这些自然基础以及它们在历史进程中由于人们的活动而发生的变更出发。"② 自然环境"是我们人类(本身就是自然界的产物)赖以生长的基础"③。自然环境系统的构成要素主要包括自然资源和气候条件两大类。

自然资源包括水资源、土地资源、矿物资源、生物资源等。马克思主义认为,劳动和自然资源在一起才是一切财富的源泉,自然资源为劳动提供材料,劳动把材料转变为财富。马克思根据自然资源对人类生产活动的作用,把它们分为提供生活资料的自然资源和提供生产资料的自然资源。他认为,自然资源对人类社会发展的意义是随着文明的发展而不断变化的,"在文化初期,第一类自然富源具有决定性的意义;在较高的发展阶段,第二类自然富源具有决定性的意义。"④ 他认为,"农业是整个古代世界的决定性的生产部门",农业最直接地受到生活资料资源的制约;而工业的发展与劳动资料资源密切相关,河流、森林、金属、煤炭等资源,成为工业社会不可缺少的资源。

气候是长时间内气象要素和天气现象的一般状态,是某一地区某一时段各种天气过程的综合表现。气候以冷、暖、干、湿这些特征来衡量。气候与人类社会有密切关系,气候条件的变化对人类社会有重要影响。在当代,气温变暖、气候异常引发了严重的生态灾难,对人类的生存与发展构成巨大威胁。应对气温变暖、气候异常、生态恶化,已经成为国际社会共同面对的重大时代课题。

自然环境系统作为社会大系统的构成要素,同社会大系统的其他组成系统也存在密切的相互联系和相互作用。

---

① 《马克思恩格斯文集》第 1 卷,人民出版社 2009 年版,第 187 页
② 《马克思恩格斯文集》第 1 卷,人民出版社 2009 年版,第 519 页。
③ 《马克思恩格斯文集》第 4 卷,人民出版社 2009 年版,第 275 页。
④ 《马克思恩格斯文集》第 5 卷,人民出版社 2009 年版,第 586 页。

第一，自然环境系统对人口系统具有直接影响。马克思指出："过于富饶的自然'使人离不开自然的手，就像小孩子离不开引带一样'。它不能使人自身的发展成为一种自然必然性。资本的祖国不是草木繁茂的热带，而是温带。不是土壤的绝对肥力，而是它的差异性和它的自然产品的多样性，形成社会分工的自然基础，并且通过人所处的自然环境的变化，促使他们自己的需要、能力、劳动资料和劳动方式趋于多样化。"①

第二，自然环境系统与生产力系统相互作用。自然环境系统可以直接影响劳动生产率的高低。在生产力发展水平和其他社会条件相同的情况下，生产相同数量的产品，在自然环境较好的国家和地区，所需要付出的劳动量相对较少；反之，在自然环境较差的国家和地区，需要付出的劳动量较大。自然环境还制约一个国家生产部门的分布，决定不同国家和地区经济发展的特点。如平原地区适合发展农业，森林广阔的地区适合发展木材加工业，矿藏丰富的地区适合发展采矿业。而一个国家的自然环境系统是否资源丰富，对于这个国家的经济发展潜力具有重大影响。

第三，自然环境系统对上层建筑系统的军事、政治和文化也具有一定影响。例如，中国新民主主义革命时期在农村建立革命根据地，走以农村包围城市最后夺取全国政权的道路，是因为中国幅员广阔，"东边不亮西边亮，黑了南方有北方"，而且很多山区有便利于作战的地势。在抗日战争中，中国之所以能靠持久战战胜日本，重要原因之一是中国地大物博、人口众多，而日本领土狭小、人口有限。在世界历史上，受自然地理环境的影响，那些濒临海洋的国家往往思想文化比较开放，而内陆国家则相对较为封闭。

马克思主义重视对社会大系统各个系统之间相互关系的研究，认为社会系统的发展是构成它的各个要素交互作用的结果，并揭示和把握了这种相互作用中具有规律性的关系：生产力决定生产关系，生产关系对生产力具有反作用；生产关系作为经济基础决定上层建筑，上层建筑对生产关系又具有反作用。生产力是社会发展的决定性力量，但人口因素和自然环境

---

① 《马克思恩格斯文集》第 5 卷，人民出版社 2009 年版，第 587 页。

又对生产力的发展具有制约作用。

第三节 社会有机体与社会形态

社会有机体和社会形态理论是马克思主义社会系统研究方法的重要体现。马克思、恩格斯运用唯物辩证法和唯物史观考察人类社会,把社会系统称做社会有机体。他们认为,社会有机体的内部组成要素相互联系、相互作用,推动社会系统的发展,由此又形成了不同的社会形态。经济社会形态和技术社会形态则是考察社会形态发展变化的两种主要划分方法。

一、社会有机体

有机体,通常指人和动植物这类有生命的物质实体,它以自身内部不同组成部分的紧密联系和不间断的新陈代谢为基本特征。马克思将这个概念用于社会,着重强调的也是社会系统不同组成要素之间的相互联系和变化发展,强调社会在其长期发展中同样表现为一种有生命的物质实体。

把社会同生物有机体相类比的思想可以追溯到古代社会。第一次明确系统地用"有机体"的概念来说明社会的是 19 世纪法国哲学家、社会学家孔德和英国哲学家、社会学家斯宾塞。孔德认为社会如同生物体,是一个各部分相互联系的整体。如家庭是社会的细胞,阶级或种族是社会的组织,城市和社区是社会的器官;社会像生物界一样,是一个连续进化的过程。斯宾塞用生物进化论解释社会现象,认为社会与国家如同生物一样,是一个由简单到复杂、不断发展进化的有机体;社会机体同生物机体一样,由营养系统、循环系统和调节系统三个部分组成;社会有机体与生物有机体之间有一系列相似之处,如都具有对外扩张性,日益复杂化,伴随着机体结构分化而出现功能分化等。孔德、斯宾塞等人的社会有机体理论的合理性在于,他们反对用机械论的观点看待社会,强调把社会作为一个有机整体来看待。但是他们的社会有机体理论根本错误在于把生物进化规律照搬到社会发展领域,抹杀了社会有机体同生物有机体的本质区别。如斯宾塞把社会有机体简单比拟为生物有机体，用生物体的营养、循环和调节三大系统论证资本主义社会劳动阶级、商人阶级和资本家阶级等级的划分，并论证资本主义的永恒合理性。

马克思主义反对把社会生活的发展归结为生物现象，但认为把社会看做一个活的有机体的思想是合理的。马克思主义经典作家把社会作为一个复杂的有机系统来研究，在运用唯物史观分析社会问题时，常常直接把社会称为"社会有机体"。马克思所说的社会有机体，是指以生产实践为基础的各个社会层次、各种社会构成要素有机联系而又相互制约构成的社会整体。社会有机体形成于人的实践和交往活动中，是一种具有自我意识的有机体，其再生和更新的内在机制是物质生产、精神生产和人自身生产的统一。

马克思在《哲学的贫困》一书中指出："谁用政治经济学的范畴构筑某种意识形态体系的大厦，谁就是把社会体系的各个环节割裂开来，就是把社会的各个环节变成同等数量的依次出现的单个社会。其实，单凭运动、顺序和时间的唯一逻辑公式怎能向我们说明一切关系在其中同时存在而又互相依存的社会机体呢？"① 马克思在这里第一次使用了社会有机体的范畴。他认为，社会是一个一切关系同时并存又相互依赖的有机体。这是一个不言而喻的事实，并以此来批判那种只取某一类范畴，而将社会各环节割裂开来，或将它们视为孤立的实体机械相加的形而上学方法。

社会有机体所包括的相互联系和变化发展着的社会要素，大体包括如下方面：人口和自然地理环境是社会有机体的物质基础，生产力和生产关系是社会有机体经济生活的构成要素，包括政治制度、政治机构和社会意识形态构成社会的上层建筑要素。在社会有机体中，生产力起决定作用，是社会有机体存在和发展的决定性因素；生产关系的总和构成社会的经济基础，是社会有机体的骨骼；而构成社会有机体血肉的，则是政治上层建筑和思想上层建筑的诸因素。这些构成要素相互联系、相互制约，使社会系统成为一个具有内在结构和自身形态，并具有自我调节、自我控制、自

---

① 《马克思恩格斯文集》第 1 卷，人民出版社 2009 年版，第 603 页。

我发展能力的有机整体。

马克思将辩证法联系、发展的思想运用和体现于社会有机体的分析中。一方面，他强调社会有机体内部各个要素之间的相互联系、相互作用。在谈到政治经济学批判方法时他分析指出，生产、分配、交换、消费就不是同一的东西，而是说，它们构成一个总体的各个环节、一个统一体内部的差别，"因此，一定的生产决定一定的消费、分配、交换和这些不同要素相互间的一定关系。"① 他强调说"不同要素之间存在着相互作用。每一个有机整体都是这样。"② 另一方面，他强调社会有机体的变化发展，强调指出："社会不是坚实的结晶体，而是一个能够变化并且经常处于变化过程中的有机体。"③ "这种有机体制本身作为一个总体有自己的各种前提，而它向总体的发展过程就在于：使社会的一切要素从属于自己，或者把自己还缺乏的器官从社会中创造出来。有机体制在历史上就是这样生成为总体的。"④ 社会有机体思想不仅体现了社会系统组成要素之间相互联系、相互制约的关系，而且突出了社会系统自我运动、不断发展变化的性质，从而更为生动具体地体现了唯物辩证法联系和发展的原则。

对于马克思社会有机体思想所体现的辨证方法，俄国学者伊·考夫曼曾这样评论道："对现象所作的更深刻的分析证明，各种社会有机体像动植物有机体一样，彼此根本不同……由于这些有机体的整个结构不同，它们的各个器官有差别，以及器官借以发生作用的条件不一样等等，同一个现象就受完全不同的规律支配……生产力的发展水平不同，生产关系和支配生产关系的规律也就不同。马克思给自己提出的目的是，从这个观点出发去研究和说明资本主义经济制度，这样，他只不过是极其科学地表述了任何对经济生活进行准确的研究必须具有的目的……这种研究的科学价值在于阐明支配着一定社会有机体的产生、生存、发展和死亡以及为另一更

---

① 《马克思恩格斯文集》第 8 卷，人民出版社 2009 年版，第 23 页。
② 《马克思恩格斯文集》第 8 卷，人民出版社 2009 年版，第 23 页。
③ 《马克思恩格斯文集》第 5 卷，人民出版社 2009 年版，第 10 页。
④ 《马克思恩格斯全集》第 30 卷，人民出版社 1995 年版，第 237 页。

高的有机体所代替的特殊规律。马克思的这本书确实具有这种价值。"①
对此，马克思指出："这位作者先生把他称为我的实际方法的东西描述得
这样恰当，并且在谈到我个人对这种方法的运用时又抱着这样的好感，那
他所描述的不正是辩证方法吗？"②

马克思关于社会有机体的思想深刻体现了唯物辩证法联系和发展的原
则，是社会系统研究方法的生动体现，与机械论的形而上学方法形成了鲜
明的对照。列宁就此指出："马克思和恩格斯称之为辩证方法（它与形而
上学方法相反）的，不是别的，正是社会学中的科学方法，这个方法把
社会看做处在不断发展中的活的机体（而不是机械地结合起来因而可以
把各种社会要素随便配搭起来的一种什么东西），要研究这个机体，就必
须客观地分析组成该社会形态的生产关系，研究该社会形态的活动规律和
发展规律。"③

如果说社会有机体侧重体现了社会系统组成要素之间的相互联系、相
互作用，那么，社会形态则侧重体现了社会系统及其组成要素的动态发展
和历史演变。人类社会发展的历史，就是社会形态由低级向高级不断演进
的历史。依据不同的划分标准，通常把社会形态区分为经济社会形态和技
术社会形态。下面，我们就对经济社会形态和技术社会形态分别进行考察。

二、经济社会形态

经济社会形态是以生产关系的性质为标准对社会形态作出的划分。生
产关系在社会形态中处于特殊的重要地位：一方面，生产关系与生产力相
互联系，与一定的生产力发展水平相适应；另一方面，生产关系与上层建
筑相互联系，又对上层建筑具有决定作用。因此，一定的生产关系状况，
对于认识该社会的生产力和上层建筑状况，具有重要的参考价值。马克思
指出："生产关系总合起来就构成所谓社会关系，构成所谓社会，并且是构

---

① 转引自《马克思恩格斯文集》第 5 卷，人民出版社 2009 年版，第 21 页。
② 《马克思恩格斯文集》第 5 卷，人民出版社 2009 年版，第 21 页。
③ 《列宁专题文集　论辩证唯物主义和历史唯物主义》，人民出版社 2009 年版，第
185 页。

成一个处于一定历史发展阶段上的社会，具有独特的特征的社会。"① 按照这一标准，马克思主义把人类社会的发展划分为原始社会、奴隶社会、封建社会、资本主义社会和共产主义社会五种依次演进的经济社会形态。

在原始社会，人们使用简陋的石器工具，生产力水平极为低下，没有剩余产品，这就决定了原始社会的生产关系只能是生产资料的共同占有，人们共同劳动，产品平均分配，社会发展缓慢。原始社会末期，随着金属工具的出现，生产力水平提高，劳动产品有了剩余，这就促进了最初的私有制社会——奴隶社会的出现。奴隶社会生产关系的基础是奴隶主占有生产资料并占有劳动者——奴隶。奴隶制生产关系一方面推进了生产力的进步，另一方面又建立在对广大奴隶残酷的剥削之上，对生产力的推动又是有限的。奴隶对奴隶主的反抗，最终摧毁了奴隶制的基础，封建社会的生产关系代替了奴隶制生产关系。封建社会中冶炼技术的进步和金属工具的改造，使农业和手工业得到发展。封建社会生产关系的主要特征，是封建地主占有生产资料和不完全占有劳动者。封建地主阶级采取地租的形式剥削农民，不断引起农民的反抗。随着农业和手工业的发展，在商品经济发展的基础上，逐步产生了资本主义生产关系。封建社会的生产关系束缚了生产力和商品经济的发展，从而引起资产阶级革命，封建主义的生产关系又为资本主义生产关系所取代。资本主义生产关系的基础，是生产资料的资本家占有制。资本主义生产关系对生产力的发展起过强大的推动作用，资本主义制度在一两个世纪所创造的生产力，比过去一切时代所创造的生产力的总和还要大。但随着资本主义的发展，资本家私人占有制与社会化大生产的矛盾不断激化，导致经济危机的不断发生，并严重阻碍生产力的发展。只有用社会主义代替资本主义，用生产资料公有制来适应社会化了的生产过程，生产力才能进一步发展，人类社会才能继续进步，这就使社会主义社会代替资本主义具有了历史的必然性。从五种社会形态划分的角度看，经济社会形态主要是指由历史上一定的生产力、生产关系、上层建筑等社会要素组成的社会系统，是社会的组成要素按照相互之间特有的规

① 《马克思恩格斯文集》第 1 卷，人民出版社 2009 年版，第 724 页。

律运动、发展和变化的活的社会有机体。

　　与五种社会形态划分相联系，马克思还提出了关于三种社会形态划分的思想。在 1857—1858 年所写的《经济学手稿》中，马克思提出了三种社会形态："人的依赖关系（起初完全是自然发生的），是最初的社会形态，在这种形态下，人的生产能力只是在狭窄的范围内和孤立的地点上发展着。以物的依赖性为基础的人的独立性，是第二大形态，在这种形态下，才形成普遍的社会物质变换，全面的关系，多方面的需求以及全面的能力的体系。建立在个人全面发展和他们共同的社会生产能力成为他们的社会财富这一基础上的自由个性，是第三个阶段。第二个阶段为第三个阶段创造条件。"① 在这里，马克思根据作为社会主体的人的发展状况，把人类历史划分为人的依赖性社会、物的依赖性社会、个人全面发展的社会三种依次更替的社会形态。这三种社会形态分别由历史上存在的三种宏观经济运行方式，即自然经济、商品经济、产品经济所决定，而这三种经济运行方式是对生产、消费、分配、交换的生产关系的体现，因此，这三种社会形态是属于经济社会形态的范畴。也可以说与人的依赖性社会、物的依赖性社会、个人全面发展的社会相对应，形成了自然经济社会、商品经济社会、产品经济社会三种在历史上依次更替的社会形态。人的依赖性的社会即自然经济社会，物的依赖性的社会即商品经济社会，个人全面发展的社会即产品经济社会。所以，三种社会形态的划分方法，就是指的这两个序列的人类社会的三大发展阶段。

　　五种经济社会形态和三种经济社会形态的划分法，都是马克思提出来的。它们各自从不同角度和侧面说明了人类社会发展的进程和社会发展阶段的划分，揭示了人类社会发展的普遍性规律。五种经济社会形态是从人们对生产资料的占有关系来划分的，三种经济社会形态是从人在生产劳动中地位和相互关系的角度来划分的，这两种划分方法相互联系相互补充，本质上是统一的。人的依赖性社会和自然经济的社会包括原始社会、奴隶社会和封建社会；物的依赖性社会和商品经济社会在马克思那里指的是资

① 《马克思恩格斯全集》第 46 卷（上），人民出版社 1979 年版，第 104 页。

本主义社会，我国现在所处的社会主义初级阶段也属于商品经济社会；个人全面发展的社会和产品经济社会则是指未来的共产主义社会。在具体的社会科学研究中，不应当把这两种不同的划分方法对立起来，也不能用一种方法取代另一种方法，而应当把两种方法各自用到它们最适用的领域。在两种方法的相互补充中，深化对人类社会发展的认识。

经济社会形态的划分，为研究社会形态的类型和发展规律，提供了最重要的依据和线索。正是依据经济社会形态的变化，我们才能认识社会由低级形态到高级形态的演化规律，认识到每一具体社会所处的历史发展阶段和发展趋势，认识到社会主义取代资本主义的历史必然性，认识到我国社会主义初级阶段的发展特点和历史任务。

三、技术社会形态

技术社会形态是以生产力和科学技术发展水平以及与此相适应的产业结构为标准对社会形态的划分。从生产力发展的水平看，人类社会从古至今依次经历了石器时代、铜器时代、铁器时代、蒸汽时代、电气时代、电子时代等技术社会形态。

从产业结构的角度看，由于在石器时代，主要产业是渔业和狩猎业，因此这个时代又可称做渔猎社会。在铜器和铁器时代，农业成为主导产业，因而这一时代又被称为农业社会。在蒸汽和电气时代，机器大工业有了很大发展，工业成为主要产业，因此这个时代又被称为工业社会。在电子时代，信息技术和信息产业在社会的技术体系和产业结构中取得主导地位，这个时代又被称为信息社会。这样人类社会的发展就又表现为如下的技术社会形态序列，即渔猎社会—农业社会—工业社会—信息社会。

技术社会形态概念的提出在马克思主义理论中有着深厚的理论基础。马克思、恩格斯的很多论述中已经包括了渔猎社会、农业社会和工业社会划分的思想。对于人类社会由农业社会向工业社会的转变，马克思、恩格斯都曾做了重点研究。马克思在《资本论》等著作中也大量使用了"工业革命"以及与此相关的"大工业"、"工业国""工业体系"、"工业社会"、"工业文明"等用语。马克思、恩格斯认为，工业革命是人类社会生产力的伟大变革，它前所未有地推进了人类改造自然界的能力，成为推动人类社会从传统农业社会转向现代工业社会的强大动力。恩格斯指出："英国工业的这一次革命化是现代英国各种关系的基础，是整个社会的运动的动力"，①"工业革命对英国的意义，就像政治革命对法国，哲学革命对于德国一样"，② 但是"比其他任何国家经历的变革意义更重大"，"比任何其他一种革命都更广泛，更有深远影响"。③ 马克思、恩格斯还从多方面分析了工业革命在人类社会发展中的巨大作用。马克思在研究工业化进程时，把世界上的国家分为"大工业发达的国家"与"非工业国家"。他依据生产力发展是社会历史发展决定性力量的原理深刻指出："工业较发达的国家向工业较不发达的国家所显示的，只是后者未来的景象"，而且他把这样一种发展趋势视为"以铁的必然性发生作用并且正在实现的趋势"。④ 他强调说："新的工业的建立已经成为一切文明民族的生命攸关的问题"。⑤

　　20 世纪 70 年代以来，信息技术革命在全球蓬勃兴起，发达国家产业结构出现了深刻变化。根据经济合作与发展组织 1969 年的统计，第三产业占国民生产总值的比重和第三产业从业人员占劳动力人口的比重，美国分别达到 60.4% 和 61.1%，意大利达 51.7% 和 45.1%，荷兰达 51.6% 和 49.8%，瑞典达 48.9% 和 48.8%，英国达 51% 和 49.7%，法国达 45.3% 和 42.8%，均已超过第二产业相应的比例。当前，第三产业占 GDP（国民生产总值）的比重平均水平发达国家已达到 70% 到 80%；发展中国家也已达到 60% 左右。这标志着人类已经开始从工业社会向后工业和信息社会迈进。美国著名学者丹尼尔·贝尔就此指出，如果我们把资本主义这个词限制在社会关系方面，而把工业这个词限制在技术方面的话，那么我们可以通过分析看到不同序列如何显示出来。在这个意义上可以有社会主

---

① 《马克思恩格斯文集》第 1 卷，人民出版社 2009 年版，第 105 页。
② 《马克思恩格斯文集》第 1 卷，人民出版社 2009 年版，第 402 页。
③ 《马克思恩格斯文集》第 1 卷，人民出版社 2009 年版，第 87 页。
④ 《马克思恩格斯文集》第 5 卷，人民出版社 2009 年版，第 8 页。
⑤ 《马克思恩格斯文集》第 2 卷，人民出版社 2009 年版，第 35 页。

义的工业社会，也可以有资本主义的后工业社会。① 贝尔所说的后工业社会，就是我们通常所说的信息社会。

进入 21 世纪，世界经济正在加速从工业社会向以信息为主导、以互联网等先进传媒为载体、以知识创新为核心的信息社会过渡，信息技术日益成为推动生产力进步的决定性因素。随着高速、宽带的现代信息网络的发展与完善，人类的生产方式和生活方式发生了一场极为深刻的革命，社会的生产、流通、科研、教育、医疗、娱乐等各种经济与社会活动都越来越多地利用和逐步转移到网络上来进行。在政治和文化领域，也出现了"电子政务"、"电子政府"、"电子民主"、"电子读物"、"电子媒体"等新型政治和文化活动方式。这是继工业革命之后，人类社会发展中的又一次伟大的技术革命，它宣告了信息化时代的到来。能不能大力推进信息技术革命，大力发展信息产业，实现社会各个领域的信息化，再次成为关系到一切文明民族的"生命攸关的问题"。

技术社会形态的划分，侧重从生产力、科学技术和产业结构的角度研究社会形态的发展变化，突出了生产力在社会发展中的决定性作用。它与经济社会形态的划分相辅相成，全面揭示了人类社会的性质和发展的客观规律。认识社会，推动社会进步，既要从经济社会形态的视角考察其社会性质，又要从技术社会形态的视角考察其发展水平；既要提出坚持或变革社会制度的任务，又要提出发展生产力的任务。我们党关于我国社会主义初级阶段的判断，关于建设中国特色社会主义和实现工业化、信息化的目标追求，都是以两种社会形态理论为基础所作出的科学结论。

第四节　研究社会系统的重要原则

运用社会系统研究方法，进行社会科学研究，分析认识各种社会问题

---

① 参见［美］丹尼尔·贝尔：《后工业社会的来临》，高锋译，商务印书馆 1984 年版，第 22 页。

和社会现象，有很多重要的方法论原则。如整体性原则、结构性原则、层次性原则、开放性原则、涨落性原则、系统优化原则等。这些方法论原则，反映了社会系统的固有属性和规律，是进行社会科学研究和科学认识各种社会现象重要的方法论工具。

一、整体性原则

系统的整体性表明，整体的功能并不等于它的组成部分功能的简单相加，这就是所谓的系统的"非加和性"，即"整体不等于部分的总和"。

马克思在研究社会现象时深刻揭示了系统的整体性。他在研究城市功能时指出："城市本身的单纯存在与仅仅是众多的独立家庭不同。在这里，整体并不是由它的各个部分组成。它是一种独立的有机体。"① 他在研究生产的协作时分析指出，协作把"许多力量融合为一个总的力量而产生的新力量"。② 他还援引一位研究协作的经济学家的话说："如果我们把数学上整体等于它各部分的总和这一原理应用于我们的主题上，那就是错误的"。③ 这些论述表明，马克思已经明确地认识到，社会现象中整体功能并不等于其各部分功能的简单总和。他还曾以军队作战为例指出："一个骑兵连的进攻力量或一个步兵团的抵抗力量，与每个骑兵分散展开的进攻力量的总和或每个步兵分散展开的抵抗力量的总和有本质的差别"。④

如果是说到军事和战争，作为军事家的毛泽东对系统的整体性有着更为生动的运用和论述。毛泽东在中国解放战争中发动了三大战役。其中淮海战役是解放军在兵力、装备都不占优势的情况下同国民党重兵集团展开的决定性的战略决战，最后以解放军的全面胜利而告终。中国人民解放军参战部队 60 万人，国民党军先后出动兵力 80 万人，历时 65 天，解放军共歼敌 55.5 万余人，使蒋介石在南线战场上

① 《马克思恩格斯文集》第 8 卷，人民出版社 2009 年版，第 131 页。
② 《马克思恩格斯文集》第 5 卷，人民出版社 2009 年版，第 379 页。
③ 《马克思恩格斯全集》第 32 卷，人民出版社 1998 年版，第 294 页。
④ 《马克思恩格斯文集》第 5 卷，人民出版社 2009 年版，第 378 页。

的精锐部队被消灭干净，基本上解放了长江以北的华东和中原广大地区。当初中央军委决定由第二野战军和第三野战军联合发起淮海战役，毛泽东就说"二野三野联合作战，不只是增加一倍两倍的力量，数量变，质量变，这是一个质的变化"。① 后来，邓小平就曾引述毛泽东这句话，讲述整体功能不等于部分功能简单总和的道理。

那么，为什么会出现"整体不等部分的总和"的社会现象呢？社会系统整体的功能为什么是"非加和性"的呢？社会系统是由若干相互联系、相互作用的要素按一定方式组成的统一整体。这表明，仅有孤立的各组成部分并不构成系统，只有在各部分的相互联系、相互作用中才存在系统。一般系统论的创始人贝塔朗菲就指出，系统"只能通过自己的广义的内聚力即通过组成部分的相互作用来说明"②。他认为为了理解一个整体或系统，不仅需要了解其部分，而且同样还要了解它们之间的关系。③因此，相互联系、相互作用是解开一切系统现象之谜的关键所在。实际上，由于系统各个组成部分的相互作用、相互联系，造成了彼此活动的限制、彼此属性间的筛选以及某些协同的功能，由此而形成了系统的新质态——系统的整体性能。这种整体性能是由部分相互作用而在整体层次上涌现的，为个别组成部分或它们的机械加和所不具有。这就是系统整体性形成的基本原因。因此，社会科学研究必须重视对社会的整体性研究，重视社会系统组成要素之间相互联系、相互作用的研究，通过系统组成要素及其之间相互联系、相互作用的研究，揭示社会系统具有而各个组成要素所不具有的整体属性。

整体性是系统最显著的特征，也是处理和解决系统问题需要坚持的基本原则。一个很典型的案例，就是我们对社会全面协调可持续发展的理解。如前所述，社会大系统是由生产力系统、生产关系系统、

---

① 《邓小平文选》第 3 卷，人民出版社 1993 年版，第 341 页。
② 庞元正、李建华编：《系统论、控制论、信息论经典文献选编》，求实出版社 1989 年版，第 149 页。
③ 庞元正、李建华编：《系统论、控制论、信息论经典文献选编》，求实出版社 1989 年版，第 119 页。

上层建筑系统、人口系统和自然环境系统相互联系组成的。在社会大系统的发展中，生产力系统与生产关系系统的发展构成了经济建设的内容，政治上层建筑的发展构成政治建设的主要内容，思想上层建筑的发展表现为文化建设，人口系统的发展构成了社会（狭义）建设的主要内容，自然环境系统的发展构成了生态建设的主要内容。但社会大系统的发展具有整体性，并不是经济建设、政治建设、文化建设、社会建设和生态建设各自为战、单军独进的过程。它们之间存在相互作用、相互制约的复杂联系。其中，经济建设为政治建设、文化建设、社会建设和生态建设全面发展提供前提条件和物质基础，政治建设为经济建设、文化建设、社会建设和生态建设全面发展提供政治保证和法律保障，文化建设为经济建设、政治建设、社会建设和生态建设全面发展提供智力支持和思想保证，社会建设为经济建设、政治建设、文化建设和生态建设全面发展提供和睦相处的社会条件，生态建设为经济建设、政治建设、文化建设、社会建设全面发展提供可持续发展的自然环境基础。只有从社会系统的整体性原则出发，研究和处理好现代化建设各个方面的相互关系，统筹处理好经济建设、政治建设、文化建设、社会建设和生态建设相互联系与相互制约的关系，解决认识和实践中某些方面缺位及不到位的问题，我们才能使现代化建设全面协调可持续发展。

由于对系统的整体性认识不足，加之受到社会发展水平的限制，很长时间里，我们对社会大系统全面发展的认识，往往把社会建设和生态建设排除在全面发展之外。一讲社会全面发展就仅仅局限于经济、政治、文化三个方面，这就导致了社会建设和生态建设的滞后，造成发展的不全面、不协调、不可持续。在处理经济建设、政治建设和文化建设的关系时，又往往脱离政治建设和文化建设，片面强调和突出经济建设，造成政治建设、文化建设与经济建设不相适应。现在我们认识到社会大系统是由生产力系统、生产关系系统、上层建筑系统、人口系统、自然环境系统组成的复杂大系统，因而相应地把对全面发展的认识推向经济建设、政治建设、文化建设、社会建设和生态建设"五位一体"，这样我们才能够不断解决发展不全面、不协调、不可持续的问题，推动社会主义现代化建设全面协调可持续发展。

二、结构性原则

结构是系统中诸要素相互联系、相互作用的方式。其中包括要素之间一定的比例、一定的秩序、一定的结合方式等。社会系统的性质和功能不但决定于要素的性质和功能，而且决定于要素之间的结构。社会系统有什么样的结构，就相应的有什么样的功能，结构发生了变化，社会系统的功能也就必然发生变化。马克思在研究社会发展规律的过程中，非常重视对社会结构的研究，重视社会结构变化如何引起社会形态的变化。劳动者和生产资料作为生产的基本要素，其结合的方式不同，就使社会区分为不同的形态，而社会结构的变化直接表明了社会形态的变化。社会科学研究必须重视对社会结构的研究，通过优化结构的设计促进社会整体的发展。

自然界和人类社会的大量事实表明，系统的性质和功能不但决定于构成系统的要素，而且决定于要素之间相互联系所形成的结构。最典型的如在化学中被称为同素异性体的金刚石和石墨，它们虽然都由碳原子组成，但碳原子的结合方式不同，从而导致性质迥然不同。金刚石的碳原子分布均匀，结合紧密，是一种无色透明外形为八面体的硬质晶体。石墨的碳原子之间的间距大，结合力弱，形成一种软质鳞片状晶体。由于结构不同，性质迥异，石墨不透明、导电、硬度为1；金刚石透明、不导电、硬度为10。但是，人们又可以通过高温高压处理，改变石墨的结构，把石墨加工成人造金刚石，做到"点石成金"。

这种现象不仅存在于自然界，而且也存在于人类社会中。在社会领域中，恩格斯曾举过一个非常生动的例子。"这就是拿破仑。拿破仑描写过骑术不精但有纪律的法国骑兵和当时无疑是最善于单个格斗但没有纪律的骑兵——马木留克兵之间的战斗，他写道：'两个马木留克兵绝对能打赢三个法国兵，一百个法国兵与一百个马木留克兵势均力敌，三百个法国兵大都能战胜三百个马木留克兵，而一千个法国兵则总能打败一千五百个马木留克兵。'"① 这里双方骑兵数量的增加，引起了双方力量对比向反比例的方向发生变化，其原因就在于，法国兵纪律严明，结构有序，而马木留克兵纪律松散，结构无序。

中国俗话中有"三个和尚没水吃"和"三个臭皮匠，顶个诸葛亮"的说法。同样是三个人组成的系统，为什么功能不相同，原因就在结构上。结构不合理，系统的内耗增加，系统的整体功能就下降；结构合理，系统组成要素的功能就会相互激发，系统的整体功能就会得到放大。各种系统为要达到一定的功能，就不能停留在一种结构上，而需要进行不断的结构调整，道理就在于此。中国改革开放初期，农村开始搞家庭联产承包责任制的时候，与人民公社时期相比，人员、土地、生产资料都没有什么变化，但是生产组织结构改变了，结果极大地解放了农村生产力，长期困扰我们的农村温饱问题很快得到了解决。相应的中国的经济体制改革，也是通过调整所有制的结构、经济组织的结构、分配结构、区域经济结构等一系列结构调整实现的，从而极大地解放和发展了生产力，为中国快速发展奠定了重要的物质基础。大量事实都说明，系统的结构决定系统的功能，系统的结构变化了，系统的功能也会随之发生相应的变化。这是自然界和人类社会存在的普遍的规律性现象。

结构性原则启发我们，根据结构决定功能的原理，合理的结构促进系统功能的优化，不合理的结构造成系统功能的内耗，只有通过结构的合理化，才能实现系统的功能优化。在当代科学研究和社会实践中，结构性原则得到了广泛的应用。人们越来越重视对各类系统结构的研究。如对知识结构、领导班子结构、生产力结构、生产关系结构、产业结构、投资结构、消费结构、城乡结构等结构的研究，其目的都是为了通过结构的调整和优化，实现系统功能的优化。

当前，中国的发展面临着转变经济发展方式的艰巨任务。中国的经济发展方式之所以陈旧和存在弊端，根源于一系列经济结构的不合理、不协调，所以中国转变经济发展方式必须以经济结构的调整为主攻方向。如只

① 《马克思恩格斯全集》第 20 卷，人民出版社 1971 年版，第 141 页。

有通过产业结构的调整，做优第一产业，做强第二产业，做大第三产业，培育和发展战略型新兴产业，才能适应世界产业结构发展的趋势，实现由第二产业为主导的发展方式向以第三产业为主导的发展方式的转变；只有进行消费投资结构的调整，坚持扩大内需的战略，努力提高居民消费能力，才能实现从以投资为主导的经济发展方式向以消费为主导的发展方式的转变；只有调整要素投入结构，不断增加科技研发投入，大力推进科技创新、管理创新、体制创新，才能实现从资源依赖型的发展方式向创新驱动型的发展方式的转变；只有调整能源消费结构，减少对煤炭、石油、天然气等化石能源的依赖，大力发展风能、水能、太阳能、核能等可再生能源、清洁能源和新型能源，才能实现由高碳经济发展方式向低碳经济发展方式的转变；只有调整城乡结构，走中国特色的城镇化道路，建设社会主义新农村，推进公共服务均等化，才能实现由城乡二元经济发展方式向城乡一体化的经济发展方式的转变。所以坚持系统的结构性原则，推进经济结构的战略调整，对于加快推进发展方式转变，提高国民经济整体素质和国际竞争力，具有关键的作用。

三、层次性原则

系统的层次性，揭示的是系统的不同层次之间的关系。层次是指在系统中不同的组成部分依次隶属的等级关系。系统由若干子系统所组成，系统和子系统的划分具有相对性，不仅系统可以看做是更高层次上较大系统的子系统，而且子系统也可以看做是由更低层次上的要素所组成的系统。对系统层次性的研究表明，系统的不同层次既有共同的运动规律，又有各自的特殊运动规律。认识和研究系统，不仅要揭示系统的内在层次，发现不同层次上共同的运动规律，而且特别要研究和发现其不同层次上的特殊运动规律。只有这样，才能把握系统层次性的本质。

系统层次性原则在现代系统理论中占有极重要的地位。冯·贝塔朗菲创立系统论的主导动机之一，就是不满意于科学研究方法论中的简化还原论倾向。他最早提出有机系统论，认为各种有机体都是按照严格的等级组织起来的。生物系统是分层次的，从活的分子到多细胞个体，再到超个体的聚合体，层次分明、等级森严。生物学的主要目标就在于发现种种不同层次上的组织原理。后来他在有机系统论的基础上主张建立一般系统论，把等级层次理论从理论生物学推广到一般系统论的研究中。他强调指出：等级秩序的一般理论显然将是一般系统论的主要支柱。所谓等级秩序理论，也就是关于系统各个层次上具有特殊规律的层次性原则。

系统层次性原则是与简化还原论相对立的方法论原则。简化还原论为了认识事物的整体属性，把整体分解为部分，再把部分分解为更基本的组成单位，直至不可再行分割的某些基本单元，然后通过这些孤立的基本单元的属性及其简单加和来认识对象的整体属性。这种简化分析方法虽然也曾在科学研究中起过重要作用，但由于缺乏层次观念，忽略和舍弃了事物组成部分之间的复杂联系，结果势必要把事物整体的属性归结为组成它的基本单元的属性，把事物整体高层次的规律归结为组成它的基本单元的低层次的规律，因而不能达到对系统整体性的正确认识。系统层次性原则是同简化还原论根本对立的科学研究方法。坚持系统的层次性原则，重点在于研究系统各个层次上的特有属性和特殊规律，研究各个层次上质的差异性，进而揭示出系统不同层次上的共有规律和各个层次上的特有规律。

其实，马克思在社会科学研究中早已出色地运用了系统层次性原则，为人类科学地分析社会大系统的层次性开辟了道路。马克思是首先对社会系统的结构进行层次分析的学者，他反对社会科学研究中的简化还原论和社会原子主义的倾向，反对忽略社会系统的层次性，把社会高层次系统的属性和规律简单归结为社会低层次系统的属性和规律。他强调社会是一个有机体，正如有机体和组成它的细胞之间还具有各种功能系统、器官、组织等层次一样，从社会系统到它的基本要素之间也存在着不同的层次。例如在社会大系统的第一级层次上，存在着生产力、生产关系、政治上层建筑、人口、自然环境等系统。在第二级层次上，生产力系统则由劳动力子系统、劳动资料、劳动对象等子系统构成，上层建筑则由政治上层建筑子系统和思想上层建筑子系统组成，而这些子系统则由下一个层次更基本的要素组成。经过一系列中间层次，社会系统在最低层次上达到它的细胞形态，即人与物这两种基本组成要素。马克思、恩格斯认为，社会系统的不同层次上存在彼此不同的特殊规律。如在社会大系统的最高层次上存在着生产关系一定要适合生产力，上层建筑一定要适合经济基础的规律；在社会大系统的第二级层次上如构成生产力的劳动力、生产资料和劳动对象，构成上层建筑的政治上层建筑和思想上层建筑等低层次的系统也各有自身的规律，如工艺学的规律、政治学的规律、法律学的规律等。显然，高层次的规律借助于低层次的规律发挥作用，但不归结为低层次的规律。低层次的规律受到高层次规律的制约，但又与高层次的规律有别，有着自身特有的内容和表现形式。社会科学研究既要重视认识社会系统各个层次的共同规律，又要重视研究和揭示各个层次的特殊规律。

层次性原则在科学研究和社会实践中的应用是十分广泛的。研究系统不同层次上的特殊运动规律，历来是科学研究中的重要课题。这一思想对于我国的改革也具有重要的指导意义。例如，改革开放中有一个长期困扰我们的问题，就是经济生活中出现的"一放就活，一活就乱，一乱就统，一统就死"的恶性循环。究其原因，就在于忽略了国民经济系统在宏观层次和微观层次上的不同运动规律和要求。要搞活经济，必须在微观经济的层次上扩大企业的自主权，使企业做到自主经营、自负盈亏、自我发展，发挥市场经济"看不见的手"的作用；但在宏观经济层次上，则必须加强调控，充分利用一切经济手段、法律手段乃至行政手段，加强集中管理和统一领导，建立良好的经济运行秩序，这又要充分发挥政府这只"看得见的手"的作用。如果对宏观经济和微观经济的层次性不加区别，在微观经济放权搞活的同时，忽视宏观经济调控体系的建立和完善，那么出现"一放就乱"的局面就在所难免了。可见，在深化改革和发展市场经济的过程中，必须坚持层次性的原则，根据经济系统不同层次上的不同规律和要求，做到微观放开搞活，宏观管住管好。我国是社会主义国家，实行的是社会主义市场经济，把加强宏观调控与市场机制结合起来尤为重要。

四、开放性原则

系统具有开放性，即系统与外界环境之间不断进行物质、能量和信息的交换，正是通过这种交换，使系统维持和更新自身的结构，从而实现从无序向有序演化；如果系统的开放性受到破坏，不能正常地与外界环境之间进行物质、能量、信息的交换，系统的结构就会混乱无序，系统就会消亡。开放导致有序，封闭导致无序，开放是实现系统有序发展和功能优化的必要条件。社会科学研究必须把每一个系统同它的环境联系起来加以考察，使自己有开阔的研究视野。

社会是最为复杂的大系统，各个层次上的系统都具有开放性。在人类社会发展的历史上，开放推进发展，封闭导致落后的事例不胜枚举。一个典型的事例是玛雅人的衰落。玛雅人是亚洲人的后代，在最后一个冰期，他们的祖先离别故土，越过封冻的白令海峡，踏上了美洲新大陆，繁衍生息两万年，在中美洲形成了一个人类文化发源地。一万年前，气候变暖，冰期结束，白令海峡复陷。美洲大陆被两大洋隔离，形成孤岛，陷于封闭状态。公元前 1000 年左右，人类进入青铜器时代，后来又学会冶铁技术，而玛雅人到 16 世纪还处于石器时代，一直没有金属，没有车辆，没有犁。刀耕火种，采集狩猎几万年，生产方式没有与亚欧大陆同步前进。1500 年，西班牙人入侵，玛雅人毫无抵抗能力，整个民族衰微。玛雅人的历史证明，在开放的世界中一个封闭的社会是无法发展的。

我国历史上也有过封闭导致落后的惨痛教训。邓小平就说过："任何国家要发达起来，闭关自守都不可能。我们吃过这个苦头，我们的老祖宗吃过这个苦头。恐怕明朝明成祖时候，郑和下西洋还算是开放的。明成祖死后，明朝逐渐衰落。以后清朝康乾时代，不能说是开放。如果从明朝中叶算起，也有近二百年。长期闭关自守，把中国搞得贫穷落后，愚昧无知。"[1] 邓小平对中国近代历史经验的总结，更能说明封闭对发展的窒息。郑和下西洋是 1405 年，比哥伦布 1492 年发现新大陆早了近 90 年。但是从 1433 年明宣宗朱瞻基宣布实行封关，并销毁了可以出海的航船。清朝的康熙和乾隆虽有文治武功的美誉，但也实行了海禁政策。这种闭关锁国的政策阻断了中国与世界文明发展的联系，从而埋下了中国衰落的种子。

---

[1] 《邓小平文选》第 3 卷，人民出版社 1993 年版，第 90 页。

与此形成对照的是，比康熙小 20 岁的俄皇彼得大帝，亲自去欧洲考察，回国后大力发展工业和科学，成立了圣彼得堡科学院，并吸引了很多欧洲科学家去工作。两种不同的发展道路，使中俄两国的实力对比发生了明显的变化。从 1652 年到 1689 年俄国入侵黑龙江一带共 37 年大多无功而返。而到了 19 世纪，俄国的工业、军事有了较大发展，其后的屡次中俄战争中，清朝连连失败，丢掉了 300 多万平方公里的土地，形成了今天的边界格局。中俄近代史的这一对比，可以说是开放导致有序、封闭导致无序的很好例证。

"现在的世界是开放的世界"，"中国的发展离不开世界"，这是邓小平运用马克思主义哲学观察当代世界发展大势，总结历史经验，研究现代化的客观规律得出的重要结论，也是中国改革开放对系统开放性原则最出色的运用。

"现在的世界是开放的世界"，就是指世界各民族和各国家之间的经济、政治、文化和科学交往越来越普遍化，世界各民族和各国家处于相互影响、相互制约、相互依赖的历史阶段。资本主义生产方式的兴起，开拓了世界市场，使世界步入了开放的时代。而在当代，经济生活全面国际化，世界经济出现了全球化、一体化的趋势。世界生产力的高度发展，生产和资本的国际化达到了一个新的更高阶段。国际贸易迅速发展，跨国公司遍布世界，这使得人流、物流、资金流打破国界，在全世界广泛流动。随着经济的发展，世界各国对资源的需求量越来越大，现在没有任何一个国家，能够拥有和生产自己所需要的一切原料和材料。进口国际资源、利用国际资源，成为世界所有国家的惯例。国际贸易状况是反映世界开放程度的一个综合标志，这表明世界的开放程度已达到前所未有的程度，任何国家都不能孤立于世界之外。

"中国的发展离不开世界"。中华人民共和国成立以后，由于复杂的国内国际因素，我国的对外开放也是不正常的，结果造成我国的发展缓慢，与发达国家和周边国家的差距进一步拉大。邓小平在总结新中国成立之后的经验教训时强调指出："建国以后，人家封锁我们，在某种程度上我们也还是闭关自守，这给我们带来了一些困难。三十几年的经验教训告诉我们，关起门来搞建设是不行的，发展不起来。"① 改革开放以来，我国实现了由封闭半封闭向对外开放的转变，大力引进国外先进技术，引进国际资金，吸收和借鉴国外先进的经营方式、管理方式，吸收和借鉴国外一切有益的知识和经验，建立形成了开放型经济，实现了我国经济的迅速崛起。在全球化深入发展的条件下，进一步扩大开放，是加快我国现代化建设的必然选择，也是与国际社会共同应对挑战、共享发展机遇的客观需要。在夺取全面建设小康社会和实现现代化的进程中，我们要适应世界格局的深刻变化，坚持对外开放的基本国策，实施互利共赢的开放战略，进一步扩大开放领域，拓展开放空间，提高开放质量，完善开放型经济体系，形成新形势下参与国际经济合作和竞争的新优势。

思考题

1. 应当怎样看待社会系统研究方法的方法论功能，它与马克思主义方法论是何种关系？

2. 如何理解人类社会是一个复杂的大系统，这个大系统又由哪些系统构成，这些系统之间主要有哪些复杂的关系？

3. 马克思"社会有机体"的思想与经济社会形态、技术社会形态的划分，对于认识人类社会发展有何重要意义？

4. 社会系统研究方法有哪些重要的方法论原则，这些方法论原则对我国社会主义现代化建设实践有哪些指导意义？

阅读文献

1. 马克思：《〈政治经济学批判〉序言》，《马克思恩格斯文集》第 2 卷，人民出版社 2009 年版。

2. 上海交通大学编：《智慧的钥匙——钱学森论系统科学》，上海交

---

① 《邓小平文选》第 3 卷，人民出版社 1993 年版，第 64 页。

通大学出版社 2005 年版。

3. ［美］冯·贝塔朗菲：《一般系统论　基础、发展和应用》，林康义、魏宏森译，清华大学出版社 1987 年版。

4. 庞元正、李建华主编：《系统论、控制论、信息论经典文献选编》，求实出版社 1989 年版。

5. ［苏］库兹明：《马克思理论和方法论中的系统性原则》，贾泽林、王炳文译，社会科学文献出版社 1988 年版。

第三章　社会矛盾研究方法

社会是一个开放的复杂大系统，社会的诸系统之间、系统的诸要素之间呈现为复杂的矛盾关系。马克思主义将对立统一规律运用于社会研究，形成了社会矛盾研究方法，为认识和研究各种社会现象的本质和发展规律，探求解决社会矛盾的途径和方法，提供了锐利的思想武器。

第一节　社会矛盾的普遍性与矛盾分析方法

社会生活中矛盾无处不在，无时不在，没有矛盾就没有世界，就没有人类社会。不研究社会矛盾，也就没有社会科学。矛盾分析方法是社会科学研究的基本方法。

一、矛盾与问题

在第一章中，我们曾经指出，社会科学研究要有强烈的"问题意识"。但是，在某些社会科学研究中，往往是只有"意识"，没有"问题"，或者问题越来越高雅，视阈越来越狭窄，字眼越来越生僻，概念越来越抽象，语言越来越晦涩，文章越来越难懂，"就像一个巫师，煞有介事地念着咒语，谁也不懂得他在念叨什么。"① 在"貌似深奥的烟幕下，掩盖着连篇废话"。② 这里的问题就出在"问题"本身，即问题不是来自生活，不是从现实的社会矛盾中发现问题，提出问题，回答问题。正如美国学者赫舍尔所说："当代很多哲学之所以陷入困境，部分原因正是这种持续不断的概念化过程远远离开了那导致哲学得以产生的处境，以致他们

---

① 《马克思恩格斯全集》第 1 卷，人民出版社 1995 年版，第 219 页。
② ［德］康德：《康德书信百封》，李秋零编译，上海人民出版社 2006 年版，第 88 页。

的结论同最初的难题似乎毫无关联。"①

　　真正有意义的问题来自于哪里？就是来自于矛盾，要善于透过矛盾，提出问题。进行社会科学研究，不能从头脑中发明问题，也不能在概念领域中虚构问题。这类问题是彻头彻尾的假问题。我们需要把社会生活中的矛盾转化为社会科学研究中的问题。在很大程度上可以说，没有矛盾，也就没有问题，也就没有社会科学，也就没有社会科学研究。

　　社会生活中客观存在的是"矛盾"，社会科学研究的是"问题"，问题与矛盾究竟是什么关系呢？一言以蔽之，矛盾与问题，总是难分难解地缠绕在一起。

　　第一，问题是对矛盾的理性把握。

　　问题意味着矛盾，但问题不同于矛盾。矛盾直接存在于对象之中，以客观的形式表现出来；矛盾的存在与主体意识到矛盾的存在是两回事。问题是一种"思"，面向现实生活世界的"思"。就其形式来说，并不直接存在于客观的对象之中，而是存在于主体的意识之中，以主观的形式表现出来。矛盾只有对人来说，相对于主体而言，才成为问题。正因为如此，即使面对同一矛盾，也不意味着在不同的主体意识中能形成同样的问题。由于主体的认识框架和知识结构不同、利益取向和价值追求不同、立场不同等，面对同样的矛盾往往提出完全不同的甚至是截然对立的问题。比如，20 世纪 20 年代中后期，面对全国农民运动"势如暴风骤雨，迅猛异常"的发展形势，一切地主阶级、特权阶级、土豪劣绅、国民党右派，与一切革命的党派、革命的同志由于立场不一样，提出的问题也完全不一样。有的认为农民运动"糟得很"，有的认为"好得很"；有的认为农会的举动"太过分了"，有的认为"恰如其分"；有的认为农民运动是"痞子运动，是惰农运动"，有的认为是"革命运动"；有的认为从事农民运动的人是"痞子"，有的认为是"革命先锋"。客观存在的只是矛盾而非问题本身，要把主体之外的矛盾转化为主体意识中的问题，感性直观是不

----

① ［美］赫舍尔：《人是谁》，隗仁莲、安希孟译，贵州人民出版社 1994 年版，第 2 页。

够的，必须依靠理性的力量，问题是对客观矛盾的理性把握。

　　同样，理论也不是对矛盾的直陈，理论的实质在于"领会"。它离不开理性的推导和逻辑的演绎，理论作为求解问题的结果，必然是合乎理性的解答。在社会科学研究中，问题不会终结矛盾，理论也不会终结问题。理论只能是无限地逼近问题的真相，而不可能终结对某一问题的认识。理论的真谛也不在于一次性地提出颠扑不破的真理，更多的情况下可能是竖起一个众矢之的供人批判或成就一家之言，开启一种正当论辩的情境，在交锋中形成某种审慎的意见，累积对问题的真理性认识。这也就是为什么很多的社会问题似乎永远处于研究的过程之中，而没有终结的征兆。在这里，社会科学问题不同于自然科学问题。一个自然科学问题解决了就不会再重复提出，可社会科学问题不同，它既可以是新问题，也不可避免地重复老问题。即使是老问题，只要它被重新提出，必然会有新的时代背景或从中引出新的问题。而且这种重复仅是形式上的重复，内容上一定是具体的、历史的、常新的。比如"什么是社会主义，怎样建设社会主义"的问题，"公平与效率"的问题，"中国与西方"的问题，不可能毕其功于一役，总是不断地解决又不断地以新的面貌复活。

　　第二，不是所有的矛盾都可以提升为社会科学研究中的问题。

　　社会科学研究不是从观念出发去解释实践，而是从物质实践出发去解释观念的形成。因此，社会科学研究的课题决不能从观念中去寻找，而只能从实践中去寻找，从社会矛盾中去捕捉。然而，并不是社会生活中所有的矛盾都能上升为"理论中的问题"，成为社会科学研究的课题。社会科学研究要善于发问，善于从纷繁复杂的社会矛盾中提炼出具有时代价值、学术价值的真问题，这样产生的理论才能彰显为时代立言、为生民立命、为社会立法、为未来立向的学术能量。有些问题似乎也是从社会矛盾中提炼出来的，但这些问题要么属于假问题，没有价值去回答；要么问题本身并不蕴涵深刻的理论问题，没有必要去回答；要么受制于当下的条件，没有可能去回答。只有对那些有价值、有必要、有可能回答的问题才需要提升为"理论中的问题"。可见，社会科学研究仅有"问题意识"还是不够的，还必须要有问题的质量意识。问题越有质量，理论才会越有分量。

第三，理论的脉搏伴随着矛盾和问题一起律动。

社会科学的研究对象是社会，是社会中的矛盾。社会中的矛盾像一根敏感的神经牵动着理论的脉搏。社会在发展，社会矛盾在变化，社会问题在更新，这种发展、变化、更新牵动着概念术语的革命，进而推动着理论的创新和发展。恩格斯在《资本论》第一卷"英文版序言"中曾经指出："一门科学提出的每一种新见解都包含这门科学的术语的革命"。① 毛泽东在中国民主革命时期和邓小平在社会主义建设时期所面对的社会矛盾是不同的：毛泽东面对的是"三座大山"的压迫，即三大矛盾；邓小平面对的主要矛盾是人民日益增长的物质文化需要同落后的社会生产之间的矛盾。矛盾不一样，问题也不一样，围绕问题而展开的核心概念术语也不一样，由相关概念术语建构起来的理论大厦也不一样。再比如，马克思的《资本论》不是抽象地研究商品、资本、货币的学说，不是纯粹概念范畴的逻辑演绎体系，而是分析资本主义内在矛盾，揭示资本主义命运和社会发展规律的学说；毛泽东的《实践论》和《矛盾论》是从探索中国革命面对的矛盾中产生的，是在反对教条主义和经验主义的斗争中需要回答的问题中产生的，《论十大关系》是从社会主义改造基本完成后面对的新问题新矛盾中产生的。社会科学研究的成果要想不至于沦为图书馆里供老鼠批判的对象，就必须直面社会生活，捕捉社会矛盾，破除理论与现实相安无事、和平共处的潜规则，回归以问题为中心的学术路向，这是当代中国社会科学研究的第一要务。离开现实的社会矛盾和问题进行社会科学研究是一条歪门邪道，这样的研究只能是书斋之中的独白、世界之外的遐想，必然失去生存的土壤，成为远离人民大众的"玄学"。

总之，善于从社会矛盾中发现和提出问题是社会科学研究的根本要求，科学回答时代的重大问题是社会科学创新的根本途径，解决社会矛盾和问题的能力是衡量社会科学合理性与价值的根本标准。

二、社会矛盾的普遍性

人类社会充满矛盾，社会矛盾无处不在，无时不有。毛泽东从两个方

---

① 《马克思恩格斯文集》第5卷，人民出版社2009年版，第32页。

面论述了矛盾的普遍性，"其一是说，矛盾存在于一切事物的发展过程中；其二是说，每一事物的发展过程中存在着自始至终的矛盾运动。"①这就从空间和时间两个方面论述了矛盾的普遍性，使矛盾普遍性的思想得到彻底贯彻。

社会矛盾存在于社会生活的各个领域。经济、政治、文化、社会等各个领域内部以及各个领域之间都存在矛盾。经济领域有生产力与生产关系、生产与消费、投入与产出、计划与市场等的矛盾；政治领域有不同阶级阶层之间、不同利益集团之间、民族之间、国家之间，以及民主与集中、自由与纪律之间等的矛盾；文化领域有不同意识形态之间、先进思想与落后思想之间、正确认识与错误认识之间等的矛盾；社会领域有城乡之间、区域之间、不同群体之间等的矛盾。一切社会领域都充满矛盾。

社会矛盾贯穿于社会发展的全部过程。矛盾存在于一切社会形态的发展过程之中，每一社会形态在发展过程中自始至终都存在矛盾运动。社会过程和阶段的不同，只是矛盾的类型、性质和具体情形的不同，并非矛盾有无的不同。不仅阶级社会存在矛盾，无阶级的原始社会，未来的共产主义社会，也都存在矛盾。所谓无差别、无矛盾境界，只是人们的一种幻想。

社会矛盾推动社会的发展和进步。无论是基本矛盾还是非基本矛盾，无论是主要矛盾还是非主要矛盾，无论是内部矛盾还是外部矛盾，无论是敌我矛盾还是人民内部矛盾，阶级社会中无论是阶级矛盾还是非阶级矛盾，等等，都是推动社会发展的动力，都对社会的发展进步有所贡献。区别仅仅在于动力的大小不同，作用的方式不同。有的矛盾是推动社会发展的基本动力，有的矛盾是推动社会发展的直接动力，有的矛盾是推动社会发展的一般动力，有的矛盾以建设性的方式推动社会发展，有的矛盾以破坏性的方式推动社会发展。毛泽东指出："社会的变化，主要地是由于社会内部矛盾的发展，即生产力和生产关系的矛盾，阶级之间的矛盾，新旧之间的矛盾，由于这些矛盾的发展，推动了社会的前进，推动了新旧社会

---

① 《毛泽东选集》第 1 卷，人民出版社 1991 年版，第 305 页。

的代谢。"① 当然，社会矛盾有负功能是毋庸置疑的，但是，不能简单地将矛盾视为社会成本和社会代价，应该看到那些体制内可控的社会矛盾的正功能，看到通过化解矛盾对形成一种制度化的解决社会矛盾的手段、机制和平台的积极作用，对促进社会整合、社会转型和社会进步的积极作用。比如，伴随着改革的深入和公民素质的提升，群众民主意识逐渐增强，民主诉求日益增多，维护和争取自身合法权益的愿望增强，这在一定程度上造成了一些矛盾和摩擦。化解这些矛盾和摩擦的过程同时也就是发展社会主义民主的过程，推动社会进步的过程。

　　社会矛盾普遍存在，构成一个复杂的巨系统，研究社会矛盾应当注重矛盾的复杂性。社会矛盾是最复杂的社会现象之一，随着信息社会的来临，社会矛盾总是沿着复杂性不断增加的方向演化。钱学森强调指出："复杂性的问题，现在要特别重视。因为我们讲国家的建设，社会的建设，都是复杂的问题。"② 那么，如何理解社会矛盾的复杂性呢？第一，非线性。线性（还原论）思维方式通常认为，复杂的社会矛盾本质上是简单的，复杂的社会矛盾现象背后必然存在一个基本的层次，只要把社会矛盾向后追溯分解还原到该层次，就可以把一切复杂性化约为简单性来处理。研究复杂的社会矛盾时，尽管线性思维（还原论）有助于提高效率，但分解还原的过程中可能导致"要紧的东西都跑了"，③ 无法从整体上把握社会矛盾，从而得出片面的似是而非的结论。非线性（系统论）思维方式认为，复杂的社会矛盾本身不是简单的线性因果关系可以解释的，有必要从整个社会系统来解释社会矛盾的发生、发展和演化，把传统的分析还原思维所遗漏、丢弃的东西重新筛选一番，从中找出分析还原方法所忽视的重要信息，然后通盘考虑解决复杂矛盾的治本之策。第二，不确定性。复杂的社会矛盾现象，其产生的原因有不确定性，过程有不确定性，博弈有不确定性，突变有不确定性，后果有不确定性。第三，动态性。社

---

① 《毛泽东选集》第 1 卷，人民出版社 1991 年版，第 302 页。
② 钱学森：《要从整体上考虑并解决问题》，《人民日报》1990 年 8 月 14 日。
③ 钱学森：《要从整体上考虑并解决问题》，《人民日报》1990 年 8 月 14 日。

会矛盾不是固定不变的，而是不断发展演化的。从这个意义上说，社会矛盾的解决可能不是一劳永逸的，它只能在一定的时空范围内有效。随着社会环境和宏观情势的变化，社会矛盾又会以新的面貌出现，表现出动态性。第四，开放性。社会矛盾是一个开放的复杂巨系统，矛盾的相关方与外界存在能量、信息或物质的交换，导致社会矛盾呈现出不确定性、不可预见性的发展走势。

　　面对复杂性的挑战，根本出路在于坚持正确的方法论。走出复杂性的困惑，需要有科学的方法和策略。莫兰说："复杂性需要策略（strategie）"。① 那么，马克思主义的策略是什么呢？这就是辩证唯物主义和历史唯物主义，就是矛盾分析方法。毛泽东说："所谓复杂，就是对立统一。"② 毛泽东对复杂性的独特理解巧妙地道出了走出复杂性困惑的根本方法。钱学森也反复强调，要从整体上考虑并解决问题，"辩证唯物主义……这样一个哲学思想恰恰正是指导我们研究复杂问题所必需的。"③ 比如，战争是人类社会最复杂的社会现象之一，它充满了不确定性和随机性。在充满复杂性的战争中是否有规律可循？毛泽东对此的回答是肯定的："我们承认战争现象是较之任何别的社会现象更难捉摸，更少确实性，即更带所谓'盖然性'。但战争不是神物，仍是世间的一种必然运动。"④ 毛泽东正是在掌握战争规律的基础上，制定了正确应对战争复杂性的战略与策略。

三、社会的基本矛盾

　　社会矛盾思想是马克思主义创始人研究社会历史的重要方法论，是他们阐述其新世界观的主要表达方式。

　　在社会矛盾系统中，生产力和生产关系之间、上层建筑和经济基础之

---

① ［法］埃德加·莫兰：《复杂思想：自觉的科学》，陈一壮译，北京大学出版社 2001 年版，第 151 页。
② 中央文献研究室编：《毛泽东诗词集》，中央文献出版社 1996 年版，第 213 页。
③ 钱学森：《要从整体上考虑并解决问题》，《人民日报》1990 年 8 月 14 日。
④ 《毛泽东选集》第 2 卷，人民出版社 1991 年版，第 490 页。

间的矛盾构成人类社会的基本矛盾。马克思在《〈政治经济学批判〉序言》中对此作了经典表述。但是，他没有使用"基本矛盾"这个概念。毛泽东在《关于正确处理人民内部矛盾的问题》一文中使用了"基本矛盾"这一概念，说："在社会主义社会中，基本的矛盾仍然是生产关系和生产力之间的矛盾，上层建筑和经济基础之间的矛盾。"① 社会基本矛盾既贯穿于社会生活的各个方面，又贯穿于社会发展的始终，决定社会的性质和面貌，规定社会发展的方向，是推动人类社会发展的基本动力。

　　社会基本矛盾有其独特的运动机制。社会基本矛盾运动总是从生产力的发展开始。生产力是最革命、最活跃的因素，处于永恒的运动变化之中。当生产力发展到一定程度，生产关系不再适应生产力发展的需要时，就要求变革旧的生产关系，建立新的生产关系。随着生产关系的改变，全部庞大的上层建筑也必然会或快或慢地发生变革。社会基本矛盾运动，就是生产关系与生产力之间、上层建筑与经济基础之间由基本适合到基本不适合，经过矛盾的解决再到新的基本适合的循环往复、不断前进上升的过程。这是社会基本矛盾运动的一般规律，本身就具有最为根本的方法论意义。社会科学研究必须紧紧抓住这个基本矛盾和基本规律，抓住了它就抓住了理解人类社会矛盾全局，解释"历史之谜"的总开关。

　　社会基本矛盾运动的方法论意义在于：我们只能从生产力与生产关系的矛盾运动中解释经济社会形态的变迁，只能以生产资料所有制为基础确定整个社会制度的性质，只能以客观的经济结构为基础理解和说明貌似由主观意志支配的政治活动、立法活动和各种意识形态现象，只能立足于生产力和生产关系的矛盾运动研究经济结构和上层建筑变革的必然性与可能性，只能从生产关系和生产力之间、上层建筑和经济基础之间矛盾的性质和特点出发决定社会革命、社会改革的战略与策略，只能从生产力和生产关系之间的矛盾出发来解释一切历史冲突，只能以社会生产力作为评判一定社会的制度和政策及一定政党的主张和行为是否合理、科学的根本标准，只能根据自己时代的物质条件和生产力的发展状况提出自己能够解决

―――――――――

① 《毛泽东文集》第 7 卷，人民出版社 1999 年版，第 214 页。

的经济改革、政治改革以及其他领域改革的任务，只能从人们的社会存在中分析人们的社会意识和行为选择，只能从社会基本矛盾运动出发理解经济社会形态的发展是一种"自然史的过程"①，是合规律性与合目的性的统一，是决定性与选择性的统一，等等。比如，旧中国处在帝国主义、封建主义和官僚资本主义三座大山的压迫之下，中国社会的基本矛盾即生产力与生产关系、经济基础与上层建筑的矛盾处于空前激烈的对抗和冲突状态，由此决定了中国人民只能通过民主革命的方法去解决人民大众和封建制度的矛盾，通过民族革命的方法去解决殖民地半殖民地和帝国主义的矛盾，通过社会主义革命的方法去解决无产阶级和官僚资产阶级的矛盾，推翻"三座大山"，建立新中国，以为社会基本矛盾的解决创造条件。

四、社会主义社会仍然充满矛盾

社会主义社会仍然充满矛盾。认为社会主义社会没有矛盾的想法，是不符合客观实际的天真的想法；关于社会主义"可以找到矛盾"的说法，是辩证法不彻底的说法。社会主义社会的矛盾同旧社会相比，只是矛盾的性质和解决矛盾的方法不同罢了。自觉认识和自觉解决社会矛盾，是社会主义社会优越性的表现，社会主义改革正是以承认社会主义社会存在矛盾为前提的。

社会主义社会的基本矛盾仍然是生产关系和生产力之间的矛盾，上层建筑和经济基础之间的矛盾。社会主义社会的这些矛盾不是对抗性的矛盾，可以通过渐进的改革，实现和谐的运行。社会主义社会基本矛盾的非对抗性直接决定了社会主义社会总体和谐的运行状态。正是在这个意义上，社会和谐是中国特色社会主义的本质属性。

社会和谐是指社会矛盾体系总体稳定协调运行的状态，是指社会各重要矛盾的双方总体上处于相互助益而不是相互折损的状态。和谐之所以美妙，是因为它不是简单的"同一"，而是有差别、有矛盾、多样性的协调和统一。社会和谐的实质是"和而不同"。相反，"同则不继"，单一的、完全同质化的社会无所谓和谐。和谐社会不是抽象的同一体，而是具体的

---

① 《马克思恩格斯文集》第5卷，人民出版社2009年版，第10页。

同一体。具体的同一性与抽象的同一性是两种对立的思维方式。恩格斯认为，抽象同一性的思维方式的基本特征就是 A＝A，每一个事物都与它自身同一；与抽象的同一性不同，具体的同一性这种思维方式的基本特征是 A 既等于 A 又不等于 A，即某物既与自身相同一又和自身相区别。具体的同一体是一种保持了差异和个性、充满活力的、开放的矛盾同一体。这种同一体肯定内部差异和对立的存在，并将其视为社会生机和活力的源泉，视为社会自己运动、自己发展的原因。相反，抽象的同一体是以不承认或极力否定自身内部的差别和对立关系为前提的，它是绝对的自我同一，自己永远是自己。抽象的同一体是一种自我封闭、毫无生机与活力的"平衡结构"或"超稳定结构"，追求的是单向度的整齐划一，各要素对同一体保持绝对依从和附属的地位。显然，真正的和谐社会无不在自身中包含着多样性与差异性，社会也罢，精神也罢，都不可能是纯粹自我同一的。就社会来说，马克思、恩格斯在《德意志意识形态》中指出：内含个体差异的，充分肯定个体性的，并使个体获得自由全面发展的共同体才是"真实的共同体"；而排除个体差异的、极力贬斥个体性的，作为某种独立的东西与个体相对立的共同体则是"虚假的共同体"，这样的共同体是人的发展的桎梏。至于精神的东西，马克思在批判普鲁士王国政府的书报检查令时曾经说道，"你们赞美大自然令人赏心悦目的千姿百态和无穷无尽的丰富宝藏，你们并不要求玫瑰花散发出和紫罗兰一样的芳香，但你们为什么却要求世界上最丰富的东西——精神只能有一种存在形式呢？我是一个幽默的人，可是法律却命令我用严肃的笔调。我是一个豪放不羁的人，可是法律却指定我用谦逊的风格。一片灰色就是这种自由所许可的唯一色彩。每一滴露水在太阳的照耀下都闪现着无穷无尽的色彩。但是精神的太阳，无论它照耀着多少个体，无论它照耀什么事物，却只准产生一种色彩，就是官方的色彩！精神的最主要表现形式是欢乐、光明，但你们却要使阴暗成为精神的唯一合适的表现；精神只准穿着黑色的衣服，可是花丛中却没有一枝黑色的花朵。"① 总之，社会是丰富多彩的，人生是丰富

①《马克思恩格斯全集》第 1 卷，人民出版社 1995 年，第 111 页。

多彩的，精神也是丰富多彩的，这才是令人向往的和谐社会。

社会和谐总是具体的、历史的、相对的，并不存在某种绝对的、终极的和谐状态。马克思说："一切发展中的事物都是不完善的。"① 因为绝对的完善，便意味着矛盾的排除，发展的终止。正因为这样，我们说，从不太和谐到比较和谐，从比较和谐到更高水平上的和谐，是人类社会发展的一大规律。没有与生俱来的和谐，也没有一劳永逸的和谐。和谐总是随着社会的矛盾而发展和变化，人类追求和谐的历程是永无止境的，没有绝对的和谐，也没有一成不变的、最高的和谐社会。共产主义的实现绝不意味着"社会和谐"将失去向前发展的一切可能性，共产主义社会不是人类追求和谐的终点。

矛盾与和谐不是比肩并立的概念，即不是同一个层面的概念。矛盾相对于和谐而言，是更高层次的概念。和谐是矛盾的一种表现形式，不和谐、冲突也是矛盾的表现形式。和谐是矛盾运动中的和谐。比如，生产关系与生产力之间、上层建筑与经济基础之间的矛盾运动始终存在，区别仅仅在于矛盾的表现形式不同罢了。当生产关系不适合生产力的发展要求，上层建筑不适合经济基础的状况时，社会往往表现为动荡不安、乱象频生的冲突状态；当生产关系适合生产力的状况，上层建筑适合经济基础的状况时，社会往往表现为安宁祥和、欣欣向荣的和谐状态。

矛盾与和谐也不是两相对立、相互外在的概念。认为有矛盾就是不和谐，和谐就是没矛盾；要么矛盾，要么和谐；一时矛盾，一时和谐；一域矛盾，一域和谐；等等。似乎和谐在矛盾之外，两者不共戴天，这种非此即彼、二元对立的思维方式是错误的。社会和谐不是以排斥矛盾为前提，相反，恰恰是以承认矛盾为前提，以正确解决矛盾为基础。社会和谐是社会矛盾运动中的一种状态和过程，绝不是对社会差别、矛盾和冲突的人为否定和消除。和谐社会仍然是而且只能是矛盾无处不在、无时不有的社会。把和谐与矛盾绝对地对立起来，认为和谐状态就是无矛盾的状态，这于理不合、于实不合、于史不合。

---

① 《马克思恩格斯全集》第 1 卷，人民出版社 1995 年，第 164 页。

　　和谐与矛盾同一性是两个不同的概念。矛盾着的对立面之间既同一又斗争，同一性和斗争性是矛盾所固有的两种相反相成的基本属性。和谐绝不意味着矛盾的双方只有同一性、没有斗争性；和谐乃是矛盾运动中相互依存的同一性占据主导地位、对立面之间良性互动、矛盾整体稳定协调的一种发展状态。将和谐与矛盾同一性等同起来，将不和谐与矛盾斗争性等同起来，是不正确的。不管是和谐状态下还是不和谐的状态下，矛盾的双方始终是既相互依存又相互排斥，其同一性和斗争性是不可分离的。以劳资双方为例，劳资作为矛盾的双方始终存在同一性，也始终存在斗争性，在劳资关系和谐的情况下是如此，在劳资关系尖锐对立的情况下也是如此。如果相互依存的同一性占据主导地位，双方关系就呈现为和平共处、相安无事甚至齐心合力、共生共荣的和谐状态；如果斗争性占据主导地位，双方关系就呈现为互相拆台、两败俱伤甚至鱼死网破、水火不容的冲突状态。

　　社会主义和谐社会不是无矛盾的社会，而是能够有效协调各种矛盾关系的社会，是社会主义矛盾运动良性发展的产物。为了实现社会和谐的目标，有些矛盾需要采取一方克服另一方的形式来解决，比如新的生产力克服旧的生产关系，正义克服邪恶，人民战胜敌人，清廉战胜腐败，民主战胜专制；有些矛盾需要通过对立面的融合来解决，比如社会主义条件下的城乡之间、工农之间、脑体之间的矛盾会随着生产力的发展和社会的进步最终融合成"你中有我，我中有你"的完全新型的社会关系。而大量的社会矛盾乃是通过保持合理的张力使社会呈现动态稳定和谐状态。"社会张力"是指社会各种力量之间的紧张状态。在许多情况下，社会矛盾双方不是简单的非此即彼的否定关系，而是互动共进、相辅相成的关系，彼此在博弈过程中共同成长，它们之间应当保持合理的张力。缺乏必要的张力，社会就无法前进；但如果矛盾张力过度累积，社会矛盾就会演变成破坏性的力量。只有在矛盾张力适度的情况下，社会才会呈现动态稳定的局面，才可能进入自适应、自组织、自调节的良性发展状态。比如，民主与集中、计划与市场、消费与积累、汉族与少数民族、大陆与台湾、中国与西方的矛盾，都需要找准矛盾张力的平衡点，维护矛盾体的动态稳定。再比如，经济危机是因为破坏了生产力与生产关系之间矛盾张力的平衡点，平均主义、两极分化是因为破坏了效率与公平之间矛盾张力的平衡点。

研究社会矛盾，既是社会科学研究的重要内容，也是建设和谐社会的内在要求。社会科学必须注重研究经济、政治、文化、社会等各个领域的矛盾，研究党内、国内、国际间的矛盾，研究民族、区域、城乡、行业间的矛盾，研究不同阶级、阶层、群体、主体间的矛盾，研究各种不同性质、类型、地位的矛盾，研究矛盾的现状和走势、特点和规律、产生原因和化解途径，等等。社会科学研究的目光只有投向最急需解决的社会矛盾和问题，自觉地为建构和谐社会提供思想资源和理论前导，理论才能摆脱自说自话、自娱自乐的尴尬境地和无人理睬、鲜有问津的贫困处境。

第二节　社会矛盾的特殊性与具体问题具体分析的方法

社会矛盾普遍存在，但每一社会矛盾又是具体的、特殊的。特殊的矛盾构成了事物特殊的本质。研究社会矛盾必须注重研究矛盾的特殊性，坚持具体问题具体分析这个马克思主义活的灵魂。

一、注重研究不同领域矛盾的特殊性

不同领域的矛盾具有特殊性。毛泽东在《矛盾论》中深刻揭示了忽视不同领域矛盾特殊性的形而上学实质。毛泽东指出，形而上学不懂得由特殊到一般，又由一般到特殊的认识过程的辩证法，拒绝对于不同领域的具体矛盾做任何艰苦的研究工作，把一般真理看成是凭空出现的东西，是为人们所不能捉摸的纯粹抽象的公式；他们也不了解应当用不同的方法去解决不同领域的矛盾，而只是千篇一律地用一种自以为不可改变的公式到处硬套，这就不可避免地遭受挫折，或者将本来做得好的事情弄得很坏。社会科学研究也是如此，"一把钥匙开一把锁"，并不存在所谓的万能钥匙，只有充分把握不同领域的特殊矛盾，揭示其内在的规律性，才能做到有的放矢，达到社会科学研究的初衷。

　　不同领域的特殊矛盾构成某一门科学的特殊研究对象。毛泽东指出："科学研究的区分，就是根据科学对象所具有的特殊的矛盾性。因此，对于某一现象的领域所特有的某一种矛盾的研究，就构成某一门科学的对象"。① 例如哲学研究思维与存在、主体与客体、认识与实践、生产力与生产关系、经济基础与上层建筑等之间的矛盾，经济学研究价值与使用价值、具体劳动与抽象劳动、投入与产出、生产与消费等之间的矛盾，军事学研究攻与守、进与退、胜与负、战与和、敌与我等之间的矛盾。如果不重视研究社会矛盾的特殊性，就无从确定事物的特殊本质，无从发现事物发展的特殊原因，无从区分科学研究的特殊领域，也就无法进行科学研究。今天，交叉学科、边缘学科越来越多，跨学科研究已经成为学术界的共识，究其根本原因，就是由于矛盾特殊性而导致的一种学术自觉、学科自觉，是为了有效应对日益复杂的社会矛盾的一种自觉选择。

　　研究社会矛盾必须注重不同领域矛盾的特殊性。马克思一生涉足过许多学科领域，"马克思在他所研究的每一个领域，甚至在数学领域，都有独到的发现"，② 究其原因就在于他始终抓住了各个领域的特殊矛盾。资本主义经济关系有其特殊性，要研究资本主义，就不能不抓住这个特殊性。马克思进行政治经济学研究时，并没有像资产阶级经济学家那样简单从"生产一般"出发，因为用这种生产一般"不可能理解任何一个现实的历史的生产阶段"③，相反，只会抹杀资本主义同其他历史形态的差别，"那些证明现存社会关系永存与和谐的现代经济学家的全部智慧，就在于忘记这种差别"。④ 马克思在《资本论》的研究中紧紧抓住资本主义生产本身的特殊性，从商品这一社会细胞开始，通过环环相扣、层层递进的分析，从根本上揭示了资本主义经济关系的实质，完成了对资本主义制度的历史批判。具体来说，在以剩余价值生产为中心的《资本论》第 1 卷中，马克思具体分析了商品的使用价值和价值、具体劳动和抽象劳动、私人劳

---

① 《毛泽东选集》第 1 卷，人民出版社 1991 年版，第 309 页。
② 《马克思恩格斯文集》第 3 卷，人民出版社 2009 年版，第 601—602 页。
③ 《马克思恩格斯文集》第 8 卷，人民出版社 2009 年版，第 12 页。
④ 《马克思恩格斯文集》第 8 卷，人民出版社 2009 年版，第 7 页。

动与社会劳动、个别价值与市场价值、价值与价格、物的人格化与人的物化之间的矛盾，着重分析了资本主义生产的社会化与生产资料私人占有之间的矛盾，也即剩余价值生产过程中资本和雇佣劳动的矛盾。更为重要的是，马克思着重分析了资本主义经济运动过程中资本的总公式（G—W—G′）所蕴涵的矛盾：一方面，前后两个流通行为即货币转化为商品（G—W）和商品转化为货币（W—G′）都不可能逃避价值规律的支配，不能不符合等价交换的原则；另一方面，整个流通的结果却给预付货币额（G）带来了一个增殖额（△G），G′=G+△G，"钱能生钱"的奇迹就这样不可思议地发生了。这里包含了不变资本与可变资本等矛盾。马克思进一步分析，这个增殖额只能是既在流通中产生又不在流通中发生。显然，这个条件本身也是一个矛盾。为了解决这个矛盾，资本家必须在市场上购买一种特殊的商品，这种商品的使用过程本身同时必须就是价值的创造过程，而且这种商品创造出的价值必须超过它自身作为商品的价值。这仍然是一个矛盾。资本家确实找到了这样一种商品，即劳动力（雇佣工人）。资本家购买它时支付的是劳动力的价值，而当资本家把劳动力投入使用时，劳动力又通过自己体力和脑力的付出创造了比资本家原先购买自己时所支付的价值更多的价值量。这又是一个矛盾，即劳动力价值与劳动价值的矛盾。劳动价值与劳动力价值之间的差额即价值增殖额就是剩余价值，剩余价值被生产出来后，围绕着剩余价值的实现和分配又展开了其他一系列矛盾。在以剩余价值的实现和分配为中心的《资本论》第2卷、第3卷中，马克思着重分析了剩余价值生产与剩余价值实现的矛盾，资本主义社会各个集团之间瓜分剩余价值的矛盾，工人阶级与资产阶级之间的矛盾等。正是通过对资本主义社会矛盾抽丝剥茧、丝丝入扣的分析，完整、系统地再现了资本主义经济的全部复杂矛盾及其运行机制，揭示了资本主义的历史命运以及人类社会发展的客观规律。

二、注重研究不同过程和阶段矛盾的特殊性

不同过程和阶段的矛盾具有特殊性。人类社会是一个由低级形态向高级形态发展的过程。原始社会、奴隶社会、封建社会、资本主义社会、社

会主义社会是迄今为止人类社会发展中经历的几个大的过程，每一过程的根本矛盾都有其特殊性，它规定了该社会形态的本质。每一社会过程又经历了若干不同的发展阶段。在不同阶段上虽然根本矛盾没有变化，但被根本矛盾所规定或影响的许多大大小小的矛盾中，有些激化了，有些暂时或局部地解决和缓和了，有些新矛盾又发生了，因此过程就显出阶段性。

　　研究社会矛盾必须注重不同过程和不同阶段矛盾的特殊性。重视各个发展过程中的矛盾，各个发展过程的矛盾的各个方面，各个发展过程在其各个发展阶段的矛盾以及各个发展阶段上的矛盾的各个方面。研究所有这些矛盾的特殊性，对它们实行具体的分析，找出解决矛盾的正确方法。世界上不存在这样一种理论，它可以无视不同民族、不同国家、不同地域、不同时期、不同过程、不同阶段上矛盾的特殊性，而为一切现成的问题提供现成的答案。马克思主义诞生于 19 世纪却活到了今天，马克思主义诞生于欧洲却活在全世界，关键原因就在于它始终抓住了不同民族、不同过程、不同阶段上矛盾的特殊性，体现了与时代发展同进步的理论品质。比如，十月革命后，俄国实行的"战时共产主义政策"尽管对于捍卫新生的苏维埃政权是有功劳的，但实践证明采用直接过渡路线的"强攻政策"是很不成功的，它阻碍了生产力的提高，它是俄国"在 1921 年春天遭到严重的经济危机和政治危机的主要原因"。[①] 这条路之所以走不通，根本原因就在于这个构想及政策不合乎俄国当时的特殊国情。列宁在深入研究当时俄国历史条件的基础上，"从'强攻'转为'围攻'"，[②] 采取了间接迂回办法过渡到社会主义的"新经济政策"。"新经济政策"实质上"就是在很大程度上转而恢复资本主义"，列宁称之为"战略退却"。[③] 列宁为什么顶着来自党内外的巨大阻力而强行实施这一政策呢？这是由当时俄国的基本国情和特殊矛盾决定的。俄国是一个小农经济占优势的国家，农民占人口的绝大多数，工人阶级是极少数。同时，俄国的经济成分相当复杂，包括：（1）宗法式，即在很大程度上属于自然经济的农民经济；

----

① 《列宁专题文集　论社会主义》，人民出版社 2009 年版，第 253 页。
② 《列宁专题文集　论社会主义》，人民出版社 2009 年版，第 280 页。
③ 《列宁专题文集　论社会主义》，人民出版社 2009 年版，第 254、252 页。

（2）小商品生产，这里包括大多数出卖粮食的农民；（3）私人资本主义；（4）国家资本主义；（5）社会主义。俄国幅员如此辽阔，情况如此复杂，社会经济结构中的所有这些不同的类型都互相错综地交织在一起。"特点就在这里"；"问题的全部关键就在这里"。① 背离了这一点，就不可能制定出正确的经济政策。可见，正是由于列宁准确把握了俄国的特殊国情，科学分析了俄国当时社会矛盾的特殊性，才找到了一条适合俄国情况的社会主义建设道路，初步形成了建设社会主义的一些基本思想。

中国现阶段的社会矛盾和问题具有自身的特殊性，所以我们不能苛求以"老祖宗"的方案来解决 21 世纪中国的问题。马克思主义的基本原理为我们的建设和改革提供了总的指导原则，但是没有也不可能给我们提供现成的具体方案，具体运用中还必须考虑本国的特殊性。列宁曾断言，当革命转向东方国家时，比起欧洲各国它无疑会具有更多的特色，各国共产党人只能"根据自己的经验来解决这种任务"。② 毛泽东说："马克思活着的时候，不能将后来出现的所有问题都看到，也就不能在那时把所有的这些问题都加以解决。俄国的问题只能由列宁解决，中国的问题只能由中国人解决"③。邓小平也指出，今天中国所处的时代、所要解答的问题不同于马克思、恩格斯那个时代遇到的问题，"绝不能要求马克思为解决他去世之后上百年、几百年所产生的问题提供现成答案。列宁同样也不能承担为他去世以后五十年、一百年所产生的问题提供现成答案的任务。"④ 同样，随着时代的发展，当代中国社会出现的问题也只能依靠当代中国人来解决。"马教条"空谈马克思主义，将"老祖宗"的话视同宗教的教义，不顾历史条件、语境、背景、环境的变化而采取盲目维护的态度。其实"老祖宗"最反对的就是教条主义。早在 19 世纪 40 年代，马克思就旗帜鲜明地宣示："我不主张我们树起任何教条主义的旗帜"。⑤ 1877 年，

---

① 《列宁专题文集　论社会主义》，人民出版社 2009 年版，第 119 页。
② 《列宁专题文集　论无产阶级政党》，人民出版社 2009 年版，第 233 页。
③ 《毛泽东文集》第 8 卷，人民出版社 1999 年版，第 5 页。
④ 《邓小平文选》第 3 卷，人民出版社 1993 年版，第 291 页。
⑤ 《马克思恩格斯全集》第 47 卷，人民出版社 2004 年版，第 64 页。

马克思在给俄国《祖国纪事》编辑部的信中，针对俄国学者把他"关于西欧资本主义起源的历史概述彻底变成一般发展道路的历史哲学理论"的做法，说你们"这样做，会给我过多的荣誉，同时也会给我过多的侮辱"。① 虔诚地崇拜马克思文本的做法不是在抬高马克思，而是贬低马克思。如果马克思还活着，面对此情此景，他一定会再次重申："'我只知道我自己不是马克思主义者。'……我播下的是龙种，而收获的却是跳蚤"。② "马教条"将决定当代中国前途和命运的神圣使命托付于老祖宗，是被实践证明了的完全行不通的。中国共产党领导革命、建设和改革的经验已经证明，任何时候都必须牢牢把握不同阶段矛盾的特殊性，走自己的路，创造性地解决自己的问题。比如，破除俄国十月革命"城市中心论"的模式影响，开辟中国特色的新民主主义革命道路；破除苏联剥夺资产阶级的做法，开辟中国特色的社会主义改造道路；破除苏联社会主义建设模式的桎梏，开辟中国特色的社会主义建设道路；破除超越发展阶段的东西，坚持一切从社会主义初级阶段的实际出发；破除"以阶级斗争为纲"的思想禁锢，确立"一个中心、两个基本点"的基本路线，无一不是准确把握不同阶段矛盾特殊性的结果。

中国现阶段的社会矛盾和问题具有时代的特殊性，所以我们不能奢望以古人的理论来解决今天的问题。古人的经验可以作为今天的借鉴，但是，时过境迁，现阶段的矛盾和问题具有自身的特殊性，也不能照搬。中国传统文化是在中国这块东方沃土上生长起来的一朵奇葩，它经过几千年的发展，以至博大精深，蕴涵了厚重的东方智慧。中国传统文化在某些方面达到的高度确实为西方古代文明所不及，甚至也为西方近现代文明所不及。正因为如此，"复兴传统文化"、"取其精华"才有其合理性。然而，"复兴传统文化"的同时不能将其意义人为地无限拔高，"取其精华"的同时不应忘了还要"去其糟粕"。"复古论"（"古教条"）将决定当代中国前途和命运的神圣使命托付于古人，这是被历史彻底抛弃了的方案。当

---

① 《马克思恩格斯文集》第 3 卷，人民出版社 2009 年版，第 466 页。
② 《马克思恩格斯文集》第 10 卷，人民出版社 2009 年版，第 590 页。

前，有人鼓吹把儒家学说当做一种宗教来复兴，倡导把儒教定为国教，把儒学定为国学，建立"儒家社会主义共和国"，用儒家学说代替马克思主义，"在上层，儒化共产党；在基层，儒化社会"。有人甚至认为，当今社会，仍然可以"半部《论语》治天下"。须知，中国传统文化是前资本主义时代的产物，实质上是封建主义性质的文化，它没有经受过近代科学的洗礼和工业革命的锤炼，从总体上来说，它仍然是落后于作为现代工业文明产物的资本主义文化。至于和马克思主义的先进文化相比，它更是低一个层次。中国传统文化在农耕文明时代曾经是先进的，但在现代工业文明时代，它的意义范围和作用领域则是有限的。如果试图用它解决诸如现代社会治理、现代政治建构、现代经济社会发展、全球秩序重建等诸多时代课题，它就显得力不从心了。如果以为中国传统文化在近现代依然能够担当中华民族指导思想的重任，那么，西方自文艺复兴、启蒙运动以来一举超越独步历史千余年的东方王朝的历史就无法解释，1840年鸦片战争以来"国粹不能保国"的历史就无法解释，近一个半世纪以来无数仁人志士向西方寻求救亡图存的真理的历史就成了无谓之举了，19世纪中叶以来中国人民在各条道路、各个主义的较量中最终选择了马克思主义就成了历史的误会了。所以，在今天，试图将已经走下神坛的传统文化简单复活注定是徒劳无功的。

中国现阶段的社会矛盾和问题具有民族的特殊性，所以我们不能期待以西方人的理论来解决中国的问题。外国的经验可以作为我国的借鉴，但是，我国是发展中社会主义大国，有着具体的国情和发展实际，遭遇的矛盾和问题带有典型的本土性和特殊性，所以不能照搬。我们今天遭遇的某些社会矛盾和问题在西方国家曾经经历过，它们处理和解决的方式方法，可以为我们借鉴。正如马克思所言，"工业较发达的国家向工业较不发达的国家所显示的，只是后者未来的景象"。① 列宁也曾提出了一个著名公式："乐于吸取外国的好东西：苏维埃政权+普鲁士的铁路秩序+美国的技

---

① 《马克思恩格斯文集》第5卷，人民出版社2009年版，第8页。

术和托拉斯组织+美国的国民教育等等等等++＝总和＝社会主义。"① 然而，学习、吸取、参考、借鉴都不等于照抄照搬，要考虑到各个国家不同的国情特别是社会性质，要重视研究矛盾的特殊性，因为"极为相似的事变发生在不同的历史环境中就引起了完全不同的结果"。② 正如毛泽东曾经指出的那样："我们研究中国就要拿中国做中心，要坐在中国的身上研究世界的东西。我们有些同志有一个毛病，就是一切以外国为中心，作留声机，机械地生吞活剥地把外国的东西搬到中国来，不研究中国的特点。不研究中国的特点，而去搬外国的东西，就不能解决中国的问题。"③ 在民主革命时期，我们"什么都学习俄国，当成教条，结果是大失败，把白区搞掉几乎百分之百，根据地和红军搞掉百分之九十，使革命的胜利推迟了好些年。"④ "全盘西化论"（"洋教条"）将决定中国前途和命运的神圣使命托付于西方人，这也是一种文化软骨病。自新中国成立以来，某些西方人从未放弃过为中国"出谋划策"的打算，甚至"喧宾夺主"地替中国人思考着中国的问题，"毫无保留"地为中国人筹划中国发展的模式和道路，"不遗余力"地为中国人规划破解中国问题的思路和方案。他们站在西方中心论的立场，为我们描述了一幅一元的现代性图景，把现代化等同于西方化，把非西方文化看做是现代社会发展的文化阻滞力，把西方的地域性知识上升为世界性知识，把知识的地域性上升为普世性，把西方特殊的政治、经济、文化、社会模式上升为放之四海而皆准的普世标准。国内确实也有人跟随西方人的主张起舞，把西方发达国家反映资产阶级主流意识形态的思想理论、政策主张奉作圭臬，将其视为决定中华民族前途命运的治世良方而大肆渲染。然而，如果盲目地将西方人无偿提供的方案（譬如民主政治模式、经济发展模式、社会治理模式、思想价值观念）置入中国的实际，由于无视中国现阶段矛盾的特殊性而必将出现水土不服的结果。西方确实有很多值得我们借鉴的宝贵思想资源，但西方理

---

① 《列宁专题文集　论社会主义》，人民出版社 2009 年版，第 381—382 页。
② 《马克思恩格斯文集》第 3 卷，人民出版社 2009 年版，第 466 页。
③ 《毛泽东文集》第 2 卷，人民出版社 1993 年版，第 407 页。
④ 《毛泽东文集》第 7 卷，人民出版社 1999 年版，第 79 页。

论及其操作实践在我国是否有生存的土壤，西方理论在何种程度上、何种
意义上对我们有意义，这都不是其义自明的问题，"拿来主义"是有问题
的。因为西方的理论对于中国的历史文化传统而言，对于中国的特殊矛盾
特殊国情而言，恐怕只能起到隔岸观火、隔靴搔痒的作用。研究中国的社
会矛盾和社会问题，不能站在西方的思想立场上，照搬西方的分析框架和
研究方法，原封不动地套用西方的研究成果和研究结论，"言必称美国"，
而是应该从中国的实际国情出发，从中国现阶段的特殊矛盾出发，探讨解
决矛盾的新理论、新思路、新方法。

三、注重研究矛盾地位和作用的特殊性

矛盾的地位和作用具有特殊性。在社会矛盾系统中，各种社会矛盾和
每一矛盾的两个方面，发展是不平衡的，其地位和作用也是不相同的。有
主要矛盾和非主要矛盾、矛盾的主要方面和非主要方面的区别。主要矛盾
在事物发展中起着主导的、决定的作用，规定或影响其他矛盾的存在和发
展；非主要矛盾在不同程度上制约和影响主要矛盾的存在和发展。在一对
矛盾中，矛盾的主要方面居于支配地位，起着主导作用，事物的性质主要
地是由取得支配地位的矛盾的主要方面决定的；矛盾的非主要方面处于被
支配地位，起着次要作用，但也会影响矛盾的主要方面和事物的发展进
程。主要矛盾和非主要矛盾、矛盾的主要方面和非主要方面相互联系，在
一定条件下又相互转化。

矛盾地位和作用不平衡性的原理具有重要的方法论意义。毛泽东曾经
指出："对于矛盾的各种不平衡情况的研究，对于主要的矛盾和非主要的
矛盾、主要的矛盾方面和非主要的矛盾方面的研究，成为革命政党正确地
决定其政治上和军事上的战略战术方针的重要方法之一，是一切共产党人
都应当注意的"。[①] 矛盾地位和作用不平衡性的关系原理要求我们坚持两
点论和重点论相结合的矛盾分析方法，反对均衡论和一点论。所谓均衡
论，就是眉毛胡子一把抓，核桃栗子一齐数，不加选择，不分主次，不论

---

① 《毛泽东选集》第 1 卷，人民出版社 1991 年版，第 326—327 页。

轻重，不顾缓急，好比螃蟹吃豆腐，吃得不多，抓得挺乱，在实际工作中找不到打开局面的着力点，在社会科学研究中则找不到破解问题的突破口。所谓一点论，就是只见其一，不见其二；一叶障目，不见泰山；两极对立，零和博弈。比如，经济建设中以效率拒斥公平，以市场拒斥计划，以竞争拒斥双赢；政治建设中以民主拒斥集中，以自由拒斥纪律，以稳定拒斥改革；文化建设中以思想多样化拒斥指导思想一元化，以崇高拒斥世俗，以阳春白雪拒斥下里巴人；生态建设中以保护拒斥开发。还比如，究竟应该"做大蛋糕"还是"分好蛋糕"的争论；领导干部究竟应该向上级负责还是向人民负责的争论；人民公仆究竟应该代表党还是代表群众的争论；高校发展究竟要质量还是要规模的讨论；马克思主义究竟应该注重学术性还是现实性的讨论；过去打倒孔家店，今天儒化共产党的思潮；过去崇拜 GDP，今天放弃 GDP 的倾向；过去"以阶级斗争为纲"，今天主张"阶级斗争熄灭论"的论调。这些都是"一点论"的形而上学思维方式。

　　研究社会矛盾必须注重矛盾地位和作用的特殊性。社会矛盾和问题纷繁复杂，研究的任务就是要从复杂的社会矛盾和问题中，抓住主要矛盾和矛盾的主要方面，"牵住牛鼻子"，从而为解决矛盾提供方向和指导。在研究矛盾特殊性的问题中，如果不研究矛盾地位和作用的差别性、特殊性，"那就将陷入抽象的研究，不能具体地懂得矛盾的情况，因而也就不能找出解决矛盾的正确的方法"。[1]"因此，研究任何过程，如果是存在着两个以上矛盾的复杂过程的话，就要用全力找出它的主要矛盾。捉住了这个主要矛盾，一切问题就迎刃而解了。……万千的学问家和实行家，不懂得这种方法，结果如堕烟海，找不到中心，也就找不到解决矛盾的方法。"[2] 可见，抓住社会的主要矛盾和矛盾的主要方面，把握矛盾的状态、特点和规律，找到解决矛盾的理论、方法和策略，是研究社会矛盾的重要方法。

---

① 《毛泽东选集》第 1 卷，人民出版社 1991 年版，第 326 页。
② 《毛泽东选集》第 1 卷，人民出版社 1991 年版，第 322 页。

　　毛泽东深谙矛盾分析方法之奥妙，《论十大关系》和《论持久战》是其中的两个经典。《论十大关系》充分体现了两点论与重点论相统一的方法论原则。第一，坚持全面性，力戒片面性。《论十大关系》中讲的关系就是矛盾，是矛盾两方面的关系，所以不能只讲其一，不讲其二，"要讲两句话"。《论十大关系》既讲重工业又讲轻工业和农业，既讲沿海工业又讲内地工业，既讲经济建设又讲国防建设，既讲国家、集体又讲个人，既讲革命又讲反革命，既讲中国又讲外国，如此等等。第二，坚持系统性，力戒孤立性。十大关系就是十大矛盾，它们构成一个矛盾系统。只抓住其中一个不行，处理一个矛盾会导致连锁反应。为了达到系统整体的效果，需要统筹安排，系统地解决各个方面的矛盾。讲重工业、轻工业、农业很重要，但工业的布局涉及沿海和内地，涉及经济建设和国防建设，工业生产涉及中央和地方的关系，涉及国家、生产单位和生产者个人的关系，可见，必须系统而不是孤立地考虑问题，才能达到系统整体的最佳效益。第三，坚持重点论，力戒一刀切。十大关系是十对矛盾，但每一矛盾的双方其地位和作用是不一样的。在重工业与轻工业、农业的关系中，重工业是我国建设和投资的重点，但还要适当地调整三者之间的投资比例，更多地发展农业、轻工业。后来又进一步确立了以农、轻、重为序安排国民经济的方针。在沿海工业和内地工业的关系中，我国的工业（包括轻工业和重工业）70%在沿海，只有30%在内地。为了平衡工业发展的布局，确定了"内地工业必须大力发展"的正确方针。在经济建设与国防建设的关系中，我们一定要加强国防，因此，一定要首先加强经济建设。"可靠的办法就是把军政费用降到一个适当的比例，增加经济建设费用。只有经济建设发展得更快了，国防建设才能够有更大的进步。"① 毛泽东关于如何正确处理十大关系的方针充分体现了在抓住重点工作的同时必须十分重视非重点方面，把非重点工作提高到使之有助于重点工作更好解决的高度上加以认识。总之，《论十大关系》一文中活跃的马克思主义方法论，经过长达半个多世纪的历史检验，充分证明了它的重要性和长远价

---

① 《毛泽东文集》第 7 卷，人民出版社 1999 年版，第 27 页。

值。正如邓小平所说："这篇东西太重要了，对当前和以后，都有很大的针对性和理论指导意义。"①

在《论持久战》中，毛泽东全面分析了中日矛盾双方的特殊性，科学预见了抗日战争发展的必然趋势和前途，并据此制订了正确的政策和战略战术。日本方面的特殊性在于：日本是一个强国；日本侵华战争是退步的和野蛮的；日本是一个小国，人力、军力、财力、物力均感缺乏，经不起长期的战争；日本发动战争不能不引起世界反法西斯力量的反对，在国际上失道寡助。中国方面的特殊性在于：中国是一个弱国，在军力、经济力和政治组织力等方面都不如敌人；中国反侵略战争是进步的和正义的；中国是大国，地大、物博、人多、兵多，能够支持长期的战争；中国的解放战争能够赢得广大的同情和支持，在国际上得道多助。概括起来就是，敌强我弱，敌退步我进步，敌小我大，敌寡助我多助。这些就是中日矛盾双方所固有的全部基本特点，"这些特点，规定了和规定着双方一切政治上的政策和军事上的战略战术，规定了和规定着战争的持久性和最后胜利属于中国而不属于日本"，② 必须根据这些特点来说明中日战争的一切问题。"亡国论"只看到强弱一个矛盾，忽视了其他矛盾；"速胜论"根本忘记了强弱这个矛盾，而单单记起了其他矛盾；"唯武器论"只看到了"物"的因素，而忽视了"人"这一决定性因素。它们在方法论上都犯了"一点论"的错误，因而都不可能对战争作出合乎实际的正确结论。通观《论持久战》中对中日矛盾的分析：既分析日本方面，又分析中国方面；既分析各自的长处和有利条件，又分析各自的短处和不利条件；既分析了矛盾双方的当前状况，又分析了矛盾双方的转化；既分析了战争中武器的因素，又分析了战争中人的因素；既估计到抗日最后胜利的必然性，又估计到暂时失败的可能性。这些分析充分体现了两点论与重点论相统一的科学方法论。

这里还要特别强调的是，所谓"矛盾的两个方面"不是在绝对意义

---

① 逄先知、金冲及主编：《毛泽东传》（1949—1976）（上），中央文献出版社 2003 年版，第 486 页。

② 《毛泽东选集》第 2 卷，人民出版社 1991 年版，第 450 页。

上说的，"中介"是研究社会矛盾的一个非常重要的视角和方法。"中介"有三个方面的含义：其一是指矛盾的双方互为中介。列宁曾指出："一切vermittelt＝都是经过中介，连成一体，通过过渡而联系的。"① 其二是指矛盾双方之间起居间联系作用的环节，矛盾双方由此及彼的过渡阶段，矛盾的双方"通过中介相联系"②，对立的两极通过中介得以钝化，甚至消解或融合。恩格斯说："一切差异都在中间阶段融合，一切对立都经过中间环节而互相转移"③。列宁也指出："要真正地认识事物，就必须把握住、研究清楚它的一切方面、一切联系和'中介'。"④ 其三是指矛盾双方之外具有相对独立性的行为主体以及相关的规则、制度和机制的设计安排。如果将矛盾的两极视为博弈的双方，那么，中介则是对立两极之外的第三者，它既包括协调博弈的行为主体和博弈的平台，还包括矛盾双方普遍认同、共同遵守的博弈规则、方法、制度和机制。中介的发育越完善，它疏导和排解社会矛盾的能力就越强，社会的自组织、自调适能力也越强。比如，完善的工会组织、行业协会等就是劳资矛盾双方解决问题的平台，世界贸易组织及其所制定的规则就是解决国与国之间贸易摩擦的重要中介，联合国、欧盟、非盟等多边组织是化解国际矛盾、民族矛盾、种族矛盾的重要平台。总之，矛盾双方相互作用的中间环节、矛盾双方发展中的过渡阶段、连接矛盾双方的纽带、沟通矛盾双方的平台，都是中介。中介可以成为独立的一方，也可以成为矛盾中的第三方。因此，研究社会矛盾，应该重视研究中介。

四、注重研究矛盾性质和矛盾斗争形式的特殊性

矛盾的性质和斗争形式具有特殊性。社会生活中复杂多样的矛盾，按其性质不同，区分为对抗性矛盾和非对抗性矛盾。对抗性矛盾，一般来

---

① 《列宁全集》第55卷，人民出版社1990年版，第85页。
② 《马克思恩格斯选集》第4卷，人民出版社1995年版，第318页。
③ 《马克思恩格斯文集》第9卷，人民出版社2009年版，第471页。
④ 《列宁专题文集 论辩证唯物主义和历史唯物主义》，人民出版社2009年版，第314页。

说，是根本利益对立基础上的矛盾。这种矛盾发展到一定阶段，必然表现为激烈的冲突，一般只能采取对抗的斗争形式去解决；而非对抗性矛盾，一般来说，是根本利益一致基础上的矛盾，一般不表现为激烈的冲突，通常是通过非对抗的斗争形式去解决。在社会主义社会，存在敌我矛盾和人民内部矛盾。这两类矛盾性质不同，解决的方法也不同。毛泽东说："怎样处理社会主义社会的敌我矛盾和人民内部矛盾，这是一门科学，值得好好研究。"① 一般来说，敌我矛盾主要是通过专政的方法去解决；人民内部矛盾，则应具体问题具体分析，采取各种恰当的方法去解决。

我国社会主义改造基本完成以后，社会生活中大量存在的是人民内部矛盾。人民内部矛盾是一个复杂的矛盾系统，涉及社会的各个地方、各个民族、各个阶层、各个群体、各个领域、各个行业。其中，既有利益矛盾，又有是非矛盾、思想矛盾，还有科学艺术工作中不同学派、不同风格、不同形式之间的矛盾，以及实际工作中大量交叉复合的具体矛盾。因而解决这些特殊矛盾所采取的方法也必定是各不相同的。在这里，没有一成不变的公式，唯有具体问题具体分析。就是其中的某一种具体矛盾，由于产生的原因比较复杂，也往往不是单纯靠某一种方法所能完全解决的，而应当充分研究矛盾的特殊性，通过多种方法综合加以解决。具体来说，重视运用经济的方法（如经济政策、经济立法）处理人民内部的物质利益矛盾，坚持运用民主的方法处理人民内部的是非矛盾，学会运用发展的、改革的、法制的、实践的等方法综合解决交叉复合的人民内部矛盾。比如，艺术上不同风格之间、科学上不同学派之间的关系，我们采取"百花齐放、百家争鸣"的方针；医学上中医和西医的关系，我们采取中西医相结合的方针；民族问题上汉族与少数民族的关系，我们采取"三个离不开"的方针；政治生活中执政党和参政党的关系，我们采取"长期共存、互相监督、肝胆相照、荣辱与共"的方针；宗教问题上信教与不信教的关系，我们采取"信仰自由"的方针。

研究社会矛盾应当重视人民内部矛盾的新变化、新发展、新特点、新

---

① 《毛泽东著作专题摘编》（上），中共中央文献出版社2003年版，第1037页。

趋势。随着社会主义市场经济体制的建立和完善，随着改革逐步向深水区推进，人民内部矛盾比以往任何时候都表现得更加错综复杂，无论在内容上还是形式上都发生了重大变化，呈现出前所未有的新情况、新特点。过去的许多具体政策在今天不能简单套用，处理人民内部矛盾必须有新的思路和办法。社会科学研究应当重视总结处理人民内部矛盾的历史经验，结合具体矛盾的特殊性，研究新的章法、新的政策、新的措施，探索正确处理新形势下人民内部矛盾的新办法、新途径、新经验，以崭新的思想内容丰富和发展人民内部矛盾学说。

第三节　利益分析和阶级阶层分析方法

社会生活中的矛盾大量地表现为利益、阶级阶层矛盾。利益分析、阶级分析和阶层分析，是研究社会矛盾的具体方法。

一、利益矛盾与利益分析方法

追求物质利益是社会发展的内在动力和原始动因。利益是历史唯物主义重要的范畴，社会发展以利益为基础、前提和动因。利益是思想的基础，利益决定思想。"'思想'一旦离开'利益'，就一定会使自己出丑"。① 利益是行为的基础，利益支配行为。"人们为之奋斗的一切，都同他们的利益有关"；② "把他们连接起来的唯一纽带是自然的必然性，是需要和私人利益"；③ 人们"为了生活，首先就需要吃喝住穿以及其他一些东西。因此第一个历史活动就是生产满足这些需要的资料，即生产物质生活本身"④。人类的物质生活资料的生产构成了历史的基本前提，利益的驱动构成了人类实践活动的原始动因。人们为了实现自身生存和发展的物

---

① 《马克思恩格斯文集》第 1 卷，人民出版社 2009 年版，第 286 页。
② 《马克思恩格斯全集》第 1 卷，人民出版社 1995 年版，第 187 页。
③ 《马克思恩格斯文集》第 1 卷，人民出版社 2009 年版，第 42 页。
④ 《马克思恩格斯文集》第 1 卷，人民出版社 2009 年版，第 531 页。

质利益，才去发展生产力。人们通过生产和再生产满足自己不断增长的利益需要，同时，不断满足着的利益需要又会产生新的需要，又会推动着生产力的进一步发展。正如恩格斯所言，"通过各种偶然性来为自己开辟道路的必然性，归根到底仍然是经济的必然性"①。"只讲牺牲精神，不讲物质利益，那就是唯心论"②。生产力与生产关系、经济基础与上层建筑这一覆盖社会各个领域、推进社会发展进步的基本矛盾，在社会生活中无不表现为具体的利益矛盾。

物质利益是上层建筑形成和发展的最终动因。无论是政治上层建筑还是观念上层建筑，其形成和发展都根源于物质利益，根源于物质利益矛盾和冲突。这里还得从社会最基本的经济事实说起。利益不是实体范畴，而是关系范畴——利益关系首先是物质的、经济利益的关系。物质利益关系是经济关系的核心，"每一既定社会的经济关系首先表现为利益"③。在人类为了满足自身生存和发展所进行的物质资料生产过程中，必然产生对物质产品的占有、支配和使用的问题，必然形成生产、交换、分配、消费的关系，生产、分配、交换和消费的过程实际上就是利益的创造、分享、流通和实现的过程，因此必然产生错综复杂的物质利益关系，并无可避免地发生利益矛盾和冲突。随着矛盾的激化，社会逐步形成了相应的政治法律、意识形态以及包括政府、军队、警察、监狱等在内的上层建筑机构。恩格斯曾经指出："迄今为止在历史著作中根本不起作用或者只起极小作用的经济事实，……形成了产生现代阶级对立的基础；这些阶级对立……又是政党形成的基础，党派斗争的基础，因而也是全部政治史的基础"，④因而也是上层建筑史的基础。在阶级社会中，统治阶级利用政治上层建筑为自己的利益服务，利用意识形态为自身利益辩护，因此在人类社会不仅有经济领域的利益矛盾，还有思想文化领域和政治领域的利益矛盾。这些利益关系的地位和作用是不相同的，物质利益关系是其他利益关系的基础。

---

① 《马克思恩格斯文集》第 10 卷，人民出版社 2009 年版，第 669 页。
② 《邓小平文选》第 3 卷，人民出版社 1993 年版，第 274 页。
③ 《马克思恩格斯文集》第 3 卷，人民出版社 2009 年版，第 320 页。
④ 《马克思恩格斯文集》第 4 卷，人民出版社 2009 年版，第 232 页。

物质利益是社会改革和社会革命的起点和归宿。人类为了适应生产力的发展要求，不断适时地调整生产关系和变革上层建筑，从而形成了历史的演变过程。在变革社会的实践中，社会改革与社会革命都是一定利益关系的重新调整和利益矛盾的有效解决。社会改革和社会革命，始于利益，终于利益。恩格斯指出："土地占有制和资产阶级之间的斗争，正如资产阶级和无产阶级之间的斗争一样，首先是为了经济利益而进行的，政治权力不过是用来实现经济利益的手段。"① 现代历史中"一切争取解放的阶级斗争，……归根到底都是围绕着经济解放进行的"②。在分析英国革命时，恩格斯还指出："革命的开始和进行将是为了利益，而不是为了原则。"③ 列宁曾明确指出，"我国的对内和对外政策归根结底是由我国统治阶级的经济利益和经济地位决定的。"④ 毛泽东也指出："马克思列宁主义的基本原则，就是要使群众认识自己的利益，并且团结起来，为自己的利益而斗争"。⑤ 调整利益关系，化解利益矛盾，打破阻碍社会发展进步的既有利益集团，是社会改革和社会革命的内在要求。

利益关系变迁是社会发展状况的标志。社会基本矛盾运动自始至终贯穿着物质利益这一主线。物质利益既是社会基本矛盾运动的动力，又是社会基本矛盾运动的归宿，人类历史的画卷始终围绕着利益而展开。人类社会从低级阶段向高级阶段的依次更替，实质上是利益关系的调整和变迁。马克思认为，以私有制为基础的共同体是"虚假的共同体"，它们代表的都是少数人的利益；只有"自由人联合体"才真正代表了全人类的利益。始终代表最广大人民的根本利益是马克思主义最鲜明的政治立场。马克思、恩格斯指出："过去的一切运动都是少数人的，或者为少数人谋利益的运动。无产阶级的运动是绝大多数人的，为绝大多数人谋利益的独立的

① 《马克思恩格斯文集》第 4 卷，人民出版社 2009 年版，第 305 页。
② 《马克思恩格斯文集》第 4 卷，人民出版社 2009 年版，第 306 页。
③ 《马克思恩格斯全集》第 3 卷，人民出版社 2002 年版，第 411 页。
④ 《列宁全集》第 34 卷，人民出版社 1985 年版，第 306 页。
⑤ 《毛泽东选集》第 4 卷，人民出版社 1991 年版，第 1318 页。

运动"。① 在这场运动中，共产党人"没有任何同整个无产阶级的利益不同的利益"②，是否代表最广大人民的根本利益是区分马克思主义政党的试金石。

运用马克思主义的利益观点和利益矛盾学说来思考、分析和解决相关的社会矛盾与社会问题，就是利益分析方法。运用利益分析方法关键要把握以下两点。

第一，具体地分析一定社会的利益关系格局。这包括分析各个社会主体思想行为背后的利益动因，分析各种社会现象之间的利益关联，分析不同社会群体的利益倾向、利益分化、利益关切和利益诉求，分析不同社会利益集团（群体）的形成过程、经济地位、政治主张、力量对比以及变化趋势，分析物质利益、政治利益、文化利益等不同类型的利益矛盾及其内在关联，分析重大社会事件背后的阶级和社会集团的利益根源，分析利益主体、利益结构、利益差距、利益心理、利益冲突的新情况、新问题、新特点和新变化，等等。比如，俄国十月革命后由于战争和经济破坏而被迫实行的"战时共产主义政策"之所以遭到严重的失败，其中的一个重要原因就在于余粮征集制伤害了农民阶级的利益。在国家与个人之间、工人与农民之间、城市和农村之间、军队与地方之间，以牺牲后者利益的方式来满足前者的需要。俄国当时是一个小农经济占优势的国家，无产阶级是极少数，农民是绝大多数，"无产阶级的经济利益和小农的经济利益之间存在着……深刻矛盾"③。然而，余粮征集制几乎完全忽视了农民的利益，极大地挫伤了农民的生产积极性，"不可避免地加剧了农民的动摇，使他们从无产阶级方面倒向资产阶级方面"④，代价是极其巨大的。列宁不得不重新思考决定俄国命运的这两个主要阶级之间的利益关系，果断废除了"战时共产主义政策"，取而代之以"新经济政策"。"新经济政策"的核心措施就是以实物税代替余粮征集制，"这个问题的本质在于工人阶

① 《马克思恩格斯文集》第 2 卷，人民出版社 2009 年版，第 42 页。
② 《马克思恩格斯文集》第 2 卷，人民出版社 2009 年版，第 44 页。
③ 《列宁专题文集 论社会主义》，人民出版社 2009 年版，第 203 页。
④ 《列宁专题文集 论社会主义》，人民出版社 2009 年版，第 201 页。

级如何对待农民",① 在于如何看待、处理两个阶级的利益关系。工人和农民"这两个阶级的利益是各不相同的,小农需要的东西同工人需要的不一样",② 因此,我们不应该指望直接采用共产主义的过渡办法,"我们不但要从保证国家方面着眼,而且要从保证小农户方面着眼",③"必须以同农民个人利益的结合为基础",④"必须立刻采取迅速的、最坚决的、最紧急的办法来改善农民的生活状况和提高他们的生产力",⑤ 实现"掌握国家政权的无产阶级和大多数农民之间达成妥协;……只有同农民妥协,才能拯救俄国的社会主义革命";⑥"只有这样的粮食政策才能适应无产阶级的任务,只有这样的粮食政策才能巩固社会主义的基础,才能使社会主义取得完全的胜利"。⑦ 相反,如果漠视占人口绝大多数的农民的正当利益要求,"农民就会同无产阶级分道扬镳",倒向资产阶级方面,国家也"向后倒退"到重新接受资本家和地主统治的阶段,无可避免地伤及苏维埃政权的核心政治利益。

　　第二,根据一定社会的利益关系格局决定我们的政策和策略。具体分析一定社会的利益关系格局是为了探索解决利益矛盾的思路、原则、方法,研究制定可行的政策和策略,建立和完善利益评判机制、利益表达机制、利益激励机制、利益协调机制、利益补偿机制,有效解决各种利益矛盾和利益冲突。如在第二次世界大战结束后,世界上形成了美苏两个超级大国争夺世界霸权以确保自身利益最大化的政治格局。针对这种情况,中国提出第三世界即发展中国家是反对霸权主义的主力的论断,这是反对两个超级大国争霸的新思路和新策略。对此,邓小平运用利益分析方法作了精辟的分析,他指出,因为霸权主义"直接受害的还是第三世界的国家

---

① 《列宁专题文集　论社会主义》,人民出版社 2009 年版,第 201 页。
② 《列宁专题文集　论社会主义》,人民出版社 2009 年版,第 202 页。
③ 《列宁专题文集　论社会主义》,人民出版社 2009 年版,第 197 页。
④ 《列宁专题文集　论社会主义》,人民出版社 2009 年版,第 258 页。
⑤ 《列宁专题文集　论社会主义》,人民出版社 2009 年版,第 215 页。
⑥ 《列宁专题文集　论社会主义》,人民出版社 2009 年版,第 202 页。
⑦ 《列宁专题文集　论社会主义》,人民出版社 2009 年版,第 217 页。

和人民。这就决定了有切身利益的第三世界是真正的维护世界和平、反对霸权主义的主力。这不是以人们的意志为转移的，是由第三世界所处的地位和切身利害关系决定的"。①　这一分析是很透彻的。再比如，我国幅员辽阔，区域矛盾长期存在，如何解决区域矛盾，关键是准确把握区域利益关系格局。区域矛盾实质上是区域之间的利益矛盾。改革开放初期，东、中、西部都急需发展，发展如何布局，发展战略如何制定，这就是一个利益矛盾。东部沿海地区具有先天的优势，因此我们首先实施了建立经济特区、开放沿海城市、设立沿海经济开发区的区域发展战略，促进沿海地区率先发展。邓小平指出："沿海地区要加快对外开放，使这个拥有两亿人口的广大地带较快地先发展起来，从而带动内地更好地发展，这是一个事关大局的问题。内地要顾全这个大局。反过来，发展到一定的时候，又要求沿海拿出更多力量来帮助内地发展，这也是个大局。那时沿海也要服从这个大局。"②　经过 30 多年的对外开放，我国地区差距明显拉大，区域间的利益矛盾凸显，因此需要将中西部地区作为矛盾的主要方面，探索解决区域矛盾的新思路。在准确把握区域矛盾的基础上，我国果断实施了西部大开发战略、中部崛起战略、东北振兴战略，促进东、中、西部地区协调发展，逐步解决地区间发展不平衡的矛盾。

利益问题是人类生存与发展的永恒主题，利益关系和利益矛盾伴随人类社会的始终。在社会主义社会，根本利益对立基础上的利益矛盾已经不复存在，但根本利益一致基础上的各种局部利益矛盾、暂时利益矛盾仍然存在。利益关系仍然深刻地影响着人们对待事物的立场、观点和态度，利益分析方法仍然是认识和解决各种社会矛盾的基本方法。

利益分析方法具有极强的历史感、现实感和时代感，它是我们正确认识社会、改造社会的方法论指导。利益关系的格局不是一成不变的，它随着社会的发展而发展变化。"一个处在社会急剧变动、社会体制转轨的现

---

① 《邓小平文选》第 2 卷，人民出版社 1994 年版，第 416 页。
② 《邓小平文选》第 3 卷，人民出版社 1993 年版，第 277—278 页。

代化之中的社会，往往充满着各种社会利益冲突和动荡"。① 随着改革开放的深入推进，社会转型步入关键时期，我国原来的利益格局被打破，利益关系发生了重大变化，各种社会矛盾和问题层出不穷。这些矛盾大多数与剥削制度无关，不具有阶级斗争的性质，它们大都是人民内部利益矛盾在不同领域、不同层次的表现，其核心仍然是利益问题。研究这类社会矛盾，需要科学运用利益分析方法，从观察社会表象深入到利益分析，从分析利益主体到分析利益关系，从分析物质利益关系到分析全部利益关系，从分析利益关系的状况到探索协调利益关系的方法。利益分析方法克服了阶级分析方法在一定范围、一定条件下适用的局限性，适合我国现阶段的国情，具有更大的适用性和更强的操作性。

利益分析方法在社会各个领域和各个学科中都具有广泛的适用性，在社会科学方法论中占有重要的地位。利益问题贯彻于人类社会的各个领域，因此利益分析方法也适用于社会的各个领域，并被各门具体的社会科学广泛运用。例如，在经济领域，制定所有制政策、分配政策、行业政策、产业政策以及宏观调控政策等，离不开利益分析方法；在政治领域，确立政党制度、国家制度，制定民族政策、宗教政策、干部政策等，离不开利益分析方法；在文化领域，确立文化强国战略、文化安全战略，制定文化事业和文化产业政策等，离不开利益分析方法；处理国际关系、民族关系离不开利益分析方法；做思想工作也离不开利益分析方法。

二、阶级矛盾与阶级分析方法

利益矛盾在阶级社会中突出地表现为阶级矛盾。阶级是特定经济结构中的人群共同体。列宁指出："所谓阶级，就是这样一些大的集团，这些集团在历史上一定的社会生产体系中所处的地位不同，同生产资料的关系（这种关系大部分是在法律上明文规定了的）不同，在社会劳动组织中所起的作用不同，因而取得归自己支配的那份社会财富的方式和多寡也不

---

① ［美］塞缪尔·亨廷顿：《变化社会中的政治秩序》，王冠华、刘为等译，生活·读书·新知三联书店 1989 年版，第 40—41 页。

同。所谓阶级，就是这样一些集团，由于它们在一定社会经济结构中所处的地位不同，其中一个集团能够占有另一个集团的劳动。"① 利益矛盾是阶级矛盾的根源，根本利益对立的阶级之间的矛盾表现为阶级斗争。阶级斗争是阶级社会发展的直接动力，阶级分析方法是认识阶级社会的基本线索。

阶级观点在马克思主义理论体系中占有十分重要的地位。马克思主义关于"阶级的存在仅仅同生产发展的一定历史阶段相联系"② 的观点；"阶级斗争必然导致无产阶级专政"③ 的观点；无产阶级专政"不过是达到消灭一切阶级和进入无阶级社会的过渡"④ 的观点；阶级社会的基本矛盾必然地表现为阶级矛盾和阶级斗争的观点；阶级"斗争的结局都使整个社会受到革命改造或者斗争的各阶级同归于尽"⑤ 的观点；阶级斗争是阶级社会发展的"直接动力"的观点；无产阶级反对资产阶级的阶级斗争的"最高表现就是全面革命"的观点；阶级斗争"首先是为了经济利益而进行的"⑥ 的观点；阶级社会中"各阶级之间的斗争，总是历史发展的伟大动力"⑦ 的观点；"革命是历史的火车头"⑧ 的观点；"国家政权从一个阶级手里转到另一个阶级手里，都是革命的首要的基本的标志"⑨ 的观点；无产阶级只有组织成为革命政党"才能作为一个阶级来行动"的观点；阶级社会中"各种思想无不打上阶级的烙印"⑩ 的观点；等等；构成了马克思主义的阶级斗争学说。

运用马克思主义的阶级观点和阶级斗争学说来思考、分析和解决阶级

① 《列宁专题文集　论社会主义》，人民出版社 2009 年版，第 145 页。
② 《马克思恩格斯文集》第 10 卷，人民出版社 2009 年版，第 106 页。
③ 《马克思恩格斯文集》第 10 卷，人民出版社 2009 年版，第 106 页。
④ 《马克思恩格斯文集》第 10 卷，人民出版社 2009 年版，第 106 页。
⑤ 《马克思恩格斯文集》第 2 卷，人民出版社 2009 年版，第 31 页。
⑥ 《马克思恩格斯文集》第 4 卷，人民出版社 2009 年版，第 305 页。
⑦ 《马克思恩格斯文集》第 4 卷，人民出版社 2009 年版，第 505 页。
⑧ 《马克思恩格斯文集》第 2 卷，人民出版社 2009 年版，第 161 页。
⑨ 《列宁专题文集　论马克思主义》，人民出版社 2009 年版，第 167 页。
⑩ 《毛泽东选集》第 1 卷，人民出版社 1991 年版，第 283 页。

社会中相关的社会现象与社会问题，就是阶级分析方法。运用阶级分析方法要重视以下五个方面。

第一，在分析阶级状况的基础上准确把握阶级关系格局。分析阶级社会中各阶级的经济地位、政治地位、社会地位及其变动趋势，分析各阶级的差别、矛盾、斗争以及阶级力量的对比，分析各阶级的利益倾向、利益诉求等。

第二，在进行经济分析的同时注重政治、思想分析。阶级首先是一个经济范畴，阶级分析首先是经济分析。但是，社会集团因其与生产资料的关系不同而划分为阶级之后，也会形成相应的政治思想、情感和生活方式，进行经济分析的同时应当注重分析各阶级由其阶级利益所决定的政治立场、政治主张及其思想倾向，分析各种社会思潮所代表的阶级愿望。

第三，在进行阶级状况分析的同时要重视对阶级矛盾的动态考察。阶级状况总是处于不断分化、变动的过程中，必须跟踪研究各阶级的新情况、新问题、新特点和新变化，研究不同历史条件下的阶级关系、阶级状况和阶级冲突，研究阶级矛盾的发展规律和运行机制，预测阶级斗争的变动趋势和未来走向。

第四，在分析国内阶级矛盾的同时不能忽视对国际阶级矛盾的分析。在当今世界，国际范围内两个阶级、两种制度的斗争从来就没有停止过。邓小平曾指出："世界上矛盾多得很，大得很"，"可能是一个冷战结束了，另外两个冷战又已经开始。一个是针对整个南方、第三世界的，另一个是针对社会主义的。西方国家正在打一场没有硝烟的第三次世界大战。"[1] 国际国内的阶级矛盾往往相互影响、相互渗透、相互促进，应当注重研究国际国内阶级矛盾相互作用的缘由背景、利益诉求、政治主张、方式方法、力量对比、互动机制、变动趋势、代价后果等。

第五，根据阶级矛盾的整体状况决定对策与思路。研究阶级矛盾，其目的是为了有效地协调阶级利益关系，化解阶级矛盾和冲突，研究制定阶级斗争的政治路线和具体政策，探求解决阶级矛盾的途径与方法。在抗日

---

① 《邓小平文选》第 3 卷，人民出版社 1993 年版，第 354、344 页。

战争时期和解放战争时期，中国共产党根据不同历史时期的阶级矛盾、革命任务制定了不同的阶级路线和阶级政策。抗日战争时期，中日矛盾上升为主要矛盾，其他一切矛盾都暂时退居次要地位，为了团结一切抗日力量，中国共产党采取了"发展进步势力、争取中间势力、反对顽固势力的策略"。① 发展进步势力，就是发展无产阶级、农民阶级和城市小资产阶级的力量；争取中间势力，就是争取中等资产阶级，争取开明绅士（地主阶级的左翼），争取地方实力派，"把抗日以前的没收地主土地分配给农民的政策，改变为减租减息的政策"；② 反对顽固势力，就是反对反共反人民的顽固势力，这里又分为降日派和抗日派，要争取抗日派留在抗日统一战线里面。解放战争时期，中国共产党又根据变化了的形势制定了新的阶级政策。一是依靠贫农，联合中农，消灭地主阶级；改变土地政策，由抗日时期对地主的"减租减息改为没收地主阶级的土地分配给农民"，同时改变过去曾经实行过的"所谓'地主不分田，富农分坏田'的过左的错误的政策"。③ 二是消灭官僚资产阶级，没收四大家族的垄断资本，争取和团结中间势力，政治上打击民族资产阶级右翼，经济上保护民族资产阶级，保护民族工商业。

运用阶级分析方法，要严格区分带阶级性和不带阶级性的社会矛盾与社会现象，不能将任何社会现象与社会矛盾都不加分析地简单归结为阶级问题和阶级矛盾，不能用阶级矛盾涵盖社会生活中一切群体性冲突和矛盾。阶级矛盾只是阶级社会中的一类矛盾，而非它的全部。比如，民族矛盾、种族矛盾中既有阶级斗争问题，也有许多不完全属于阶级斗争的其他问题。不同民族和不同种族的文化传统、风俗习惯、宗教信仰以及由此而产生的民族情绪、民族心理、民族感情、民族尊严等，都是导致矛盾冲突的重要因素，不能简单地把民族问题、种族问题都说成是阶级斗争问题。因此，运用阶级分析方法，要严格防止阶级斗争扩大化，不能用阶级斗争的方法来解决社会生活中的一切矛盾。我国已经是社会主义社会，但同时

---

① 《毛泽东选集》第 2 卷，人民出版社 1991 年版，第 745 页。
② 《毛泽东选集》第 4 卷，人民出版社 1991 年版，第 1250 页。
③ 参见《毛泽东选集》第 4 卷，人民出版社 1991 年版，第 1250、1251 页。

也是一个有阶级的社会，阶级斗争在一定范围内仍将长期存在，并且在一定条件下还可能激化。"只要阶级存在，阶级斗争就不可避免"。① 但是，社会主义社会中的阶级斗争既"不应该缩小，也不应该夸大。实践证明，无论缩小或者夸大，两者都要犯严重的错误"②。对于我们社会中的阶级斗争，"如果不及时地、有区别地给以坚决处理，而听任上述各种不同性质的问题蔓延汇合起来，就会对安定团结的局面造成很大的危害。"③ 正因为如此，阶级分析方法"始终是我们观察社会主义同各种敌对势力斗争的复杂政治现象的一把钥匙"，④ 主张阶级斗争"熄灭论"是错误的。不能因为历史上阶级斗争扩大化的深刻教训而因噎废食，把马克思主义的阶级观点和阶级分析方法一同丢弃。从国际范围来看，西方敌对势力力图对我国实行"西化"、"分化"的图谋并未改变，鼓吹"全人类的利益高于一切"，鼓吹"意识形态终结论"，认为"无产阶级已经一体化于资本主义制度"等，都是对阶级分析方法的否定。

阶级分析方法是研究社会矛盾的重要方法之一。在当今世界，阶级问题普遍存在于各个国家、各个民族，阶级消亡是一个遥远的将来的事情。在社会科学研究中，我们必须坚持阶级分析的方法。美国经济学家、诺贝尔经济学奖获得者索洛明确指出："社会科学家和其他人一样，也是有阶级利益、意识形态倾向以及一切种类的价值判断。但是，所有的社会科学的研究，和材料力学或化学分子结构的研究不同，都与上述（阶级）利益、意识形态和价值判断有关。不论社会科学家的意愿如何，不论他是否觉察到这一切，甚至他力图避免它们，他对研究主题的选择，他提出的问题，他没有提出的问题，他的分析框架，他使用的语言，很可能在某种程度上反映了他的（阶级）利益、意识形态和价值判断。"⑤ 尽管索洛说

① 《列宁专题文集　论社会主义》，人民出版社 2009 年版，第 299 页。
② 《邓小平文选》第 2 卷，人民出版社 1994 年版，第 182 页。
③ 《邓小平文选》第 2 卷，人民出版社 1994 年版，第 370 页。
④ 《江泽民文选》第 3 卷，人民出版社 2006 年版，第 83 页。
⑤ ［美］克伦道尔、埃考斯编：《当代经济论文集》，利特尔·布朗公司 1972 年版，第 11 页。

"所有的社会科学的研究都与阶级利益、意识形态和价值判断有关",① 这
是值得商榷的,因为有少数社会科学学科如逻辑学、语言学的研究与阶级
利益无关,但这一看法总体上是符合客观实际的。例如研究国际关系和国
际政治时,要准确地说明发达国家与发展中国家的矛盾和斗争,霸权主义
与反霸权主义的矛盾和斗争,局部战争与总体和平的矛盾和斗争,跨国资
产阶级与劳动人民的矛盾和斗争,资本主义与社会主义的矛盾和斗争,就
不能离开阶级分析方法。

马克思主义的阶级分析方法与韦伯的社会分层研究方法有着本质的区
别。不管是阶级分析还是分层研究,都承认社会不平等是一个事实。马克
思主义认为,社会不平等并不是一种永恒不变的现象。阶级是与经济权力
相联系的,而这种权力又是以生产资料的占有方式和社会产品的分配方式
为核心。阶级只是一个历史范畴,阶级现象将随着资本剥削雇佣劳动关系
的消亡而终结。韦伯则认为,财富、权力和声望是决定一个人社会地位的
三大要素,而正是这三者带来的差别和不平等导致了阶级阶层间的矛盾和
冲突。韦伯还对社会不平等的合理性进行了论证,他认为,社会不平等是
满足社会整体需要的一种结构形式,社会结构整体的需要从根本上决定着
社会不平等的形成及其内在逻辑。在他看来,任何社会都不可能消除社会
不平等现象。社会分成地位和功能不同的若干阶层不仅是不可避免的,而
且对于社会整体良性运转以及每一社会个体都是有益的。韦伯曾明言,社
会不平等是社会确保最重要的职位由最合格的人来承担的一种无意识发展
起来的手段。如果说阶级分析方法导向于阶级斗争、调整生产关系、变革
社会制度的话,韦伯的理论则导向"一致和议价的共同基础",② 主张社
会成员可以依靠个人才干和努力,通过学习培养、专业训练和就业谋生方
式的变化,升迁为更高社会地位群体中的成员,而无须进行生产关系和社
会制度的根本变革。韦伯的社会分层研究方法是当代分析社会不平等的一

---

① ［美］克伦道尔、埃考斯编:《当代经济论文集》,利特尔·布朗公司 1972 年版,
　　第 11 页。

② ［美］罗纳德·H. 奇尔科特:《比较政治经济学理论》,高铦、高戈译,社会科学
　　文献出版社 2001 年版,第 121 页。

种主要范式。但事实表明，由于其囿于功能性框架的固有理论局限，它难以对社会不平等演变过程中的新问题作出令人满意的回答。如果完全摒弃阶级分析的视角，有关研究将缺乏足够的洞察力、前瞻性和说服力。

三、阶层矛盾与阶层分析方法

阶层有两层含义：其一，是指同一阶级内部按照不同的经济地位和相关标准划分成的社会群体。在这里，阶层是阶级的下属层次，是对阶级的细分。如《共产党宣言》所说，"在每一个阶级内部又有一些特殊的阶层。"① 例如，封建地主阶级中的士族地主和庶族地主阶层等，西方资产阶级中的工业资本家、商业资本家、金融资本家阶层等，工人阶级内部的白领工人、蓝领工人阶层，当代中国农民阶级中的农村农业劳动者、农村基层管理者、农村集体企业劳动者、农村集体企业管理者、农村雇佣工人、农村个体劳动者、城镇农民工阶层等。其二，是指按照某种特定标准如谋生方式、从业范围、社会地位等而区分的不同社会群体。马克思在研究资本主义社会结构时从来没有否定基本阶级以外社会阶层的存在，而是认为"实际的社会结构，——社会决不仅仅是由工人阶级和产业资本家阶级组成的"，② 比如实际存在的知识分子阶层、学生阶层、管理者阶层、妇女阶层、退休人员群体等。可见，阶级与阶层既有联系，又有区别，阶层有自己的特殊划分标准，不能以阶级划分代替阶层划分，以阶级分析代替阶层分析。

社会发展的不同阶段，有着不同的社会阶层结构。同一社会阶层的人，由于经济地位、社会地位、谋生方式、从业范围接近，会产生共同的利益诉求、利益关切和利益驱动。不同社会阶层的人，由于利益诉求、利益关切和利益驱动存在差别，因而也会产生阶层之间的矛盾。因此，进行社会科学研究，不仅要重视阶级分析，还应当重视阶层分析。

马克思主义的阶层分析方法，要求科学确定阶层划分的标准和指标体

---

① 《马克思恩格斯文集》第 2 卷，人民出版社 2009 年版，第 32 页。
② 《马克思恩格斯全集》第 34 卷，人民出版社 2008 年版，第 559 页。

系，科学分析各阶层的形成演化过程、经济地位、社会影响、思想状况、政治主张、利益诉求，分析各阶层的利益矛盾、力量对比及其变动趋势，分析社会阶层结构分化的动力和一般规律，分析社会阶层结构分化对社会进步、经济发展和政治发展的作用，分析社会流动的现状、规律、趋势及其影响因素，寻求有效化解各阶层间利益矛盾和利益冲突的途径与方法。

阶层分析方法在社会科学研究中占有重要地位，是研究社会矛盾的重要方法。我国社会转型、经济转轨时期的一个重要特征就是社会结构深刻变动，社会阶层分化加速，阶层结构呈现多样化的状态。现在，我国的社会阶层构成在传统的"两阶级一阶层"之外，出现了民营科技企业的创业人员和技术人员、受聘于外资企业的管理技术人员、个体户、私营企业主、中介组织的从业人员、自由职业人员等新兴社会阶层。此外，还出现了一些新的交叉阶层和边缘阶层，如农民身份的工人，工人身份的干部等。而且，许多人在不同所有制、不同行业、不同地域之间流动频繁，人们的职业、身份经常变动。这种变化还会继续下去。这些新兴社会阶层都是中国特色社会主义事业的建设者，他们只有分工不同，没有等级之分。但各阶层社会地位和生活状况的差异却是客观事实，不同阶层之间的社会矛盾也是客观存在的。各阶层之间的社会矛盾大多不具有阶级斗争的性质，仅仅依靠阶级分析理论和方法来观察、解释当今社会的分层状况，显然是不够的。必须运用阶层分析方法科学描述和解释当今社会的阶层结构变迁。相对阶级分析，阶层分析的优势在于能够深入到阶级内部的隐秘地带、阶级之间的交叉地带以及阶级之外的广阔地带展开细致研究，充分揭示社会结构的全貌。

利益分析、阶级分析和阶层分析，都是研究社会矛盾的具体方法。三者既有联系，又有区别。其一，阶级分析与利益分析是相辅相成的。阶级分析方法适用于阶级社会，利益分析方法适用于人类社会的始终。阶级分析，也就是阶级社会中的利益分析，是利益方法在阶级社会中的具体运用，是在分析阶级问题上的具体运用。在阶级社会中，生产关系表现为利益关系，特定的利益关系集团形成阶级，不同阶级利益之间的根本对立导致阶级矛盾和阶级斗争。因此，从一定意义上说，阶级分析的实质就是利益分析。其二，阶层分析，在一定程度上说，就是社会阶层中的利益分析，是利益方法在社会分层研究中的具体运用。因为不同的社会阶层实质上是不同的利益群体，存在着利益差异和价值评价差异，存在着不同利益群体之间的摩擦和冲突，存在着复杂的利益结构。其三，阶层分析与阶级分析是互补的关系。阶层分析与阶级分析各有其优势和适用范围，各有其存在的合理性和价值。在有阶级存在的条件下，只有把阶级分析与阶层分析结合起来，在不同层次上把握社会成员的阶级和阶层归属，才能全面观察和正确认识社会阶级阶层结构的变迁与现状，为认识各类社会现象、解决各种社会矛盾提供必要的基础。

思考题

1. 谈谈社会矛盾与社会和谐的关系。

2. 联系自己的学科实际，谈谈如何从纷繁复杂的社会矛盾中提炼出具有学科价值的理论问题？

3. 结合当代中国社会阶层结构的变迁，谈谈阶层分析方法的价值及限度。

4. 联系现实生活中的群体性事件，分析矛盾的复杂性。

5. 联系国际关系的实际，分析"中介"的方法论意义。

阅读文献

1. 马克思：《资本论》第 1 卷，《马克思恩格斯文集》第 5 卷，人民出版社 2009 年版。

2. 毛泽东：《矛盾论》，《毛泽东选集》第 1 卷，人民出版社 1991年版。

3. 毛泽东：《论持久战》，《毛泽东选集》第 2 卷，人民出版社 1991年版。

4. 毛泽东：《论十大关系》，《毛泽东文集》第 7 卷，人民出版社1999 年版。

第四章　社会过程研究方法

社会矛盾推动社会的发展，使社会展现为一个自然历史过程。马克思主义揭示了这一过程的内容、实质和规律，为我们研究社会历史现象提供了科学的方法论指导。

第一节　人类社会是一个过程

无论是自然界，还是人类社会与人的思维，都处于永恒的运动、变化、发展过程之中。人类社会的历史发展过程，是连续性与非连续性、前进性与曲折性、统一性与多样性的辩证统一。

一、世界是过程的集合体

人们对于自然界和人类社会的看法，与人类的认识与实践水平是密切相关的。由于受自然科学、社会科学不发达状况以及形而上学思维方法的影响，在自然领域和社会领域，存在着一种非历史的观点。如 18 世纪的机械唯物主义"不能把世界理解为一种过程，理解为一种处在不断的历史发展中的物质"。① 在自然领域，尽管承认自然界处在永恒的运动中，但又认为这种运动永远绕着一个圆圈旋转，没有前进、发展，总是产生同一结果。在历史领域，中世纪被看做是千年普遍野蛮状态造成的历史的简单中断，而没有看到文化领域的扩大，一个个富有生命力的大民族的形成，巨大的技术进步，因而也就难以形成关于历史联系与发展的合理看法。

德国古典哲学家黑格尔以客观唯心主义的方式表达了世界是一个发展过程的辩证法思想。在他看来，世界的本质是"绝对精神"，它作为一切

① 《马克思恩格斯文集》第 4 卷，人民出版社 2009 年版，第 282 页。

现实事物的源泉，在自己的辩证发展过程中经历了逻辑阶段、自然阶段和精神阶段。在逻辑阶段，"绝对精神"仅仅作为抽象的、纯粹逻辑的概念而存在，其运动和发展表现为纯粹抽象的概念、范畴间的转化与过渡。自然阶段是思想、概念的外在化或异化。在这个阶段，思想、概念披上了自然的、物质的外衣，处于一种与自己格格不入的外在的形式中。在自然阶段的最后出现了人，"绝对精神"便超出了自然阶段而进入了精神阶段。在精神阶段，"绝对精神"克服了逻辑阶段和自然阶段的片面性，实现了思想、概念与自然、物质的统一。"绝对精神"经过在精神阶段的发展，完全回到了自身，表现了自己全部的丰富内容，达到了完全认识自己的自由自觉的程度。黑格尔颠倒了概念的辩证法与现实世界的辩证法的关系，将辩证法视为概念的自我发展，而把自然界和历史的辩证发展作为概念的自己运动的翻版。实际上，是外部世界、客观事物的辩证法决定思维的、观念的辩证法，思维的、概念的辩证法是外部世界、客观事物的辩证法的反映。黑格尔的辩证法是颠倒的、头脚倒置的。但他在概念的辩证法中猜测到了客观事物的辩证法，不是将世界看成一成不变的，而是将世界视为一个发展过程，这一思想是极为珍贵的。如果"我们重新唯物地把我们头脑中的概念看做现实事物的反映，而不是把现实事物看做绝对概念的某一阶段的反映"，就把黑格尔的辩证法倒转过来，"辩证法就归结为关于外部世界和人类思维的运动的一般规律的科学"。①

认为事物是既成的，把事物当做一成不变的东西去研究的旧的思想方法，是与那种把非生物和生物当做既成事物来研究的自然科学方法联系在一起的。18 世纪末，自然科学主要是搜集材料的科学，是关于既成事物的科学；而到了 19 世纪，自然科学本质上是整理材料的科学，是关于过程、事物发生发展以及关于联系（即把这些自然过程结合为一个大的整体）的科学。而细胞学说、能量守恒和转化定律、生物进化论这三大发现以及自然科学的其他巨大进步，促进了人们对于自然过程相互联系的认识。至此，人们不仅能够说明自然界中各个领域内的过程之间的联系，而

①《马克思恩格斯文集》第 4 卷，人民出版社 2009 年版，第 298 页。

且总的说来也能说明各个领域之间的联系了，从而能够以近乎系统的方式描绘出一幅自然界联系的清晰图画。马克思、恩格斯正是在批判继承黑格尔哲学中辩证法思想的合理内核，总结、概括自然科学以及社会科学的新成果的基础上，将承认自然界、人类社会以及人类思维是历史发展过程的观点称之为"伟大的思想"。恩格斯说："一个伟大的基本思想，即认为世界不是既成事物的集合体，而是过程的集合体，其中各个似乎稳定的事物同它们在我们头脑中的思想映象即概念一样都处在生成和灭亡的不断变化中，在这种变化中，尽管有种种表面的偶然性，尽管有种种暂时的倒退，前进的发展终究会实现。"① 任何事物都有其产生、发展和灭亡的历史。凡是在历史上产生的东西，最终都要在历史上消亡。一个过程的结束，就是另一过程的开始。正是这种有限的有始有终的不断产生又不断灭亡的具体事物，构成了无限的无始无终的永恒发展的物质世界。

自然界是发展过程，社会也是发展过程。我们周围的感性世界并非开天辟地以来就直接存在的始终如一的东西，而是人类世世代代活动的结果，是历史的产物。人类社会是历史发展过程，"永远不会在人类的一种完美的理想状态中最终结束；完美的社会、完美的'国家'是只有在幻想中才能存在的东西；相反，一切依次更替的历史状态都只是人类社会由低级到高级的无穷发展进程中的暂时阶段。"② 人们对于自然界和人类社会的认识也是历史发展过程。实践、认识、再实践、再认识，这种形式循环往复以至无穷，而实践和认识的每一循环的内容，都比较地进到了高一级的程度。正如历史不具有最终的性质一样，人类的认识也不具有最终的性质。"真理是在认识过程本身中，在科学的长期的历史发展中，而科学从认识的较低阶段向越来越高的阶段上升，但是永远不能通过所谓绝对真理的发现而达到这样一点，在这一点上它再也不能前进一步，除了袖手一旁惊愕地望着这个已经获得的绝对真理，就再也无事可做了。"③

---

① 《马克思恩格斯文集》第 4 卷，人民出版社 2009 年版，第 298 页。
② 《马克思恩格斯文集》第 4 卷，人民出版社 2009 年版，第 270 页。
③ 《马克思恩格斯文集》第 4 卷，人民出版社 2009 年版，第 269 页。

世界是过程集合体的辩证法思想，其方法论意义是巨大的。恩格斯说："这种辩证哲学推翻了一切关于最终的绝对真理和与之相应的绝对的人类状态的观念。在它面前，不存在任何最终的东西、绝对的东西、神圣的东西；它指出所有一切事物的暂时性；在它面前，除了生成和灭亡的不断过程、无止境地由低级上升到高级的不断过程，什么都不存在。"①从世界"是过程的集合体"的思想出发，就要不仅把事物当做系统整体来理解，还要把事物当做动态过程来理解；不仅要分析作为系统整体的事物中各种要素、各个组成部分之间的关系，还要研究事物发展的各个过程以及每个过程中各个阶段之间的关系，从而发现事物发展的客观规律；就要深刻理解人类社会历史的前进性和上升性，反对历史循环论和历史终结论；深刻理解每一历史时期人类认识的局限性和相对性，反对思想认识的绝对化、凝固化。如果我们在研究工作中始终从这个观点出发，就不会提出所谓"最终解决"和"永恒真理"的要求，就会始终意识到我们所获得的一切知识必然具有的局限性，意识到我们在获得知识时所处的环境对这些知识的制约性，就会看到真理和谬误对立的相对性意义，在实践中不断认识真理和检验真理，反对终极真理论，避免把真理性认识变成脱离实践和脱离时代的凝固不变、死板僵化、永不发展的教条。客观世界是一个发展过程，作为在实践基础上对客观世界的反映的人的认识也是一个发展过程。当客观世界的发展过程进入了新的阶段，出现了新矛盾、新特点、新情况、新问题，人们就必须更新思想观念，反映新的实际，形成新的理论，指导新的实践。正如毛泽东所说："社会实践中的发生、发展和消灭的过程是无穷的，人的认识的发生、发展和消灭的过程也是无穷的。根据于一定的思想、理论、计划、方案以从事于变革客观现实的实践，一次又一次地向前，人们对于客观现实的认识也就一次又一次地深化。客观现实世界的变化运动永远没有完结，人们在实践中对于真理的认识也就永远没有完结。马克思列宁主义并没有结束真理，而是在实践中不断地开辟认识

---

① 《马克思恩格斯文集》第 4 卷，人民出版社 2009 年版，第 270 页。

真理的道路。"①

二、社会历史过程的连续性和非连续性

马克思、恩格斯指出："历史不外是各个世代的依次交替。每一代都利用以前各代遗留下来的材料、资金和生产力；由于这个缘故，每一代一方面在完全改变了的环境下继续从事所承继的活动，另一方面又通过完全改变了的活动来变更旧的环境"。② 这就是说，历史上每一时代的人们在前人创造的生产力、制度和文化的基础上继续从事创造历史的活动，并通过新的创造历史的活动创造出新的生产力、制度与文化，从而使社会历史呈现出一个连续性与非连续性相统一的发展过程。

社会历史过程的这种连续性和非连续性的统一，表现为社会历史过程中量变和质变的统一。在量变阶段，社会历史处于平稳和缓慢的运动状态；在质变阶段，社会历史表现为剧烈动荡和冲突，整个社会结构发生转换和重建，由一种社会形态向另一种社会形态转变。但新的社会形态与旧的社会形态并非毫不相干，而是有着千丝万缕的联系，新的社会形态产生的条件是在旧的社会形态的母腹中孕育而成的，新的社会形态是对旧的社会形态的扬弃。社会的发展总是从量变开始，在量变阶段，社会的面貌总的说是稳定的，表现出自身发展的连续性；量的积累达到一定程度引起质变、飞跃，新质代替旧质，渐进性过程中断，表现出发展的非连续性。只有不间断的量的积累，才有间断性的质的飞跃。

坚持量变和质变的统一，要反对两种片面性：一种是只讲量变，不讲质变；一种是只讲质变，不讲量变。二者都是错误的。没有质变，就没有真正的发展；没有量变的积累，就不会有质的飞跃。我们要把连续性和非连续性、量变和质变统一起来去研究社会历史。真正的革命者，面对过时的社会制度，要有勇于进行根本变革的精神；而当根本变革旧的社会制度的条件尚不具备时，又要有进行艰苦准备的奋斗精神。毛泽东说："我们

---

① 《毛泽东选集》第 1 卷，人民出版社 1991 年版，第 295—296 页。
② 《马克思恩格斯文集》第 1 卷，人民出版社 2009 年版，第 540 页。

反对革命队伍中的顽固派，他们的思想不能随变化了的客观情况而前进，在历史上表现为右倾机会主义。这些人看不出矛盾的斗争已将客观过程推向前进了，而他们的认识停止在旧阶段。……我们也反对'左'翼空谈主义。他们的思想超过客观过程的一定发展阶段，有些把幻想看作真理，有些则把仅在将来有现实可能性的理想，勉强地放在现时来做，离开了当前大多数人的实践，离开了当前的现实性，在行动上表现为冒险主义。"①把我国这样一个经济文化落后的国家建成社会主义现代化国家，是一场深刻的质变。要实现这个质变，只能脚踏实地、循序渐进，不能急于求成、超越阶段。

三、社会历史过程的前进性和曲折性

在社会历史问题上，悲观主义者认为人类社会呈退化趋势，人类文明将不可逆转地走向衰落。如德国历史学家和哲学家奥斯瓦尔德·施本格勒在《西方的衰落》一书中认为，人类文明像生物机体一样，有其从幼年、成年到老年的生命周期。人类文明的所有创造活动都产生于其生命周期的早期阶段。当文明进入成年时期，就丧失了其灵感和创造活力，从而不可逆转地走向僵化、衰老、灭亡。乐观主义者则认为人类文明是进步的，是沿着螺旋式的阶梯从低层次向高层次发展的。如英国历史学家和社会学家阿诺德·汤因比在《历史研究》一书中用"挑战—回应"的理论框架解释人类文明的演进。在他看来，任何社会都面临挑战，这种挑战开始来自环境，然后来自内部和外部的敌人。而一个社会能否回应挑战，决定着文明的兴衰。若能对挑战作出积极而有效的回应，文明就会发展进步；反之，文明就会衰败灭亡。悲观主义看到了人类社会历史发展进程中的两重性，特别是看到了西方文明的缺憾以及资本主义制度所面临的巨大危机，这是其合理之处；但将西方文明等同于人类文明，将西方文明的危机等同于人类文明的危机，得出人类文明不可逆转地走向衰落的结论，则是不正确的。

---

① 《毛泽东选集》第 1 卷，人民出版社 1991 年版，第 295 页。

　　马克思主义既明确肯定历史过程的前进性，又指出历史过程的曲折性，认为人类社会的发展是前进性和曲折性的统一，其总的趋势是前进、上升的，其道路是曲折、迂回的，并且从人类社会的内在矛盾入手，揭示了前进性与曲折性统一的深层根源。社会历史过程的前进性，表现为社会生产力的不断发展、物质财富和精神财富的不断增长及人类物质文化生活质量和水平的不断提高，表现为社会有机体从简单到复杂、从低级到高级日趋完善的发展进步趋势，表现为由民族历史向世界历史的转变以及世界历史深入发展和全球化时代的来临。

　　社会历史过程的前进性根源于社会基本矛盾的辩证运动。人们基于生存发展的需要而进行物质生产，而为了进行物质生产，就必须结成一定的生产关系和其他社会关系。物质生产和生产力的发展，推动了生产关系和其他社会关系的变革与发展。社会历史过程的前进性根源于社会历史进程的辩证否定性。在历史发展过程中，新事物战胜旧事物，不是对旧事物的简单抛弃，而是既克服又保留，既否定又肯定，即辩证的否定。经过"肯定—否定—否定之否定"的一个周期之后，第三阶段的事物集中了前两个阶段事物各自的积极因素，成为更高级、更完善的东西。人类在改造自然、社会以及自身的过程中取得的物质性、制度性、精神性的成果，不会在历史发展的长河中丧失湮灭，而能够在世代相续的人类实践中得到继承、延续、积累。无论是生产力，还是制度体系和思想文化，都是在辩证否定中向前发展的。在历史上，每一代人都是在前代人留下的生产力的基础上开始创造自己的历史并推动生产力进一步发展的。当一种旧的社会形态由于不再适合生产力的发展要求而被新的社会形态代替以后，其合理成分并未被抛弃，而是作为新的社会形态的有机组成部分被保留下来。正是这种辩证否定，使人类创造的有价值的东西得以积累和保存，使人类社会日益丰富、发展、完善。社会历史过程的前进性根源于人民群众的根本利益与历史作用。人民群众是历史的创造者，是推动社会发展的决定性力量。人民群众追求解放、自由和创造美好生活的愿望与实践，推动了社会历史的前进。社会历史过程的前进性根源于人类社会的日生日成性和开放性。人类社会是在人的活动中逐渐建构起来的，而不是预成的；是不断发育、完善的，而不是一成不变的。人类社会已经历了原始社会、奴隶社会、封建社会、资本主义社会等社会形态，我国正处于社会主义初级阶段。资本主义自诞生以来，创造了比过去一切世纪的总和还要多、还要大的生产力以及政治和思想文化的辉煌成就。对此，马克思、恩格斯给予了高度评价。同时，他们也无情鞭笞了资本家的贪婪无耻，揭示了资本主义社会不可克服的内在矛盾以及资本主义的暂时性、历史性，指出资本主义制度并非尽善尽美的人类千年王国，并非人类社会历史过程的终结，同样也有其产生、发展、灭亡的过程。即便是马克思主义所追求的共产主义社会，也只是意味着生产力的高度发达，社会生活一切领域的协调进步以及人的自由全面发展，而不是人类历史过程发展进步的终结。正如恩格斯所说："我们没有最终目标。我们是不断发展论者，我们不打算把什么最终规律强加给人类。"①

　　人类历史过程前进、上升的必然性是通过大量偶然性表现出来的，人类总体历史过程的前进、上升趋势是通过各个民族、国家、社会的具体历史过程体现出来的，从来就没有离开偶然性的必然性和离开具体历史过程的总体历史过程。而具体的历史过程是充满了偶然性、曲折性甚至是暂时的倒退。人类总体历史过程的前进性和上升性就是在各个民族、国家、社会充满曲折、迂回甚至倒退的具体历史过程中实现的。马克思主义既肯定社会历史过程的前进性，又清醒地看到社会历史过程的曲折性。在社会历史过程中，新的社会势力要战胜旧的社会势力，必然要经过艰苦斗争的过程，往往要经过艰难曲折；人们的认识能力和实践能力也具有不可避免的历史局限性，只有在历史过程中不断试错，才能获得真理性认识并取得实践的成功。在漫长的历史发展过程中，民族、国家之间的战争也造成了一些文明的毁灭，干扰甚至打断了人类文明的演进。人类社会的发展总是在发展与停滞、进步与退化、积极与消极、善与恶的交织中前进的。人类社会发展并不是径情直遂的和一帆风顺的，而是曲折的迂回的，是波浪式前进、螺旋式上升的。车尔尼雪夫斯基曾说："历史道路并不是涅瓦大街的

——————————

① 《马克思恩格斯文集》第 4 卷，人民出版社 2009 年版，第 561 页。

人行道，它全然是在旷野上穿行，时而尘土飞扬，时而泥泞不堪，时而经过沼泽，时而穿过密林，谁怕沾上尘土和弄脏靴子，他就不要从事社会活动。"① 列宁用"政治活动并不是涅瓦大街的人行道"② 的比喻，批判设想革命发展道路笔直又笔直、革命发展条件纯粹又纯粹的"左派"幼稚病，说明革命道路的曲折性与革命事业的艰巨性，论述了前进性与曲折性的辩证法。毛泽东也说："革命的道路，同世界上一切事物活动的道路一样，总是曲折的，不是笔直的。"③

坚持前进性和曲折性相统一的历史观：一方面，要看到人类社会是不断发展进步的，增强对于社会发展前景的信心，激发为人类社会发展和人民福祉而奋斗的热情，反对历史循环论和历史倒退论；另一方面，要看到社会历史过程的暂时曲折、停滞、倒退，看到社会历史过程进步与退步的两重性，注重发挥人的主体能动性，努力认识社会规律，尊重社会规律，使社会历史过程朝着有利于人的生存与发展的方向前进，反对历史直线论。要坚持新生事物不可战胜的历史辩证法，牢牢把握历史发展的总趋势，同时在实践中自觉走曲折前进的道路。

四、社会历史过程的统一性与多样性

社会发展有其一般规律，但社会发展的一般规律总是通过各个国家、民族发展的特殊规律显现出来的。列宁指出："多样性不但不会破坏在主要的、根本的、本质的问题上的统一，反而会保证这种统一。"④ 世界历史发展的一般规律"不仅丝毫不排斥个别发展阶段在发展的形式或顺序上表现出特殊性，反而是以此为前提的。"⑤ 我们既不能把一般规律作绝对化的理解，认为任何国家和民族只是一般规律得以实现的工具，其社会发展没有自己的特殊道路和特殊方式；也不能只看到各个国家和民族社会

① 转引自《列宁选集》第4卷，人民出版社1995年版，第825页。
② 《列宁选集》第4卷，人民出版社1995年版，第180页。
③ 《毛泽东选集》第1卷，人民出版社1991年版，第155页。
④ 《列宁专题文集　论社会主义》，人民出版社2009年版，第60页。
⑤ 《列宁专题文集　论社会主义》，人民出版社2009年版，第358页。

发展的独特性和多样性，否认在这种独特性和多样性之中所蕴涵的普遍性和统一性。人类社会是从物质生活资料的生产这个基础上发展起来并最终由经济条件和经济状况决定的，"物质生活的生产方式制约着整个社会生活、政治生活和精神生活的过程"，①生产力的状况、水平和发展决定着生产关系乃至整个社会形态的状况和发展。与生产力发展的不同水平、状况和阶段相适应，人类社会也经历了诸种不同的社会形态，"一切依次更替的历史状态都只是人类社会由低级到高级的无穷发展进程中的暂时阶段"，②人类社会的历史遵循着从低级到高级的顺序发展，并且由各个国家和民族的地域性发展向世界历史性的发展转变，是社会发展的主导性的和不可逆转的趋势，这是社会发展的统一性、共性和一般规律。由于社会发展不仅由经济必然性所决定，而且受社会内部政治、文化、历史、传统的因素以及自然条件、时代变迁和其他国家与民族的影响，因而社会发展又呈现出了无比的复杂性和丰富的多样性。

马克思主义从物质生产和生产力发展入手研究社会发展规律，指出人类社会是一个由低级形态向高级形态不断演进的历史过程。马克思在《资本论》中研究西欧资本主义的起源和发展，梳理出了从原始公社经奴隶制、封建制向资本主义制度过渡的典型的社会形态演进序列。这种社会形态演进序列作为社会发展总体进程的理论抽象，并未囊括各个国家和民族社会发展道路的全部丰富性。马克思从未将西欧资本主义起源与演进的顺序普遍化和绝对化为各个国家和民族都必然要走的道路。与此相反，他"明确地把这一运动的'历史必然性'限于西欧各国"。③社会发展的道路是多种多样的。有的国家、民族和地区的发展是渐进的、连续的，比较完整地展现了历史演进的常规性，依次经历了原始社会、奴隶社会、封建社会和资本主义社会诸发展阶段，而有的国家、民族和地区的社会发展则是间断的、非连续的和跳跃式的，越过了某一社会形态和历史阶段而直接进入较高级的社会发展阶段。特别是近代以来，由于生产力的巨大发展、

---

① 《马克思恩格斯文集》第 2 卷，人民出版社 2009 年版，第 591 页。
② 《马克思恩格斯文集》第 4 卷，人民出版社 2009 年版，第 270 页。
③ 《马克思恩格斯文集》第 3 卷，人民出版社 2009 年版，第 570 页。

交往的普遍化以及世界历史的形成，各个民族、国家之间的经济、政治、文化交往达到了前所未有的程度，这既给落后国家的独立与生存带来了沉重的压力，同时也给它们吸收、利用资本主义的一切积极成果，实现跨越发展带来了历史机遇。前资本主义国家若利用和它同时并存的资本主义生产给它提供集体劳动的一切条件，就"有可能不通过资本主义制度的卡夫丁峡谷，而占有资本主义制度所创造的一切积极的成果"。①

第二节　社会历史过程的客观规律性与主体选择性

马克思主义既承认社会发展的客观规律性，又肯定人的主体选择在社会发展中的作用，是客观规律性与主体选择性统一论者。

一、社会历史过程的客观规律性

恩格斯说："正像达尔文发现有机界的发展规律一样，马克思发现了人类历史的发展规律。"② 人类是自然界长期进化的产物，但又是一种特殊的产物；人类社会是客观物质世界的一个组成部分，但又是一个特殊的组成部分；人类社会服从和受制于客观物质世界的普遍运动规律，但又有自身的特殊规律。在自在的自然界，事物的存在、运动、变化、发展，是无目的、自然而然的，是一些盲目的力量起着作用；而在社会历史领域进行活动的，却全是有目的有意识的人。人们的任何活动，都有自觉意图，有预期目的，有目标追求，有价值取向。人类的物质生产活动和其他活动，人类的生产实践和其他实践，都是通过实践观念的引导而发动和进行的。社会历史是人们有目的有意识的自觉活动的历史，"整个所谓世界历史不外是人通过人的劳动而诞生的过程。"③

既然如此，在社会历史领域还存在客观规律吗？一些唯心主义者认

---

① 《马克思恩格斯文集》第 3 卷，人民出版社 2009 年版，第 578 页。

② 《马克思恩格斯文集》第 3 卷，人民出版社 2009 年版，第 601 页。

③ 《马克思恩格斯文集》第 1 卷，人民出版社 2009 年版，第 196 页。

为，人们的活动是随心所欲的，社会历史是没有客观规律的。马克思主义的唯物史观则认为，尽管社会历史是人们有意识的活动的历史，但人类经济的社会心态的发展仍然是"一种自然史的过程"，① 有其内在的必然性，是遵循着一定的客观规律向前发展的。

马克思主义的唯物史观将全部社会关系归结于生产关系，把生产关系归结于生产力，从而把社会形态的发展看做自然历史过程。"人们不能自由选择自己的生产力——这是他们的全部历史的基础"②。在人们的物质生活条件中，包括地理环境、人口因素和物质资料生产方式。地理环境包括地理条件、气候条件、生态环境、自然资源等，它提供生产和生活资料的来源，是人类社会存在和发展的必要的物质前提。人们通过劳动创造财富，但如果只有劳动，而没有劳动对象，没有地理环境所提供的各种资源，劳动也无法创造出财富来。正如马克思所说："劳动不是一切财富的源泉。自然界同劳动一样也是使用价值（而物质财富就是由使用价值构成的！）的源泉，劳动本身不过是一种自然力即人的劳动力的表现。"③ 地理环境通过影响生产布局和产业结构，而对社会发展起加速或延缓作用。人是社会生产和社会生活的主体，人口的数量、密度、素质、结构等对于社会的发展具有重要作用。物质资料的生产方式则对社会的存在和发展具有决定性的作用。人们在物质生产过程中，一方面，要运用劳动资料作用于自然界，与自然界进行物质变换，从而形成现实的生产力。而为了进行物质生产，就必须进行分工协作，形成人与人之间技术的和经济的关系即生产关系。而一定的生产力和一定的生产关系的有机统一，就构成了作为社会存在和发展的决定力量的生产方式。物质资料生产方式是人类社会赖以存在和发展的物质基础，是人类其他一切活动的首要前提。人们为了能够创造历史，必须能够生活，为了生活，首先就需要衣、食、住及其他东西。因此，人类历史的第一个历史活动就是生产满足这些需要的物质资料本身。物质资料的生产方式决定着社会的结构、性质和面貌。有什么样的

① 《马克思恩格斯文集》第5卷，人民出版社2009年版，第10页。
② 《马克思恩格斯文集》第10卷，人民出版社2009年版，第43页。
③ 《马克思恩格斯文集》第3卷，人民出版社2009年版，第428页。

生产方式便有什么样的社会形态。马克思说："手推磨产生的是封建主的社会，蒸汽磨产生的是工业资本家的社会。"① 物质资料生产方式的发展变化决定整个社会历史的发展变化和社会形态的更替，生产力是社会建构和发展的最深刻的根源。

每一历史时代的生产方式是该时代政治和精神的历史赖以确立的基础，经济条件归根到底具有决定性的意义，构成了一条贯穿于全部发展进程并唯一能使我们理解这个发展进程的红线。人类社会的历史，首先是物质资料生产的历史，是劳动发展的历史。马克思也正是从劳动发展史中，找到了理解人类社会发展史的钥匙。"我们自己创造自己的历史，但是第一，我们是在十分确定的前提和条件下创造的。其中经济的前提和条件归根到底是决定性的。"经济、政治、思想文化等各种因素是相互作用的，但"归根到底是经济运动作为必然的东西通过无穷无尽的偶然事件……向前发展"② 的。"第二，历史是这样创造的：最终的结果总是从许多单个的意志的互相冲突中产生出来的，而其中每个意志，又是由于许多特殊的生活条件，才成为它所成为的那样。这样就有无数相互交错的力量，有无数个力的平行四边形，由此就产生出一个合力，即历史结果，而这个结果又可以看作一个作为整体的、不自觉地和不自主地起着作用的力量的产物。因为任何一个人的愿望都会受到任何另一个人的妨碍，而最后出现的结果就是谁都没有希望过的事物。所以到目前为止的历史总是像一种自然过程一样地进行，而且实质上也是服从于同一运动规律的"。③

马克思、恩格斯在与唯心史观论战的过程中，常常不得不强调经济因素是历史发展的决定性因素这一主要原则。但在肯定经济因素的最终决定作用的前提下，又承认其他因素在社会发展中的作用，这是马克思和恩格斯一贯的观点。恩格斯指出：根据唯物史观，历史过程中的决定性因素归根到底是现实生活的生产和再生产。经济状况是基础，但是对历史斗争的进程发生影响并且在许多情况下主要是决定着这一斗争的形式的，还有上

---

① 《马克思恩格斯文集》第 1 卷，人民出版社 2009 年版，第 602 页。
② 《马克思恩格斯文集》第 10 卷，人民出版社 2009 年版，第 592 页。
③ 《马克思恩格斯文集》第 10 卷，人民出版社 2009 年版，第 592—593 页。

层建筑的各种因素。经济条件归根到底制约着历史的发展，政治、法律、哲学、宗教、文学、艺术等发展既以经济发展为基础，又互相影响并对经济基础发生影响。马克思主义的唯物史观并不认为经济因素是唯一起作用的因素，也不是仅仅从一个特定社会内部寻求社会发展的原因。社会发展是由多种因素交互作用的结果。在一个社会内部，既要看到经济因素的决定性作用，也要看到政治的思想的上层建筑之间的相互作用及其对于经济基础、物质生产的影响，还要考虑到自然基础、历史条件、文化传统以及各个国家相互交往所形成的世界历史背景。如果只是承认经济因素的决定性作用，并将经济视为社会历史中唯一决定性的因素，否认社会中其他因素的交互作用及其对于经济的影响；只是从一个社会内部寻求其发展变迁的原因，而忽视了周围环境、外部条件以及时代特点对于该社会的影响，就不能对社会发展的规律作出科学的说明。

二、社会历史过程的主体选择性

马克思指出："一个社会即使探索到了本身运动的自然规律，……它还是既不能跳过也不能用法令取消自然的发展阶段。但是它能缩短和减轻分娩的痛苦。"[1] 指出社会规律的客观性，并不意味着这种规律是外在于人的活动而独立存在和发挥作用的。历史是人们通过自己的活动而实现自身发展的过程，是追求着自己目的的人的活动的过程。社会规律是通过人们的活动实现的，是"人们自己的社会行动的规律"。[2] 在自然界中，没有任何事情是作为预期的自觉的目的发生的。反之，在社会历史领域内进行活动的，全是具有意识的、经过思虑或凭激情行动的、追求某种目的的人，任何事情的发生都不是没有自觉的意图和预期的目的的。人是社会历史的活动主体，同时也是社会历史的价值主体。社会的物质生产实践和其他实践，都是人们为了满足自身的生存和发展需要而进行的。在人与历史的关系中，人是历史的目的，人是历史的创造者，而不是历史用来达到自

---

[1] 《马克思恩格斯文集》第 5 卷，人民出版社 2009 年版，第 9—10 页。
[2] 《马克思恩格斯文集》第 3 卷，人民出版社 2009 年版，第 564 页。

己目的的工具。正如马克思和恩格斯在《神圣家族》一书中所指出的：
"历史什么事情也没有做，它'不拥有任何惊人的丰富性'，它'没有进
行任何战斗'！其实，正是人，现实的、活生生的人在创造这一切，拥有
这一切并且进行战斗。并不是'历史'把人当做手段来达到自己——仿
佛历史是一个独具魅力的人——的目的。历史不过是追求着自己目的的人
的活动而已。"①

　　人既是历史的剧中人，又是历史的剧作者；既受客观规律和客观条件
的制约，又以自己的实践活动创造了历史。社会发展规律本质上是人的实
践活动规律，是通过人的实践形成和实现的。而实践是人类自觉能动的具
有选择性和创造性的感性物质活动。因此，社会历史的规律性和必然性是
在有选择的实践活动中形成和实现的。人们的社会活动并非只有一种可能
性，社会规律并非只能通过一种方式表现出来。在历史发展过程中，特别
是在重大历史转折时期，由于各种因素的相互作用，人们的活动和社会发
展的走向总是具有多种可能性。而社会历史将朝着哪一个方向、通过什么
道路、采取什么方式前进，哪一种可能性将变为现实，则取决于人的选
择。选择作为人的主体能动性和创造性的表征，便成为社会发展的关键性
环节。在这里，人的需要是选择的内在动力，人的价值观念是选择的坐
标，人的认识能力和实践能力则使主体选择变为现实运动。如果没有主体
选择，便不可能有人的认识与实践，不可能有社会历史的发展。

　　在历史面前，人不是无所作为的，人对历史是有选择性和主观能动性
的。孙中山说："世界潮流，浩浩荡荡，顺之则昌，逆之则亡。"历史规
律不能违背，时代潮流不可阻挡。符合历史规律的选择是正确的，是可以
成功并有利于人类生存和社会发展的；违背历史规律的选择是错误的，是
必然遭到失败并受到历史惩罚的。唯物史观就是历史决定论和历史选择论
的统一。人的主体选择在社会发展中起着关键性作用，但人的选择不是主
观任意的，而是有条件的。其一，选择以一定的客观条件为基础。每一代
人都是以生存于其间的自然条件、生产力水平、社会关系系统、意识形

---

① 《马克思恩格斯文集》第 1 卷，人民出版社 2009 年版，第 295 页。

态、文化传统为既定前提来创造自己的历史的。恩格斯曾经指出，人们自己创造着自己的历史，但他们是在既定的制约着他们的环境中，在现有的现实关系的基础上进行创造的。其中经济的前提和条件是决定性的，政治等的前提和条件，甚至那些存在于人们头脑中的传统，也起着一定的作用，尽管不是决定性的作用。其二，主体选择是在由多种因素形成的可能性空间中进行的，而可能性空间的形成具有客观性和必然性。一定的可能性空间是主体选择的前提，而这种可能性空间由人们不能自由选择的生产力、经济条件所决定，并由经济的必然性与其他诸种因素交互作用而形成，人们不能离开客观历史条件而随意选择某种制度、体制和道路、模式。主体选择受历史进程一般规律的支配，不能从总体上超越由经济必然性所决定的社会发展阶段和社会形态演进的顺序性。其三，任何特定主体的选择都要受到其他主体的制约。在社会历史领域，每一个特定主体都通过自然的和社会的中介而与其他主体发生交互作用。每一主体的选择都是自觉自主的，但同时又受其他主体的制约和影响，其结果往往是非自觉、非自主、非预期的。于是社会历史便形成了既内在于人的主体选择和主体活动，又不以人的意志为转移的规律性，其中每一个主体的意志、选择、实践都被整合于社会历史的整体运动和总的趋势之中。其四，主体选择受人的素质、能力等自身状况的影响。人的选择以自身的需要和利益为主体尺度和内生动力，以必然性、规律性和现实条件为客体尺度和客观根据。人的选择不仅要遵循必然性、规律性等客体的尺度，还要遵循自身的需要、利益等主体尺度。因此，人的认知能力和实践能力，人对于自身需要的自我意识，人的价值取向和精神境界，就对主体选择的正确性及其实现程度发生着深刻的影响。其五，主体选择从根本上来说是人民的选择。历史的活动是人民群众的事业，人民群众是历史的创造者。民心民意反映了社会发展的客观规律和必然趋势。民意即天意，民心即天心。社会发展的规律与人民群众的活动是紧密相连的，大势所趋与人心所向是高度一致的。研究社会发展规律，就必须研究人民群众的活动；预见社会发展趋势，就必须关注人民群众的愿望诉求；尊重社会发展规律，就必须顺应人民群众的历史选择。杰出人物之所以能够引领时代，影响历史，建功立业，就在于反映人民群众的愿望，代表了人民群众的利益，从而遵循了社会发展规律，把握了历史必然趋势。

三、社会历史过程是合规律性与合目的性的统一

社会历史有规律可循，而不是偶然事件的杂乱堆积。社会历史事件独一无二、不可重复，但其背后却隐藏着社会历史规律。譬如，无论是英国的资产阶级革命、法国的大革命、日本的明治维新，还是中国的辛亥革命，都是不可重复的历史事件。但正是通过这些不可重复的历史事件，体现了资本主义社会代替封建社会的历史规律性与必然性，体现了历史进步的潮流。人们只有把握客观规律才能实现自己的目的。当人们没有认识必然性的时候，必然性是盲目的、外在于人的；当人们认识并把握了必然性的时候，就可以利用它来为自己的目的服务。"社会力量完全像自然力一样，在我们还没有认识和考虑到它们的时候，起着盲目的、强制的和破坏的作用。但是，一旦我们认识了它们，理解了它们的活动、方向和作用，那么，要使它们越来越服从我们的意志并利用它们来达到我们的目的，就完全取决于我们了。"① 透过不可重复的社会历史事件发现社会历史规律，是社会科学研究的任务。

社会历史过程即人的活动过程，社会历史规律即人的活动规律。人的活动不是纯粹主观任意的行为，而是受社会历史条件制约的。社会发展是既合规律性又合目的性，既具有客观必然性又具有主体能动性的历史过程。唯物史观的历史决定论不是历史宿命论，历史过程的决定性正是通过人的活动的合力作用来体现的。这种辩证的历史决定论内在地包含了各种主体有目的有意识的、自觉能动的选择活动，是各种选择活动合力作用的结果。

第三节 研究社会历史过程的若干重要方法

把人类社会视为一个不断发展进步的历史过程，探讨社会发展的客观

---

① 《马克思恩格斯文集》第 3 卷，人民出版社 2009 年版，第 560 页。

规律与人的主体选择的关系，目的在于确立研究社会历史的科学方法。在这些方法中，历史主义的方法、科学预测的方法以及逻辑与历史统一的方法，是特别重要的几个方法。

一、历史主义的方法

社会历史过程是连续性和非连续性的统一、必然性和偶然性的统一。研究社会历史，要从非连续性的历史事件中看到社会历史过程的连续性，从偶然性中发现社会历史过程的必然性，从历史人物的动机、行为与结果中看到其所反映的社会存在以及社会发展的规律与趋势。恩格斯说："现代唯物主义把历史看做人类的发展过程，而它的任务就在于发现这个过程的运动规律。"[1] 列宁也说： "在社会科学问题上有一种最可靠的方法，……那就是不要忘记基本的历史联系，考察每个问题都要看某种现象在历史上怎样产生、在发展中经过了哪些主要阶段，并根据它的这种发展去考察这一事物现在是怎样的。"[2]

运用历史主义的方法研究历史，要达到"历史的真实"。研究历史，既要了解历史事件，掌握历史材料，做到历史事件、历史材料的真实，这是研究历史的基本功；又要揭示历史的本质与规律，达到历史本质和历史规律的真实，这是研究历史的目的。因此，研究历史，不仅要重视搜集材料，弄清历史事件的来龙去脉，还要对于搜集的材料进行选择、整理、分析、综合，发现各种历史事件的因果联系，发现贯穿于历史过程的基本线索。只有揭示了历史的本质和规律，才能发挥历史研究总结经验、启示来者的作用。法国启蒙思想家伏尔泰为了写《风俗论：论各民族的精神与风俗以及自查理曼到路易十三的历史》，像一位淘金者那样找寻人类真实历史的金矿，认真阅读所能搜集到的资料，仔细研究几百卷回忆录，向上千位著名事件的当事人了解情况。同时他也认为，这样的收集资料只是准备工作而已，需要有新的办法来进行选择和整理。只有事实是不行的，不

---

[1] 《马克思恩格斯文集》第 3 卷，人民出版社 2009 年版，第 543 页。
[2] 《列宁专题文集 论辩证唯物主义和历史唯物主义》，人民出版社 2009 年版，第 283 页。

说明问题的事实细节对于历史就好像辎重对于冲锋的部队，仅仅是累赘而已。我们看事实必须从大处着眼，若细节超载，就会覆舟。伏尔泰所寻求的是一个把欧洲文明的全部历史贯穿起来的统一的原则和线索，这就是文化史。他认为他的历史应该写的不是帝王，而是各类运动、种种势力以及广大群众。不是单个的国家，而是全人类；不是战争，而是人类精神的发展。若撇开文化艺术和人类精神的进步，就没有足以引起后世注意的任何东西。伏尔泰正是在占有真实历史资料的基础上，力图发现蕴涵在历史资料深处的东西，从而奠定了近现代历史科学的基础。

人们在创造历史的活动中，既受客观的历史条件制约，又能够在特殊的历史条件、历史环境、历史时代所形成的多种可能性空间中进行选择。人类社会就是在客观必然性与主体选择性的交互作用中向前发展的。但是，尽管人们有主体选择的自由，但只有那些符合客观实际、符合历史发展规律与趋势、符合人民愿望要求的选择，才是正确的、应当的，才是从根本上有利于社会进步和增进人类福祉的。因此，对于历史上的事件与人物的评判，是有是非、善恶标准的。没有是非、善恶标准的历史研究，是没有底蕴和灵魂的。无论是中国传统的史学研究，还是国外的史学研究，都倾注了研究者的立场、观点、情感，都表现了研究者对于历史规律的体认。孔子作《春秋》，把对事件与人物臧否褒贬寓于简洁的记事之中。司马迁"究天人之际，通古今之变，成一家之言"①，写成了中国历史上第一部纪传体通史——《史记》。鲁迅在《汉文学史纲要》中将《史记》誉为"史家之绝唱、无韵之《离骚》"。意大利历史学家、哲学家克罗齐（1866—1952）认为，一切历史都是当代史。离开思想便没有实在，离开思想也就没有历史的实在。史实只有通过历史学家的心灵或思想的冶炼才能成为史学，我们只能以今天的心灵去思想过去。历史学家对于历史不仅要作出事实判断，还要作出价值判断，从而使历史具有了当代意义。一切历史都是当代史的命题，其实质就是一切历史都是思想史。人们把过去纳入当前的精神之中，没有当前的精神，就没有过去的历史。一个研究法国

---

①　司马迁：《报任少卿书》。

大革命史的历史学家，如果缺乏自由、平等、博爱的精神，是不可能理解法国大革命的真精神的。若缺乏当代人思想的在场，不能体现当代人的精神，历史就不成其为历史了。克罗齐将现实因素引入历史，强调研究历史要从现实出发，解决当前人类所关心的问题，要用当代人的眼光去解读历史。只有这样，才能使历史更丰富、更深刻。克罗齐的史学思想具有合理因素，然而，它是建立在以思想和精神为核心的主观唯心主义基础之上的。

我们应当用今人的眼光来审视历史，但不能用今人的标准来剪裁历史。对于一种理论，要把它放在一定的社会历史条件下加以考察，不能脱离其所产生和适应的社会历史条件作抽象的理解并到处套用。因为真理是具体的，都是适应于一定的时间、地点、条件的，时间、地点、条件变化了，人们的认识也必须随着变化。比如，俄国十月革命以城市为中心夺取全国政权，实践证明是正确的，而这条道路在中国就走不通，只能走农村包围城市夺取全国政权的道路，因为中国与俄国的国情不同，革命的道路也就不同。对于历史事件和历史人物，要将其放在特定的历史过程中与历史条件下加以考察，不能离开历史过程和历史条件，用个人的主观好恶、固定模式等，去剪裁历史事件和历史人物，不能用今人的标准去要求古人，不能苛求古人为解决今天的问题提供具体答案。列宁指出，"判断历史的功绩，不是根据历史活动家没有提供现代所要求的东西，而是根据他们比他们的前辈提供了新的东西"。[①] 历史事件、历史人物是复杂的，研究历史应当尽量避免简单化、片面化，要摒弃非此即彼、非是即非、非善即恶的两极对立思维，尽可能全面地反映研究对象的历史实际。

历史虚无主义不是从历史的真实出发，全面、系统地占有历史材料，把握历史事实的总和并揭示其内在联系，从各种历史事件以及历史人物的思想与行动中发现社会发展的规律性和必然性，正确认识、评价历史事件与历史人物的是非功过，而是随意挑选事实，歪曲历史真相，混淆是非善恶，否定历史规律，否定民族文化，否定历史上的进步运动和杰出人物，造成了严重的思想混乱。黑格尔在《法哲学原理》中，一方面批判以单

---

① 《列宁全集》第 2 卷，人民出版社 1984 年版，第 154 页。

纯的动机纯洁为罪恶行为辩护的看法，另一方面也无情批判了以狭隘低俗的想法对待历史的所谓"心理史观"。这种"心理史观"断定，"一连串这些伟大的行为所构成的伟大行为和活动，固然在世界上创造了伟大的东西，并且给行为人个人带来了权力、名誉和声誉等后果，但是归属于个人的不是那种伟大的东西本身，而只是落在他身上的这种特殊而外在的东西；由于这种特殊的东西是一种结果，因而它好像应该就是他的目的，甚至是他唯一的目的。"①"心理史观"用揣测"行为主要意图和有效动机"来"鄙视和贬低一切伟大事业和伟大人物"，② 从而消解了伟大事业的意义和伟大人物的德性。黑格尔指出，这种所谓的"心理史观"，就是"佣仆的心理，对于他们说来，根本没有英雄，其实不是真的没有英雄，而是因为他们只是一些佣仆罢了。"③ 黑格尔从客观唯心主义的立场出发，认为伟大人物的行为是世界精神的体现，而不是从社会规律的反映、人民利益的反映的角度去评判伟大人物，这是其思想缺陷所在；但他将历史人物的动机与行为、后果同历史过程联系起来，从宏大的历史时空和深邃的历史本质观照历史人物及其事业，则是极富启发意义的。

　　坚持历史主义原则，既要反对否定一切的虚无主义，又要反对肯定一切的复古主义。对于历史遗产，要采取批判继承的科学态度。文化保守主义强调文化的民族性和继承民族文化优良传统的必要性，反对照搬照抄外来文化；文化激进主义则强调文化的世界性与现代性，否定传统文化的价值，主张全盘接受西方文化。但社会历史发展遵循着客观的规律，既不可能遵循保守主义的逻辑，也不可能走入激进主义的轨道。

二、科学预见的方法

　　准确预见社会的发展趋势，制定和实施正确的战略规划，驾驭事态发展，影响历史走向，获得有利的结果，避免不利的结局，是社会科学研究

---

① ［德］黑格尔：《法哲学原理》，范扬、张企泰译，商务印书馆 1995 年版，第 127 页。
② ［德］黑格尔：《法哲学原理》，范扬、张企泰译，商务印书馆 1995 年版，第 127 页。
③ ［德］黑格尔：《法哲学原理》，范扬、张企泰译，商务印书馆 1995 年版，第 127—128 页。

者和实际工作者的理想追求。

科学预见之所以可能，首先在于社会历史过程是具有规律性的。恩格斯说："历史事件似乎总的说来同样是由偶然性支配着的。但是，在表面上是偶然性在起作用的地方，这种偶然性始终是受内部的隐蔽着的规律支配的，而问题只是在于发现这些规律"。① 社会历史过程是偶然性与必然的统一，必然性通过偶然性表现出来，偶然性中蕴涵必然性。"被断定为必然的东西，是由纯粹的偶然性构成的，而所谓偶然的东西，是一种有必然性隐藏在里面的形式。"② 在社会历史领域，隐藏在大量偶然性中的规律性、必然性，最基本的就是生产力和生产关系、经济基础和上层建筑的矛盾运动及其所表现出来的生产关系一定要适合生产力状况的规律以及上层建筑一定要适合经济基础状况的规律。透过偶然性认识必然性，便可以预见事物发展的过程、趋势和前景。

科学预见之所以可能，在于人是具有自觉能动性的社会存在物，能够在实践中认识和利用社会历史规律。认识和利用规律，预见和规划未来，是人的自觉能动性的表现，是人区别于动物的显著特征。马克思说："蜘蛛的活动与织工的活动相似，蜜蜂建筑蜂房的本领使人间的许多建筑师感到惭愧。但是，最蹩脚的建筑师从一开始就比最灵巧的蜜蜂高明的地方，是他在用蜂蜡建筑蜂房以前，已经在自己的头脑中把它建成了。劳动过程结束时得到的结果，在这个过程开始时就已经在劳动者的表象中存在着，即已经观念地存在着。他不仅使自然物发生形式变化，同时他还在自然物中实现自己的目的，这个目的是他所知道的，是作为规律决定着他的活动的方式和方法的，他必须使他的意志服从这个目的。"③ 人比蜜蜂高明的地方，就是人在建筑房屋之前就有了房屋的图样。研究社会历史过程，认识社会发展规律，把握社会发展趋势，有助于正确制定社会发展目标，选择实现目标的有效手段和路径，从而增强人们认识和改造世界的自觉性，避免盲目性和被动性。马克思、恩格斯从社会基本矛盾的运动中，揭示人

---

① 《马克思恩格斯文集》第 4 卷，人民出版社 2009 年版，第 302 页。
② 《马克思恩格斯文集》第 4 卷，人民出版社 2009 年版，第 299 页。
③ 《马克思恩格斯文集》第 5 卷，人民出版社 2009 年版，第 208 页。

类社会发展的一般规律以及资本主义社会发展的特殊规律，从而为预见未来社会提供了科学依据。只是对于未来社会发展方向和基本原则作出预见，并且反对把关于未来社会的预见当做教条。

科学地预见未来，是人们认识世界的重要任务。毛泽东指出："凡事预则立，不预则废。没有事先的计划和准备，就不可能获得战争的胜利"。① "预见就是预先看到前途趋向。如果没有预见，叫不叫领导？我说不叫领导。""为着领导，必须有预见"，"没有预见就没有领导，没有领导就没有胜利。因此，可以说没有预见就没有一切。"② 他认为，一个好的中国的马克思主义者，必须懂得从改造中国去认识中国，又从认识中国去改造中国；要在实践中认识客观规律，构建理想蓝图又以理想蓝图指导新的实践。"我们要建筑中国革命这个房屋，也须先有中国革命的图样。不但须有一个大图样，总图样，还须有许多小图样，分图样。而这些图样不是别的，就是我们在中国革命实践中所得来的关于客观实际情况的能动的反映"。③

毛泽东对于中国革命发展过程的科学构想以及在若干重大历史关头作出的科学预见，有力地指导了中国革命实践，极大地影响了中国社会发展的历史进程。在新民主主义革命时期，毛泽东指出："中国共产党领导的整个中国革命运动，是包括民主主义革命和社会主义革命两个阶段在内的全部革命运动，这是两个性质不同的革命过程，只有完成了前一个革命过程才有可能去完成后一个革命过程。民主主义革命是社会主义革命的必要准备，社会主义革命是民主主义革命的必然趋势。"④ "两篇文章，上篇与下篇，只有上篇做好，下篇才能做好。坚决地领导民主革命，是争取社会主义胜利的条件。我们是为着社会主义而斗争，这是和任何革命的三民主义者不相同的。现在的努力是朝着将来的大目标的，失掉这个大目标，就不是共产党员了。然而放松今日的努力，也就不是共产党员"。⑤ 毛泽东

①　《毛泽东选集》第 2 卷，人民出版社 1991 年版，第 495 页。
②　《毛泽东文集》第 3 卷，人民出版社 1996 年版，第 394、395、396 页。
③　《毛泽东文集》第 2 卷，人民出版社 1993 年版，第 344 页。
④　《毛泽东选集》第 2 卷，人民出版社 1991 年版，第 651 页。
⑤　《毛泽东选集》第 1 卷，人民出版社 1991 年版，第 276 页。

认为，中国共产党人既要忠诚地为实现新民主主义革命的任务而奋斗，又要准备在一切必要条件具备的时候把它转变到社会主义阶段上去。

毛泽东对于抗日战争发展进程和最终结局的预见，堪称科学预见的杰作。抗日战争爆发之后，中国社会各阶级阶层对于抗战的前景有着截然不同的看法。一种是悲观的"亡国论"，一种是盲目乐观的"速胜论"。1938 年 5 月，毛泽东根据抗战 10 个月的实践，全面而科学地分析中日战争双方各自的特点以及中日战争发生的时代条件和国际环境，从而科学地预测了中日战争的最终结局和发展进程。毛泽东指出，在整个战争过程中，敌我双方力量的对比将会发生变化，中国由劣势到平衡到优势，日本由优势到平衡到劣势，中国由防御到相持到反攻，日本由进攻到保守到退却，期间将经历三个阶段：第一个阶段，是敌之战略进攻、我之战略防御阶段；第二个阶段，是敌之战略保守、我之准备反攻的阶段；第三个阶段，是我之战略反攻、敌之战略退却的阶段。与这三个阶段相适应，毛泽东提出了一系列相应的战略战术，并论述了其间的辩证关系。这就为抗日战争指明了方向和胜利的前景。毛泽东说："客观现实的行程将是异常丰富和曲折变化的，谁也不能造出一本中日战争的'流年'来；然而给战争趋势描画一个轮廓，却为战争所必需。"① 但中日战争的进程和结局雄辩地证明了毛泽东的预见的正确性。

必须指出的是，科学预见是以事实为依据、以对于客观规律的认识为前提的，是建立在对于实际情况的全面把握和科学分析的基础之上的。我们只有通过分析矛盾各方的特点、性质和相互作用，分析内部条件和外部环境，分析时代特点，才能对于事物的发展趋势和发展阶段作出大致准确的预见。如果离开客观事实，无视客观规律，凭良好的愿望和主观的猜测进行预见，就无科学性可言。毛泽东曾经这样嘲讽中国的教条主义者："我们的老爷之所以是主观主义者，就是因为他们的一切革命图样，不论是大的小的，总的和分的，都不根据于客观实际和不符合于客观实际。……老爷们既然完全不认识这个世界，又妄欲改造这个世界，结果不

———————————

① 《毛泽东选集》第 2 卷，人民出版社 1991 年版，第 462 页。

但碰破了自己的脑壳，并引导一群人也碰破了脑壳。老爷们对于中国革命这个必然性既然是瞎子，却妄欲充当人们的向导，真是所谓'盲人骑瞎马，夜半临深池'了。"①

三、逻辑与历史相统一的方法

逻辑与历史统一的方法是由德国古典哲学家黑格尔最先提出和运用的。在黑格尔那里，历史发展不过是"绝对观念"自我推演、展开、完善并最终认识和复归自身的过程，逻辑与历史是直接统一的。但这种统一的基础不是现实的社会发展的辩证法，而是作为客观精神、无人身的理性的绝对观念推演的辩证法。恩格斯在《路德维希·费尔巴哈和德国古典哲学的终结》中指出："在黑格尔那里，辩证法是概念的自我发展。绝对概念不仅是从来就存在的（不知在哪里？），而且是整个现存世界的真正的活的灵魂。它通过在《逻辑学》中详细探讨过的并且完全包含在它自身中的一切预备阶段而向自身发展；然后它使自己'外化'，转化为自然界，它在自然界中并没有意识到它自己，而是采取自然必然性的形式，经过新的发展，最后在人身上重新达到自我意识；这个自我意识，在历史中又从粗糙的形式中挣脱出来，直到绝对概念终于在黑格尔哲学中又完全地达到自身为止。因此，在自然界和历史中所显露出来的辩证的发展，即经过一切迂回曲折和暂时退步而由低级到高级的前进运动的因果联系，在黑格尔那里，只是概念的自己运动的翻版，而这种概念的自己运动是从来就有的（不知在什么地方），但无论如何是不依任何能思维的人脑为转移的。"② 黑格尔以概念自己运动的歪曲形式表达了一个基本思想，即自然界、社会历史和人类思维，都是一个历史发展过程。"黑格尔的思维方式不同于所有其他哲学家的地方，就是他的思维方式有巨大的历史感做基础。形式尽管是那么抽象和唯心，他的思想发展却总是与世界历史的发展平行着，而后者按他的本意只是前者的验证。真正的关系因此颠倒了，头

---

① 《毛泽东文集》第2卷，人民出版社1993年版，第344页。
② 《马克思恩格斯文集》第4卷，人民出版社2009年版，第297页。

脚倒置了，可是实在的内容却到处渗透到哲学中"。"这个划时代的历史观是新的唯物主义观点的直接的理论前提，单单由于这种历史观，也就为逻辑方法提供了一个出发点。"①

逻辑与历史统一的方法由黑格尔首倡，但这一方法在其现有的唯心主义形式上是完全不能用的，"它是从纯粹思维出发的，而这里必须从最过硬的事实出发"。② 消除这种理论上的颠倒，使逻辑与历史统一的方法摆脱其唯心主义的外壳，这个任务是由马克思和恩格斯完成的。恩格斯说："我们重新唯物地把我们头脑中的概念看做现实事物的反映，而不是把现实事物看做绝对概念的某一阶段的反映。这样，辩证法就归结为关于外部世界和人类思维的运动的一般规律的科学，这两个系列的规律在本质上是同一的，但是在表现上是不同的，这是因为人的头脑可以自觉地应用这些规律，而在自然界中这些规律是不自觉地、以外部必然性的形式、在无穷无尽的表面的偶然性中实现的，而且到现在为止在人类历史上大半也是如此。这样，概念的辩证法本身就变成只是现实世界的辩证运动的自觉的反映，从而黑格尔的辩证法本身就被倒转过来了，或者宁可说，不是用头立地而是重新用脚立地了"。③

我们要研究社会历史进程，揭示社会发展规律，必须坚持逻辑与历史统一的方法。这里所说的历史是人类社会自身的客观进程，逻辑则是对这一进程和历史顺序的认识和把握。社会历史过程是逻辑的基础，逻辑则是社会历史进程在人类思维中的再现。恩格斯指出，由于"历史常常是跳跃式地和曲折地前进的，如果必须处处跟随着它，那就势必不仅会注意许多无关紧要的材料，而且也会常常打断思想进程。……因此，逻辑的方式是唯一适用的方式。但是，实际上这种方式无非是历史的方式，不过摆脱了历史的形式以及起扰乱作用的偶然性而已。历史从哪里开始，思想进程也应当从哪里开始，而思想进程的进一步发展不过是历史过程在抽象的、理论上前后一贯的形式上的反映；这种反映是经过修正的，然而是按照现

---

① 《马克思恩格斯文集》第 2 卷，人民出版社 2009 年版，第 602 页。
② 《马克思恩格斯文集》第 2 卷，人民出版社 2009 年版，第 601 页。
③ 《马克思恩格斯文集》第 4 卷，人民出版社 2009 年版，第 298 页。

实的历史过程本身的规律修正的。"① 逻辑的方式之所以是研究经济乃至整个社会历史的唯一适当的方式，是因为只有采取这一方式，才能摆脱起扰乱作用的偶然性，不至于在纷繁芜杂的历史材料、历史事件中迷失方向而打断思想进程，才能修正实际历史发展进程中的迂回曲折，透过历史的表象，以逻辑的必然性和理论的前后一贯性再现和揭示社会发展的规律性和必然性。因此，逻辑反映历史，又高于历史。只有上升到逻辑的高度，才能真正把握历史的本质和规律。

然而，逻辑的研究并非脱离历史的研究而用幻想的、主观臆造的联系去代替社会发展进程的真实联系，而是以对社会发展的客观进程的研究为基础，如实地把握社会发展历史的真实联系、必然性、规律性和发展趋势。恩格斯说："采用这个方法时，逻辑的发展完全不必限于纯抽象的领域。相反，逻辑的发展需要历史的例证，需要不断接触现实。"② "即使只是在一个单独的历史事例上发展唯物主义的观点，也是一项要求多年冷静钻研的科学工作，因为很明显，在这里只说空话是无济于事的，只有靠大量的、批判地审查过的、充分地掌握了的历史资料，才能解决这样的任务。"③ 历史的起点也是逻辑的起点，逻辑的进程不过是历史进程以观念的形式和逻辑的必然性在人们的意识中的反映。而坚持逻辑与历史的统一，就要通过研究社会发展的实际进程，发现社会发展进程的必然联系和规律性，并且以理论的逻辑的形式再现这种规律和联系。

坚持逻辑与历史相统一的观点，既要反对把历史碎片化、否认历史发展规律的错误倾向，又要反对从逻辑出发剪裁历史，用逻辑统一历史、说明历史的错误倾向，从而把逻辑与历史相统一的方法贯穿于社会科学研究的全过程。

思考题

1. 世界是过程集合体的思想对于社会科学研究有何方法论意义？

---

① 《马克思恩格斯文集》第 2 卷，人民出版社 2009 年版，第 603 页。
② 《马克思恩格斯文集》第 2 卷，人民出版社 2009 年版，第 605 页。
③ 《马克思恩格斯文集》第 2 卷，人民出版社 2009 年版，第 598 页。

2. 如何理解社会历史过程是客观规律性与主体选择性的统一？

3. 如何坚持历史主义方法，反对历史虚无主义？

阅读文献

1. 马克思、恩格斯：《德意志意识形态》第一章，《马克思恩格斯文集》第 1 卷，人民出版社 2009 年版。

2. 恩格斯：《路德维希·费尔巴哈和德国古典哲学的终结》第一部分，《马克思恩格斯文集》第 4 卷，人民出版社 2009 年版。

3. ［英］柯林伍德：《历史的观念》，何兆武、张文杰译，商务印书馆 1997 年版。

第五章 社会主体研究方法

　　社会历史，是作为社会主体的人的活动的历史。研究社会历史过程，必须把"现实的人"作为出发点，深刻理解人的活动与社会发展规律的关系，深刻理解人的发展、社会共同体的演进与社会进步的关系，充分认识人民群众创造历史的决定性作用，坚持群众史观，反对英雄史观。

第一节 人是社会历史发展的主体

　　社会发展规律是人的活动规律。这是社会发展规律与自然发展规律的根本区别。如果把社会发展看做一部长篇历史剧，那么，作为社会历史活动主体的人既是历史剧的表演者，又是历史剧的编导者。研究社会发展规律，就要明确作为社会历史主体的人的本质及其活动的特点，以及社会历史规律与人的活动之间的关系。

一、"现实的人"是社会历史研究的出发点
　　（一）马克思主义以前的思想家没有找到社会历史研究的真正的出发点
　　社会历史就是人们追求自己目的的活动的历史。历史的主体是人，研究社会历史及其发展规律，不能不研究人。古希腊时期人们对于自己的认识，主要是在人与自然、人与神灵的关系层面，讨论人类的起源与生存以及政治、道德等问题。在中世纪，宗教神权至高无上，人们把对于自己的认识变成了上帝如何创造人类的说教，对人的真正研究被窒息了。文艺复兴以后，人的研究才重新被重视。以孟德斯鸠等为代表的启蒙思想家强调要用人权代替神权，用人性代替神性，高扬理性和科学的旗帜，抨击教会的蒙昧主义和禁欲主义，歌颂人的世俗生活，推崇科学、教育和知识的力量，提倡个性解放以及自由、平等和博爱精神。这种理论对于人们的思想

起到了很大的解放作用。但是，他们对于人的本质的理解也存在着严重的缺陷。他们脱离人的实践活动考察人，陷入了对于人性的抽象理解，或者把抽象的理性看做人的本质，或者把抽象的情感、意志看做人的本质。从这种抽象的、永恒不变的人性出发，不可能对社会历史作出科学的解释。

马克思主义关于人的学说是在批判继承前人特别是德国古典哲学的人学理论的基础上创立的。它不仅批判了黑格尔哲学基于唯心主义立场的"自我意识的人"，而且批判了费尔巴哈旧唯物主义视野中的"抽象的人"。黑格尔把人的本质归结为自我意识，对象化为非人的具有创造力的抽象的"绝对精神"，从而把人类社会的历史理解为抽象的"绝对精神"的发展史。马克思深刻批判了黑格尔的唯心主义立场，指出黑格尔把人变成自我意识的人"而不是把自我意识变成人的自我意识，变成现实的、因而是生活在现实的对象世界中并受这一世界制约的人的自我意识。黑格尔把世界头足倒置"① 了。黑格尔虽然把劳动看做人的本质，但他仅仅限于在思辨王国里讨论劳动。他所讨论的劳动主体不是现实生活中的劳动者，他所讨论的主体性也不是劳动者的主体性，它所说的异化同样不是现实社会中的劳动异化。费尔巴哈把自己的学说叫做人本学，强调人是其哲学的核心，人是自然界的人，自然界是人的自然界，人和自然界是不可分离的物质统一体。人之所以区别于动物，就在于人有类意识。费尔巴哈虽然从人和自然的关系探索人的本质，但忽视了人的现实活动和社会关系，脱离了物质生产，这样，他所理解的人只能是抽象的人。费尔巴哈把上帝的本质归结为人的本质，却停留在对人的抽象研究上，不了解实践活动的意义，所以也就不了解现实的人。马克思指出："当思辨在其他一切场合谈到人的时候，它指的都不是具体的东西，而是抽象的东西，即观念、精神等等。"② 马克思主义坚持从社会生活本身出发理解人，从现实社会出发理解人，把人理解为具体的、历史的"现实的人"。历史主体是活生生的、现实的人，人是历史的真正创造者。

---

① 《马克思恩格斯文集》第 1 卷，人民出版社 2009 年版，第 357 页。
② 《马克思恩格斯文集》第 1 卷，人民出版社 2009 年版，第 265 页。

　　马克思主义以前的思想家，不是从社会历史主体的活动说明社会发展，不是从社会本身去揭示社会发展规律，而是从现实社会之外寻找社会历史研究的出发点，或者用超自然的力量说明历史过程与人类进步，或者从神秘的"绝对精神"出发、从人们的思想动机出发说明社会历史发展，因而其研究社会的方法从根本上说是不科学的。

　　（二）马克思主义从"现实的人"及其活动出发研究社会历史

　　马克思主义从人的现实活动的视角来理解人，而不是将人看做纯粹的自然物，或将人看做纯主观的存在。马克思在肯定旧唯物主义重视感性存在的同时，否定了它的直观性；在批判唯心主义超验性立场的同时，吸收了其关于精神能动性的思想。马克思把人理解为现实的、处在特定社会关系之中，并受物质生产条件影响和制约的人，人的本质在于人的社会性，人是什么样的，是由物质生产条件决定的。由于指出了现实的个人本质上是进行物质生产并受物质生活条件制约的，这就揭示了现实的人的真正本质。在《哲学的贫困》中，马克思通过研究人在社会历史中的受制约性和主观能动性，指出人既是历史的剧作者，又是历史的剧中人，表明马克思对于人的本质认识的深化。

　　马克思主义强调，社会是由"现实的人"构成的，社会历史是"现实的人"的活动过程。因此，要研究社会，就必须从"现实的人"出发。离开"现实的人"这个出发点，用神、绝对精神、抽象的人性等去解释历史，都不可能获得对于历史的正确认识。

　　首先，现实的人是有生命的个体，是有血有肉、有思想情感、有物质需求和精神需求的具体的个人。其次，现实的人是处于一定现实的社会关系之中的人。现实的人是从事物质生产与精神生产并过着一定社会生活的人，而不是处在某种虚幻状态而离群索居的人。现实的个体的人为了生活，就需要与其他现实的个体人结成一定的关系，进行物质生产和其他生产，以满足自己的物质需要和其他需要。例如，原始社会人们的集群狩猎，近代社会人们的分工合作，现代社会人们之间复杂的市场交换，都是社会关系的表现形式。离开这些社会关系，人们的社会活动就无法进行。任何个人都不能离开他人而存在，都不能离开特定的社会关系而存在。每一个人既生存于特定的社会关系之中，又承载着特定的社会关系。我们必须从人们所处的社会关系来理解人。再次，"现实的人"是历史的发展的人。现实的人之所以是"现实的"，是因为他有物质生活与精神生活需要，而为了满足这些需要，就要进行物质生产等社会实践。人的本质并不是确定不变的，而是在社会实践中形成、展现的。马克思把人的本质归结为人与人之间的社会关系，认为社会历史的前提是人，这种人"不是处在某种虚幻的离群索居和固定不变状态中的人，而是处在现实的、可以通过经验观察到的、在一定条件下进行的发展过程中的人"①。

二、物质生产是社会发展的基础

人的物质生产活动是最基本的社会实践活动，是社会历史发展的基础。要认识社会发展规律，就应当从物质生产入手。

（一）物质生产

第一，马克思主义把社会关系区分为物质关系和思想关系，用物质关系说明思想关系，从社会物质关系的变化中发现社会发展规律。马克思和恩格斯在《德意志意识形态》中指出，人们要解决吃喝住穿问题，就必须进行物质资料的生产，"即迈出由他们的肉体组织所决定的这一步的时候，人本身就开始把自己和动物区别开来。人们生产自己的生活资料，同时间接地生产着自己的物质生活本身。"② 这就说明物质资料的生产是社会存在和发展的基础。"而生产本身又是以个人彼此之间的交往为前提的。这种交往的形式又是由生产决定的"③。列宁说，马克思和恩格斯的基本思想，"是把社会关系分成物质的社会关系和思想的社会关系。思想的社会关系不过是物质的社会关系的上层建筑，而物质的社会关系是不以人的意志和意识为转移而形成的，是人维持生存的活动的（结果）形

---

① 《马克思恩格斯文集》第 1 卷，人民出版社 2009 年版，第 525 页。
② 《马克思恩格斯文集》第 1 卷，人民出版社 2009 年版，第 519 页。
③ 《马克思恩格斯文集》第 1 卷，人民出版社 2009 年版，第 520 页。

式。"①

　　第二，马克思主义从社会生活的各个领域中划分出经济领域，从一切社会关系中划分出生产关系，并把它当做决定其余一切关系的基本的关系。马克思指出："人们在自己生活的社会生产中发生一定的、必然的、不以他们的意志为转移的关系，即同他们的物质生产力的一定发展阶段相适合的生产关系。这些生产关系的总和构成社会的经济结构，即有法律的和政治的上层建筑竖立其上并有一定的社会意识形式与之相适应的现实基础。"②"社会的物质生产力发展到一定阶段，便同它们一直在其中运动的现存生产关系或财产关系（这只是生产关系的法律用语）发生矛盾。于是这些关系便由生产力的发展形式变成生产力的桎梏。那时社会革命的时代就到来了。随着经济基础的变更，全部庞大的上层建筑也或慢或快地发生变革。"③

　　第三，为了说明社会发展的客观规律，不仅应当把社会关系归结为生产关系，还应当把生产关系归结为生产力。列宁把马克思说明"社会形态的发展是自然历史过程"所用的方法概括为"两个划分"和"两个归结"，认为"只有把社会关系归结于生产关系，把生产关系归结于生产力的水平，才能有可靠的根据把社会形态的发展看做自然历史过程"④。他把社会关系分为"物质的社会关系"（生产关系）和"思想的社会关系"（上层建筑），认为二者是对立统一的。在这个矛盾统一体中，经济基础决定上层建筑，所以把社会关系归结为生产关系；又由于生产力决定生产关系，所以把生产关系归结到生产力的高度。懂得了"两个归结"，抓住了两个矛盾，就揭示了社会发展的基本动力，把握了社会发展的规律，将社会形态的发展看做是客观的历史过程。

---

① 《列宁专题文集　论辩证唯物主义和历史唯物主义》，人民出版社 2009 年版，第
　　171 页。
② 《马克思恩格斯文集》第 2 卷，人民出版社 2009 年版，第 591 页。
③ 《马克思恩格斯文集》第 2 卷，人民出版社 2009 年版，第 591 页。
④ 《列宁专题文集　论辩证唯物主义和历史唯物主义》，人民出版社 2009 年版，第
　　161 页。

（二）人的生产活动的基本内容

人类的历史活动首先是"生产物质生活本身的活动"，它在社会发展中处于基础地位，对于社会发展起着决定性的作用。

第一，物质生活资料的生产和再生产。人类的第一个历史活动，就是生产满足自己生存需要的物质生活资料，也就是生产物质生活本身。马克思说："人们为了能够'创造历史'，必须能够生活。但是为了生活，首先就需要吃喝住穿以及其他一些东西。因此第一个历史活动就是生产满足这些需要的资料，即生产物质生活本身，而且，这是人们从几千年前直到今天单是为了维持生活就必须每日每时从事的历史活动，即一切历史的基本条件。"① 物质资料生产是人类社会的基本前提，生产力则标志着物质生产的水平。生产力作为人实现自己与自然之间物质变换的能力，包括劳动者、劳动资料和劳动对象三个基本要素。劳动者是生产力中的主体要素，是指具有一定生产经验、劳动技能和知识，从事物质生产的人。人要从事物质生产，必须具备一定的劳动能力，即体力和智力。因为物质生产是有意识、有目的的活动，既需要体力的支出，也需要智力的付出，且随着生产力的进一步发展和科学技术的不断进步，劳动过程中的智力要素越来越重要，脑力劳动者在生产中的作用越来越突出。劳动资料即劳动手段，是人们在劳动过程中用以改变或影响劳动对象的物质条件，其中最重要的是生产工具。生产工具是联系劳动者和劳动对象的中介，是衡量人类征服自然的能力的尺度。劳动对象是指人们通过劳动而加工的对象，包括未经加工的自然物和经过加工的物体。一方面，劳动对象是人们进行物质生产的基本前提，人们的劳动只有作用于劳动对象，才能创造物质财富；另一方面，劳动对象也反映着人类征服自然、改造自然的能力，体现着生产力的发展水平。在生产力中，劳动者是最重要的因素。因为劳动者是人，劳动对象和劳动资料是物，人是"活的要素"，物是"死的要素"，只有人才能激活物。

人类为了满足新的需要，还要进行再生产活动。"已经得到满足的第

---

① 《马克思恩格斯文集》第 1 卷，人民出版社 2009 年版，第 531 页。

一个需要本身、满足需要的活动和已经获得的为满足需要而用的工具又引起新的需要"①。没有特定的生产方式，既无法满足需要，也无法产生新的需要。因此，生产方式对需要的发展起着决定性的作用。首先，现实的生产方式决定着人们的需要内容和水平。人们如何辨识需要，与他所处的社会物质条件和精神条件相联系，处于不同生产力水平和不同经济地位的人，其需要不同，满足需要的方式也不同。其次，只有在一定的生产方式之中，人的需要得到满足之后，人们才会产生新的需要。生产什么是解决满足什么需要的问题，如何生产是解决怎样满足需要的问题。离开一定的生产方式，就无法确定满足什么需要和怎样满足需要。人类社会生产方式的演进过程，也是人类需要不断满足和新的需要不断产生的过程。

第二，人口的生产和再生产。人类有两种基本的生产活动，即物质资料的生产活动与人自身的生产活动。二者要保持一定的比例关系。没有人的自身的生产与再生产，就没有人类的繁衍发展，也就没有物质生产的世代延续。

人既具有自然属性，又具有社会属性。人是自然界长期发展的产物，人的自然属性是人和人类社会存在的自然基础和前提。人的本质在于其所特有的社会性。人是社会历史的主体，是社会关系的承担者和体现者。人既是社会的前提，又是社会的产物。"无论是通过劳动而生产自己的生命，还是通过生育而生产他人的生命，就立即表现为双重关系：一方面是自然关系，另一方面是社会关系"②。在这两方面的关系中，人口生产的社会性是主要方面。一是因为社会性是人和动物区别的主要标志；二是因为人口的繁衍受一定社会物质生产方式的决定和制约，体现着一定的社会关系。人口生育的自然属性没有发生大的变化，但不同的民族、国家、地区以及不同的历史时期，人口的出生率、数量、质量却明显不同。

人口对社会发展的作用主要通过对社会物质生产的影响表现出来。首先，只有在一定数量人口的基础上，才能进行社会的物质生产。没有物质

---

① 《马克思恩格斯文集》第 1 卷，人民出版社 2009 年版，第 531 页。
② 《马克思恩格斯文集》第 1 卷，人民出版社 2009 年版，第 532 页。

生产活动，社会就不能存在和发展。而人口是物质生产的自然基础，没有足够的人口就不能进行物质生产，也不能形成社会。所以马克思说："这种生产第一次是随着人口的增长而开始的。"① 其次，在一定生产力水平上，人口状况是影响社会发展的重要因素。不同历史时期的人口状况，对物质生产有不同影响。当生产力发展水平较低时，生产的发展主要靠劳动力的增加，是否有足够数量的人口，对物质生产有重要的制约作用。在人类历史上，当某一时期人口数量能满足生产力发展要求时，社会发展就较快；反之，社会发展就缓慢。随着科学技术的发展，物质生产对劳动人口数量的需求会相对减少。因此，控制人口数量，提高人口质量，优化人口结构，实现对人口的有效调节，既是人类社会发展进步的必要条件，也是人类社会进入更高历史阶段的标志。

第三，人们的社会关系的生产与再生产。在孤立状态下的个体的人，不足以形成真正的生产活动。人们为了能够从事生产，必须以一定的方式结合起来，以克服个体的有限性。因此，人们在从事物质生产时，也就同时生产着他们的生产关系和其他社会关系。人类社会的历史，也是人的社会关系不断生产和再生产的历史。

人们的社会关系并非从来就有，亦非固定不变，而是随着生产力的发展而发展变化的。人类为了能够创造历史，必须能够生存。而为了生存，就必须生产满足生存需要的各种物质资料。人们在物质生产过程中，既生产着物质产品，也生产着人们的社会关系。人类的生产活动不会停止在一个水平上，人类的社会关系也不会停止在一个水平上。人们既在社会生产过程中创造出各种社会关系，又在这些关系中继续进行物质财富和精神财富的生产。"人们之所以有历史，是因为他们必须生产自己的生活，而且必须用一定的方式来进行"，② 在所有社会关系中，生产关系是最基本的社会关系，它是人类进行物质生产的社会形式。以生产关系为基础，形成了社会的政治关系与精神关系。生产关系是由生产力发展的水平和性质决

---

① 《马克思恩格斯文集》第 1 卷，人民出版社 2009 年版，第 520 页。
② 《马克思恩格斯选集》第 1 卷，人民出版社 1995 年版，第 81 页。

定的，生产关系要适合生产力的发展要求。当生产关系阻碍生产力发展时，必然引起经济制度和政治制度的变革。

物质生产资料、人口以及社会关系的生产与再生产，作为人类基本的历史活动，构成了人们的社会存在方式，社会发展规律也深深地存在于这些最基本的社会活动之中。

三、人的存在状态是社会发展的尺度

（一）人的发展与社会发展在本质上是一致的

社会是由人构成的，人的生存状况和社会关系状况是社会发展水平的标志。人发展到什么程度，社会就发展到什么程度。经济、政治、文化发展是人的发展的表现。同样，社会发展到什么程度，人也就发展到什么程度。

人是社会的主体。人们通过追求自己的目的而创造自己的历史，通过满足自身需要而实现自身的发展，推动社会的进步。社会发展实质是人的发展，人的发展是社会发展的根本目的和衡量尺度。

（二）社会发展的"三个阶段"

马克思按照人的存在和发展状态，把人类社会的发展过程划分为三个阶段。

第一，"人的依赖关系"阶段。这个阶段包括"家长制的、古代的以及封建的等等"一切资本主义以前的社会。这个阶段总的特点就是个人的"不独立"。马克思指出："我们越往前追溯历史，个人，从而也是进行生产的个人，就越表现为不独立，从属于一个较大的整体。"① 这种不独立主要表现在两个方面：人对自然的依赖和人对人的依赖。就人对自然的依赖而言，当人类从自然界分离出来之初，人们认识和改造自然的能力十分有限，只能顺从、听命于自然界的摆布和奴役。就人对人的依赖而言，在资本主义以前的社会中，人与人之间的狭隘关系体现为一种直接的依赖关系。人们主要生活在以地缘、血缘为基础所形成的共同体中，人的

---

① 《马克思恩格斯文集》第 8 卷，人民出版社 2009 年版，第 6 页。

劳动和生产能力有限，不具备个体独立生存的可能性，个体只有在群体中才能生存。这种依赖"正像单个蜜蜂离不开蜂房一样，以个人尚未脱离氏族或公社的脐带这一事实为基础"①。因此，这时的人们在深受自然奴役的同时，还深受等级、身份等社会关系的奴役。

第二，"物的依赖关系"阶段。物的依赖性关系阶段是指资本主义社会阶段。这个阶段的根本特征是以物的依赖性为基础的人的独立性，它体现在两个方面。首先，就人与自然的关系而言，在资本主义阶段，随着生产力的快速发展，人类认识自然和改造自然的能力不断增强，人们借助于科学技术和大工业，无休止地从自然界中攫取财富，以满足人类无限的欲望。其次，就人与人的关系而言，人们摆脱了古代社会那种人与人之间的直接依赖关系，获得了人身在时间、空间以及社会关系等方面的独立性，从而能够自主地支配自己的劳动力，自愿地选择自己的工作，即"从历史上看它表现为对作为资本的前导的各生产阶段所固有的种种界限和限制的否定"②。

但是这种独立性是建立在对物的依赖关系的基础之上的，因而人的独立仅仅是一种表面现象。"各个人在资产阶级的统治下被设想得要比先前更自由些，因为他们的生活条件对他们来说是偶然的；事实上，他们当然更不自由，因为他们更加屈从于物的力量。"③ 而造成这种情况的根源在于现代社会的分工。社会分工的专门化和生产资料的私人占有，产生了商品经济，不同的私人劳动只有转变为社会劳动才能获得自身价值的实现，而这种转变的中介就是交换价值。在商品经济条件下，社会关系不再像古代社会那样直接通过人的关系表现出来，而是要借助于物的关系体现出来。人在这种交换关系中的自由只是一种假象，真实的情况是人对物的过分依赖所导致的异化。从人本身的发展来看，在物的依赖关系中，个人几乎完全受物的统治。这一方面表现在货币对人的支配或个人对金钱的崇拜，另一方面表现为个人受制于社会总的生产条件的摆布。在马克思看

① 《马克思恩格斯文集》第 5 卷，人民出版社 2009 年版，第 388 页。
② 《马克思恩格斯文集》第 8 卷，人民出版社 2009 年版，第 178 页。
③ 《马克思恩格斯文集》第 1 卷，人民出版社 2009 年版，第 572 页。

来，社会联系表现为外在于人的物质必然性，体现了人的不自由。"个人
相互间的社会联系作为凌驾于个人之上的独立权力，不论被想象为自然的
权力，偶然现象，还是其他任何形式的东西，都是下述状况的必然结果，
这就是：这里的出发点不是自由的社会的个人。"① 显然，在以物的依赖
关系为基础的社会中，从表面来看，人的自由、平等似乎得到了实现。实
际上，人的独立只是形式上的，商品经济条件下人的独立性的外观掩盖着
更为广泛的、内在的，通过物的占有和支配所表现的人对人的依赖性。

　　第三，"自由个性"阶段。在这一阶段中，社会关系不再作为异己的
力量支配人，而是置于人们的共同控制之下。人们在自觉调节的丰富而又
全面的社会关系中获得自由全面的发展，成为具有自由个性的人。这一历
史阶段就是马克思所设想的共产主义社会。该阶段的特征：一是社会物质
财富极大丰富。由于社会生产力的高度发展，把人从直接的、被动的物质
生产过程中完全解放出来，在创造大量社会物质财富的同时，实现了人的
全面发展。二是实现了人的自由发展。在资本主义阶段，每个人的劳动方
式是作为一种外在于他们的力量而发挥作用的，个人只是作为劳动的手段
存在，劳动的展开是以无视个人发展的方式来保证和实现的。在共产主义
社会，彻底消除了劳动对人的统治，消除了劳动的异化。劳动变成了扩
大、丰富和提高工人生活的手段，作为人类劳动结果的物质财富成为每一
个人自由全面发展的物质基础。三是表现为时间自由。对于每一个人来
说，时间就是生命本身，是人的积极的存在，是人的生命的尺度，也是人
的发展的空间。人们只有拥有了自由的时间，才有了发展和发挥自己兴
趣、爱好、力量、特长和才能的可能性。在共产主义社会，人们不必要为
基本的物质生产而奔波劳作，而是以自身的能力和个性的全面发展为目
的。"在这里，人不是在某一种规定性上再生产自己，而是生产出他的全
面性；不是力求停留在某种已经变成的东西上，而是处在变易的绝对运动
之中。"② 总之，共产主义社会是一个更高级的以每一个人的自由全面的

---

① 《马克思恩格斯全集》第 30 卷，人民出版社 1995 年版，第 148 页。
② 《马克思恩格斯文集》第 8 卷，人民出版社 2009 年版，第 137 页。

发展为基本原则的社会形式。

（三）"五种形态"和"三个阶段"的区别与联系

马克思主义依据社会基本矛盾运动的理论，把人类社会划分为原始社会、奴隶社会、封建社会、资本主义社会、共产主义社会五种社会形态；依据人的发展状态把社会发展过程划分为"人的依赖"阶段、"物的依赖"阶段和"自由个性"阶段。那么，这两种划分方法是否具有一致性呢？

第一，两种划分是依据不同的参照系进行的。一个是社会基本矛盾参照系，一个是人与社会发展的参照系。这两个参照系是内在一致的。社会矛盾运动的本质是不同社会关系中的人之间的矛盾运动，它是人的发展的社会形式。社会矛盾运动的推动力是社会生产力，而人是生产力中的首要因素，是社会矛盾运动的主体。人们之间的社会关系，按照生产力与生产关系、经济基础与上层建筑矛盾运动的规律，表现为五种不同的社会形态。人的存在状态不仅表现为人自身的存在状态，更重要、更本质的是人存在于其中的社会关系的状态。社会发展不仅表现为社会关系的形态，也表现为人的生存发展的形态。人的本质是社会关系的总和，人的存在形态与社会关系的存在形态是一致的。

第二，这两种不同的参照系是同一个社会历史过程的两个方面。"三个阶段"是根据人的发展状况来划分的，"五种形态"则是按照人的社会关系特别是生产关系来划分的。原始社会、奴隶社会和封建社会属于"人的依赖"阶段，资本主义社会属于"物的依赖"阶段，共产主义社会则是"自由个性"阶段。现实的社会主义社会是在经济文化比较落后的国家建立的，它作为共产主义社会第一阶段的初级阶段，是"物的依赖"逐步减弱、人的自由不断实现的阶段。

第二节　人的本质是社会关系的总和

马克思主义关于人的本质的理论，既是研究人的问题的重要方法，也是研究社会问题的重要方法。

一、社会是人的存在方式和发展条件

在马克思主义产生以前，在人的本质问题上主要有三种观点：一是先天人性论，把人的本质看成是生来具有、先天形成的；二是自然人性论，将人的自然属性作为人的本性；三是抽象人性论，离开社会、历史、阶级，抽象谈论人性的共同性和永恒性。这些观点都没有科学地说明人的本质问题。马克思主义从"社会关系总和"的视野研究人，深刻揭示了人的本质，为正确研究人与人类社会提供了科学的理论与方法。

（一）研究人的本质的科学方法

马克思在《关于费尔巴哈的提纲》中指出："人的本质不是单个人所固有的抽象物，在其现实性上，它是一切社会关系的总和。"① 恩格斯说："人来源于动物界这一事实已经决定人永远不能完全摆脱兽性，所以问题永远只能在于摆脱得多些或少些，在于兽性或人性的程度上的差异。"② 人既有自然属性，又有社会属性。人的本质是由其社会关系、社会属性规定的。人的社会关系不是单一的，而是多方面的，如社会经济关系、政治法律关系，思想文化关系、伦理道德关系以及血缘关系、业缘关系、地缘关系等。人的本质是复杂的社会关系的集中体现，但各种社会关系对人的本质的影响并不具有同等的意义，处在不同层次上的社会关系对人的本质影响的深度和广度是不同的。对人的本质影响最大的是社会经济关系。由于人的社会关系是不断变化的，因此人的本质也不是凝固不变的，而是具体的、历史的、发展变化的。承认这一点，并不意味着否定不同历史时代的人具有某种共同的本质。历史的演变，在几个相近的历史时期也同时积淀着某种共同的特点。人的本质的社会性不仅把人与动物区别开来，而且把人与人区别开来。在一定历史阶段上处在不同社会关系之中的不同的人，其社会本质也是有所不同的。只有把一定的人放在特定的社会关系之

---

① 《马克思恩格斯文集》第 1 卷，人民出版社 2009 年版，第 501 页。
② 《马克思恩格斯文集》第 9 卷，人民出版社 2009 年版，第 106 页。

中，才能把他与其他个人区别开来。处于不同社会关系中的个人，具有不同的社会地位和社会利益，因而具有特殊的本质。在阶级社会中，人的本质具有阶级性。

历史上一些人性论者，往往基于人与动物的区别，把人的某一方面的特点抽象化、绝对化，以此来探讨人的行为选择与社会发展的关系。马克思在社会性意义上将人与动物区别开来，深刻揭示了人的本质，把人的本质理解为社会关系的总和，为社会科学研究提供了科学的方法。第一，现实的人受社会环境制约，是具体的而不是抽象的。第二，人的本质是由人的社会实践决定的，随着实践的发展而发展，而不是先验的、前定的、一成不变的。第三，现实的人是物质和精神、自然和社会、思想与行动的统一体，不能把人理解为只是具有其中某一方面属性的存在物。总之，人的本质是历史地形成的，具有多方面的规定性，我们必须坚持从实践与社会关系出发来研究人，而不能将人视为脱离物质生产和社会关系的孤立的人。

马克思主义关于人的本质的理论科学地解决了整体主义和原子主义的争论。原子主义方法论认为，只有一个个的个体才是真实的存在，而作为总体意义的社会，除去作为个体之集合的意义之外，是不可捉摸的。他们认为，社会是由真实的个体之间通过某种方式达成的协议所形成的，这就是所谓的社会契约论。古代的伊壁鸠鲁，近代的霍布斯、洛克、卢梭，都是以原子主义方法研究人与社会的。整体主义方法论认为，社会分析的基本对象不是个体或个体现象，而是整体现象。法国社会学家迪尔凯姆用"社会事实"的概念指称具有整体性质的社会现象，认为"集合体和个人这两种现象通常具有不同的状况。……个人的思想存在于个人之中，集体的思想存在于集体之中，它独立于个人而发生作用"①。整体主义方法论的特点是离开社会中具体的个人，强调整体的意义和作用。马克思主义认为现实的个人和他所组成的社会是一致的，既克服了离开个人的抽象的整

---

① ［法］迪尔凯姆：《社会学研究方法论》，胡伟译，华夏出版社 1988 年版，第 7—8 页。

体主义和离开社会关系的原子主义的局限，又汲取了两者的合理成分，为社会科学研究提供了科学的方法。

（二）研究社会共同体的科学方法

马克思主义关于人的本质的思想不仅是研究人的科学方法，也是研究社会共同体以及人的解放与发展问题的科学方法。

社会共同体是人的社会关系的重要表现。人的社会性通过人们所组成的社会共同体表现出来。社会共同体，就是指由若干个人、群体和组织依据一定的方式和规范结合而成的集合体，其成员之间具有某种共同的利益追求、生活方式与价值取向。一个人生活在什么样的社会共同体中，他就会成为什么样的人，社会共同体的性质会在他身上打下深深的烙印。

社会共同体同一定的生产方式相联系，受生产方式的影响和制约。人们所处的社会关系不同，就会形成各种各样的社会共同体。在阶级社会中，人总是处于一定的阶级关系之中，个人总是隶属于一定的阶级，不能脱离一定的阶级而存在。阶级、民族和国家是最重要的社会共同体。

社会共同体是人的存在和发展的必要条件。人总是从属于一定的社会共同体，个人只有在社会共同体中才能获得生存与发展所需要的经济、政治、文化、社会条件。社会共同体为社会个体提供经济性、政治性、社会性、精神性的支持与影响，并具有社会控制和社会参与等多种功能。只有在社会共同体中，个人才能获得发展自己的各种条件。个人自由是相对于一定的社会共同体而言的。个人自由存在于特定的社会共同体中，同时也受到特定社会共同体的规范和约束，脱离社会共同体的绝对自由是没有的。一定的社会共同体既为人的发展提供条件，也会约束和限制人的发展，正是这种矛盾推动社会共同体的创新、发展与变革。随着社会分工体系的进一步发展，社会关系类型也不断增多，社会组织结构的复杂性程度也不断提高。

二、"虚假共同体"与"真实共同体"

虽然个人发展离不开社会共同体，但并不意味着所有社会共同体都是促进个人自由全面发展的条件。人不能离开社会共同体而生活，但社会共同体却有虚假与真实之分。"真实共同体"是指符合全体社会成员的根本利益，有利于实现全体社会成员自由全面发展的社会形式；"虚假共同体"则是指在阶级存在的社会里，统治阶级为本阶级的利益所建立的社会共同体。这样的共同体实际上只是有利于一部分人的发展，而不利于另一部分人的发展。这种共同体"对于被统治的阶级来说，它不仅是完全虚幻的共同体，而且是新的桎梏"①。

逐步消除社会共同体的虚假性，是社会进步的总体趋势。在阶级社会中，社会共同体具有真实与虚假的两面性。其虚假性在于，统治阶级把自身的利益说成是全社会的利益，它根据自己的利益而建立的社会共同体，限制甚至束缚了被统治阶级创造性能力的发挥和发展。其真实性在于，当这种社会共同体处于上升与发展时期，它代表了生产力发展要求，其生产关系相对于旧的生产关系来说是有生命力的。但随着其日益没落，最终转变成完的虚假共同体。无产阶级所建立的社会主义国家，反映了最广大人民的根本利益，在建立真实共同体的历史进程中迈出了决定性的一步。

社会共同体的分析方法，是社会结构分析的重要方法。社会结构表现为不同社会共同体组成的复杂性体系。通过社会成员之间利益关系的分析，可以确定社会共同体的性质及其在社会历史发展中的地位。阶级和阶层是社会共同体的重要形式。在阶级社会和有阶级存在的社会中，分析社会结构要坚持阶级分析和阶层分析相结合的方法。阶级分析与阶层分析是考察阶级社会结构的性质和特点的基本方法，也是研究社会发展动力问题的重要方法。通过阶级和阶层分析，可以认识人们的利益诉求和政治态度。

在阶级社会，阶级分析的方法是认识社会共同体的基本方法。阶层分析主要是根据收入水平、社会分工、社会地位等指标将社会成员进行归类，是阶级分析的必要补充。阶层分析不仅要注意研究生产关系对社会分化的影响，而且注意社会地位、收入水平、社会声望、教育程度、职业状况等因素对社会分化的影响，这就可以使人们更全面地认识社会结构，更

---

① 《马克思恩格斯文集》第 1 卷，人民出版社 2009 年版，第 571 页。

深刻地理解社会个体及群体的社会角色。阶层分析不能离开阶级分析，否则就会把同一职业、同一教育程度、同一收入水平的人看成是没有阶级差别的人，从而忽视了人们的生产关系和经济关系，模糊了人们的阶级视野。阶级分析分析是对社会中的阶级结构的分析，阶层分析则是对某一阶级进行细化分析，这两种分析方法相辅相成，形成了一个完整的社会结构分析框架。只有把阶级分析和阶层分析结合起来，才能获得对于社会结构的全面、深刻的认识。

三、"自由人联合体"是"人的自由全面发展"的社会共同体

社会主义社会和共产主义社会，是"自由人联合体"发展的不同阶段。建立社会主义制度，反映了最广大人民的根本利益，在走向真实共同体的进程中实现了历史性的飞跃。共产主义社会是全面体现真实共同体性质的社会，是"自由人联合体"。在共产主义社会中，社会分工是人们的一种自愿选择，劳动异化、阶级异化已经消除，社会所有制成为联合体的生产关系，公共权力失去政治性质，每个人的自由发展是一切人自由发展的条件。

实现人的自由全面发展，是马克思主义追求的根本价值目标。在"自由人联合体"中，阶级的消灭，旧式分工的消除，社会关系的平等，为人的自由全面发展创造了社会条件。在"自由人联合体"中，人们摆脱了人的依赖关系和物的依赖关系，摆脱和超越了各种内在和外在的限制与束缚，自己成为自己的真正主人，自己决定自己的命运，在关系、能力、素质与个性等诸方面实现了自由全面的发展。

"自由人联合体"的建立，即共产主义的实现，是一个漫长的过程，是人类逐步摆脱旧的社会关系束缚而进入新的社会关系，逐步摆脱各种物质和精神束缚而获得全面解放的过程。在这个过程中，无产阶级和人民大众掌握自己的命运，为自己的解放而展开的阶级斗争，取得社会的统治地位和社会生活的支配地位，是决定性的一步。在无产阶级取得统治地位以后，大力发展生产力，推进民主政治建设、文化建设和社会的全面进步，是建设"自由人联合体"的前提条件。社会主义社会是实现"自由人联

合体"的必经阶段。中国目前正处于社会主义初级阶段,坚持党在社会主义初级阶段的基本路线,建设富强、民主、文明、和谐的社会主义现代化国家,就是为实现"自由人联合体"准备条件。

第三节 人民群众是历史的创造者

是否承认人民群众是历史的创造者,是区分马克思主义与非马克思主义的重要标志。承认人民群众的社会历史作用与承认社会基本矛盾推动社会历史进步是一致的。从生产力是社会发展的最终决定力量必然得出人民群众是历史创造者的科学结论。

一、人民群众是创造历史的决定力量

历史究竟是由谁创造的,是人民群众还是个别英雄人物,这是社会历史观的重大问题,是区分历史唯物主义和历史唯心主义的重要分水岭。

在马克思主义诞生之前,唯心主义历史观一直占据着统治地位。唯心主义历史观在研究社会历史发展时,至多是考察了人们历史活动的思想动机,而没有考究产生这些动机的原因;只看到了少数杰出人物的历史作用,而看不到或者根本不愿意承认人民群众在社会发展中的重要作用。

唯心主义有两种形式:主观唯心主义和客观唯心主义。主观唯心主义认为历史是由英雄豪杰、帝王将相、立法者以及思想家们创造的。他们的品格、意志、愿望和才能决定社会历史的发展和走向。18 世纪法国启蒙思想家认为个别天才人物所发现的"理性"和"正义"是历史前进的动力。19 世纪英国的卡莱尔把世界历史看做是一部正在地球上建立功业的伟人的历史,认为这些伟人的活动是"全部世界历史的灵魂"。19 世纪末德国哲学家尼采鼓吹"超人"哲学和"权力意志论"。在他看来,历史是由"超人"的权力和意志决定的,人民群众不过是"一堆任人使用的无定型的材料"。俄国的民粹派理论家米海洛夫斯基等人认为,历史是由少数积极的英雄创造的,人民群众不过是消极的群氓,犹如一连串的零,只

有把英雄人物这个实数加在这些零前面，才能构成有效数字。客观唯心主义认为历史不是由个人随心所欲创造的，而是由某种客观精神决定的。少数英雄人物是这种客观精神的体现者和执行者，而人民群众只能听从这种精神力量及其代理人的支配。黑格尔认为，决定历史进程的是绝对观念、世界精神，拿破仑代表了"世界精神"，这位伟大人物"骑着马，驰骋全世界，主宰全世界"。

形而上学唯物主义者在研究社会问题时，既看到了环境的作用，又看到了意识的作用。但在用"环境"和"意见"解释社会历史时，陷入了"人是环境的产物"和"意见支配世界"的二律背反之中。

历史唯物主义从社会存在决定社会意识的前提出发，认为物质资料生产方式是人类社会发展的决定力量，而在生产方式中生产力又是最活跃、最革命的因素，在社会发展中起着最终决定作用。人类的历史首先是生产发展的历史，同时也是物质资料生产者的历史和代表生产力发展要求的广大人民群众的历史。以广大劳动者为主体的人民群众是历史的创造者，是推动社会发展的决定力量。

人民群众是推动社会历史发展的大多数社会成员的总和，它既有质的规定性，也有量的规定性。从质的规定性来看，人民群众是指一切推动社会进步和发展的社会力量；从量的规定性来看，人民群众是社会成员的大多数。人民群众是一个历史范畴，在不同的国家和各个国家的不同历史时期有不同的内容。但是，不论在任何国家和任何时期，劳动群众始终是人民群众的主体。每一社会个体和群体在社会历史发展中都有其作用，但作用的性质和大小不同。有的是积极的，有的是消极的；有的是重大的，有的是一般的。从社会发展的总体看，只有人民群众才是创造历史的决定力量。研究社会历史必须坚持群众史观，反对英雄史观。人民群众的历史作用集中表现在以下三个方面。

第一，人民群众是社会物质财富的创造者。马克思指出，"任何一个民族，如果停止劳动，不用说一年，就是几个星期，也要灭亡。"① 恩格

① 《马克思恩格斯文集》第 10 卷，人民出版社 2009 年版，第 289 页。

斯指出："无论不从事生产的社会上层发生什么变化，没有一个生产者阶级，社会就不能生存。"① 列宁说："全人类的首要的生产力就是工人，劳动者。"② 劳动群众是生产力的首要因素，是社会物质资料生产的直接承担者。在生产力的发展过程中，无论是生产工具的制造、使用和创造发明，还是新的生产技术的出现，起决定作用的是直接从事物质财富生产的广大劳动者。正是广大劳动者在社会物质财富的生产过程中不断改进生产工具，积累生产经验，提高劳动技术，不断推动生产力发展和社会进步。在社会物质财富的生产和生产力的发展过程中，起决定性作用的是广大劳动群众。劳动群众是人民群众的主体，劳动群众在物质生产中的地位从根本上决定了人民群众是社会物质财富的创造者。

第二，人民群众是社会精神财富的创造者。首先，人民群众为人类精神财富的创造提供了物质前提。恩格斯指出："一个很明显的而以前完全被人忽略的事实，即人们首先必须吃、喝、住、穿，就是说首先必须劳动，然后才能争取统治，从事政治、宗教和哲学等等。"③ 没有人民群众所创造的物质财富，就不可能有社会的精神生产，从而也就不可能产生社会的精神财富。其次，人民群众的实践活动是一切社会精神财富得以产生的源泉。人类社会的一切科学文化成果，归根到底都是人民群众所进行的改造自然的生产实践、改造社会的政治实践和认识世界的科学实验等实践经验的总结。离开了这些实践经验，社会精神财富的产生便失去了源泉，就不可能有科学文化的产生和发展。因此，一切科学文化的积极成果和一切杰出的思想家、科学家、艺术家的出现，都直接或间接地同广大人民群众的实践相联系。

第三，人民群众是实现社会变革的决定力量。人类社会的发展是由其内部的矛盾运动引起的，社会基本矛盾是社会发展的基本动力。但是，社会基本矛盾的运动从来不是自发实现的，而是通过人民群众的实践实现的。无论在社会稳定时期还是社会大变革时期，都是如此。特别是在社会

---

① 《马克思恩格斯全集》第 25 卷，人民出版社 2001 年版，第 534 页。
② 《列宁选集》第 3 卷，人民出版社 1995 年版，第 821 页。
③ 《马克思恩格斯文集》第 3 卷，人民出版社 2009 年版，第 459 页。

基本矛盾激化的情况下，当某种生产关系严重束缚生产力发展时，代表生产力发展要求的人民群众就会起来推翻维护这种生产关系的旧的上层建筑，实现社会的大变革，为生产力发展开辟道路。一切真正的革命运动，都是人民群众起来摧毁腐朽的社会制度的斗争。恩格斯说："在十七世纪的英国和十八世纪的法国，甚至资产阶级的最光辉灿烂的成就都不是它自己争取的，而是平民大众，即工人和农民为它争得的。"① 人民群众积极参加社会变革的伟大斗争，以社会主人、历史创造者的身份充分显示自己的创造力量。"人民，只有人民，才是创造世界历史的动力。"② 旧的社会历史观的一个根本缺陷是"忽视居民群众的活动，只有历史唯物主义才第一次使我们能以自然科学的精确性去研究群众生活的社会条件以及这些条件的变更"③。

　　当然，人民群众创造历史的活动也受到一定社会历史条件的制约。马克思指出："人们自己创造自己的历史，但是他们并不是随心所欲地创造，并不是在他们自己选定的条件下创造，而是在直接碰到的、既定的、从过去承继下来的条件下创造。"④ 在这些条件中，一是经济条件。现实生产力是一种既定的力量，人们不能自由选择，也不能任意创造，在客观的生产力发展水平状况下，人们进行物质生产的规模、程度都不是随意的，人们不能超越生产力的既定水平而去创造历史。同时，生产关系作为一种同生产力发展水平相适应的经济关系也制约着人民群众的历史活动。总之，经济社会条件的差异性，制约着人民群众创造历史的规模和水平。二是政治条件。在不同的社会政治制度下，人民群众的政治地位和政治权利是不同的，他们在社会生活各个领域中的创造作用的发挥也是不同的。三是精神条件。以往社会的思想意识、文化成果作为人民头脑中的传统，是制约人民群众历史创造活动的不可忽视的精神条件。文化有先进和落后之分，先进文化是推动社会发展的动力，落后文化则是社会发展的阻力。

---

① 《马克思恩格斯全集》第 18 卷，人民出版社 1964 年版，第 339 页。
② 《毛泽东选集》第 3 卷，人民出版社 1991 年版，第 1031 页。
③ 《列宁专题文集　论马克思主义》，人民出版社 2009 年版，第 14 页。
④ 《马克思恩格斯文集》第 2 卷，人民出版社 2009 年版，第 470 页。

重视先进文化传承，摆脱落后文化束缚，是发挥人民群众创造历史的作用的一个重要条件。

二、杰出人物在历史发展中有重大作用

历史唯物主义肯定人民群众是历史的创造者，同时也承认个人在历史上的作用。人民群众创造历史和个人的历史作用不是对立的，人民群众本身就是由个人组成的。因此，人民群众是历史创造者的原理，已经包含着对个人在历史中所起作用的肯定。每一个人都在一定的社会中生活，都是历史活动的参与者，都在历史上起着一定的作用。但是，每一个人在历史发展中的作用是不同的，既有大小之分，又有积极和消极之别。按照对历史发展作用的大小，可区分为普通个人和历史人物。普通个人作为人民群众的一员而发挥其创造历史的作用，没有无数个人的作用，就没有人民群众的作用。普通个人在历史发展进程中的作用有限，但绝不能被忽视。历史人物在社会发展中发挥着重大而突出的作用，他们能够推动或阻碍、加速或延缓历史进程，局部地改变历史面貌。历史人物按其对历史发展所起的积极或消极作用，被区分为正面历史人物和反面历史人物。正面历史人物即杰出人物，是指在一定历史阶段上对社会发展起促进和推动作用的伟大人物，包括杰出的政治家、思想家、军事家、科学家和文学艺术家等。

在社会历史发展中，杰出人物的作用主要表现在：第一，杰出人物总是比同时代、同阶级的普通人站得更高一些，看得更远一些，能够提出顺应历史发展的先进思想和主张。第二，杰出人物能够根据他们的先进思想和主张制定具体的行动纲领、政策和策略，动员本阶级群众同反动阶级和集团进行斗争。他们是先进阶级、广大群众进行革命斗争的领导者和组织者。第三，杰出的科学家、思想家、文学艺术家等所从事的创造性活动，对科学文化的发展以及物质文明和精神文明水平的提高起着重要的作用。

杰出人物之所以能够对历史发展起重要的推动作用，根本原因是他们的思想和活动符合历史发展的规律与趋势，代表人民群众的利益和要求。他们在历史发展进程中起的推动作用的大小，主要取决于他们对社会历史发展规律认知的正确程度以及他们对人民群众利益、要求的反映程度。对

社会历史发展规律认识越正确，越能代表人民群众的利益和要求，他们在历史发展中的推动作用就越大。

研究社会历史，必须把人民群众的决定作用同杰出人物的重大作用结合起来。

第一，杰出人物是一定时代的代表。时势造英雄。正确认识杰出人物的历史作用，必须正确认识他们所处的时代。历史上任何一个杰出人物都是一定时代的产物，都是适应时代需要而产生的。马克思指出："如爱尔维修所说的，每一个社会时代都需要有自己的大人物，如果没有这样的人物，它就要把他们创造出来。"[1]　如果没有时代的需要，杰出人物的出现就"永远也跨不过由可能进到现实的门阶"[2]。杰出人物是时代的产物，也就必然受到时代条件的制约，他们只能在自己所处的时代条件下发挥作用。时代变化了，又会呼唤和产生新的杰出人物。我们在分析和评价杰出人物的时候，必须根据其所处的历史条件，对其历史作用做具体分析。

第二，在阶级社会里，杰出人物总是一定阶级的代表。他们的历史作用同其代表的阶级的历史作用是分不开的。正确认识杰出人物的历史作用，必须坚持阶级分析方法，看其站在哪个阶级的立场，代表哪个阶级的利益，该阶级在社会发展中处于什么地位、起着什么作用。不同阶级在历史中的作用是不同的，同一阶级在其上升时期和没落时期的历史作用也是不同的。我们在评价杰出人物的历史作用时，都要联系这种历史情况，不可抽象地加以评论。

第三，杰出人物的出现及其历史作用都是必然性与偶然性的统一。历史发展有其客观规律，这是历史的必然性；杰出人物的思想、行动符合历史规律，对历史发展起促进和推动作用，这也是必然的。然而，历史发展的必然性是通过无数偶然性表现出来的。马克思说："如果'偶然性'不起任何作用的话，那么世界历史就会带有非常神秘的性质。这些偶然性本

---

[1]　《马克思恩格斯文集》第 2 卷，人民出版社 2009 年版，第 137 页。

[2]　《普列汉诺夫哲学著作选集》第 2 卷，生活·读书·新知三联书店 1962 年版，第 368 页。

身自然纳入总的发展过程中，并且为其他偶然性所补偿。"① 我们既要承认杰出人物的经历、学识、性格、作风等因素对历史发展的重大影响，但又不能过分夸大这种影响。因为这些因素对于历史的影响最终要通过必然性起作用，他们对社会历史所产生的影响是由社会结构和社会力量对比关系来决定的，这些偶然性因素只有在社会结构所容许的范围内才能对历史发展起作用。因此，在分析杰出人物的历史作用时，要善于透过偶然性把握必然性，深刻揭示历史发展的客观规律。

三、评价历史人物的科学方法

第一，阶级分析方法。在阶级社会中，历史人物总是特定阶级的代表，为特定的阶级服务。要科学评价历史人物，就必须将历史人物同他所属的阶级联系起来，认清他所属的阶级在当时社会中处于什么地位，分析特定历史阶段的阶级关系、各阶级内部的相互关系以及历史人物在特定历史阶段所起的特殊作用。不论历史人物的思想、情感、意志、行为有什么独特性，本质上都带有一定的阶级烙印，其历史命运也同他所属阶级的命运相一致。

第二，历史分析方法。历史主义原则要求将历史人物置于他所处的具体历史环境中加以评价。任何历史人物都是时代的产物。特定的历史条件为他们提供了活动的舞台，可以使他们有所作为，也限制着他们的作为。我们评价任何一位杰出历史人物，都要联系他所处的历史背景，既要肯定其历史贡献，又要看到其历史局限；既不可把他说成是超越历史时空的无所不能的人，也不要拿现世的标准去苛求前人。正如列宁所说："判断历史的功绩，不是根据历史活动家没有提供现代所要求的东西，而是根据他们比他们的前辈提供了新的东西。"②

第三，辩证分析方法。每个人都是复杂的多面体。评价历史人物，既要看到其主要方面，又要看到其次要方面；既要看到其前半生，又要看到

---

① 《马克思恩格斯文集》第 10 卷，人民出版社 2009 年版，第 354 页。
② 《列宁全集》第 2 卷，人民出版社 1984 年版，第 154 页。

其后半生；既要看到其长处，又要看到其短处。不要简单化、脸谱化，不要肯定一切或否定一切。列宁说："要真正地认识事物，就必须把握住、研究清楚它的一切方面、一切联系和'中介'。我们永远也不会完全做到这一点，但是，全面性这一要求可以使我们防止犯错误和防止僵化。"①评价历史人物，同样也要坚持这一原则。

思考题

1. 为什么说"现实的人"是社会历史研究的出发点？
2. 马克思主义关于人的本质的理论对社会科学研究的方法论意义是什么？
3. 在社会科学研究中为什么要坚持人民群众的立场？

阅读文献

1. 马克思、恩格斯：《德意志意识形态》第一卷第一章，《马克思恩格斯文集》第 1 卷，人民出版社 2009 年版。
2. 列宁：《什么是"人民之友"以及他们如何攻击社会民主党人》，《列宁文集 论辩证唯物主义和历史唯物主义》，人民出版社 2009 年版。
3. 毛泽东："人民群众是历史的创造者"，《毛泽东著作专题摘编》，人民出版社 2003 年版。

---

① 《列宁专题文集 论辩证唯物主义和历史唯物主义》第 4 卷，人民出版社 2009 年版，第 314 页。

第六章　社会认知与评价方法

社会科学的研究对象是人类社会的各种现象，通过研究这些现象发现其中的客观规律，从而有效地指导人们改造自然和社会的实践活动。而人们的这些实践活动又形成了新的社会现象，构成了社会科学新的研究对象，如此循环往复，以至无穷，使人们的认识和实践不断达到更高一级的水平。这就是我们所说的社会发展和进步。社会现象是由无数个人的有意识有目的的活动构成的，它既有客观事实性的一面，又蕴涵着价值的维度，因而，社会科学研究过程中既需要作出事实认知，又需要给予价值评价。在今天这样一个价值多样化的时代，我们尤其需要通过对价值与事实的关系的认识，找到正确评价各种价值观的准绳，正确引领社会思潮。马克思主义的社会科学方法论，要求社会科学研究把事实与价值、科学认知的真理性与价值评价的合理性有机地统一起来，客观地认识社会的性质和矛盾运动，正确地理解并把握人类自身的命运和使命。

第一节　真理与价值

真理是表示主客观统一的概念，是对客观事实的如实反映，是观念地把握了的客观事实。正因为如此，人们往往就把真理看做是事实的"代表"。价值则是一定事物、对象、事实对人的意义和作用，是一定客体的存在、趋势与主体生存发展需要的一致性。社会现象既具有客观事实性，又包含着价值的内容，二者既相统一又相矛盾，这也是一个客观的事实。罗素曾说过，把价值判断与事实判断相混淆，是迄今造成人类思想混乱的一个重要原因。社会科学研究必须承认这个事实，正确处理好真理与价值的关系。

一、社会现象的两重性：事实性与价值性

人类社会是相对于自然界而言的，社会科学是相对于自然科学而言

的。社会科学尽管门类繁多，但都以社会现象为研究对象。所谓社会现象，也称社会历史现象，就是由人们的有意识有目的的活动而形成的现象。恩格斯曾经指出，社会发展史有一点是与自然发展史根本不同的，"在自然界中（如果我们把人对自然界的反作用撇开不谈）全是没有意识的、盲目的动力，这些动力彼此发生作用，而一般规律就表现在这些动力的相互作用中。……相反，在社会历史领域内进行活动的，是具有意识的、经过思虑或凭激情行动的、追求某种目的的人；任何事情的发生都不是没有自觉的意图，没有预期的目的的。"[①] 人们都在追求自己的目的和愿望，"愿望是由激情或思虑来决定的。而直接决定激情或思虑的杠杆是各式各样的。有的可能是外界的事物，有的可能是精神方面的动机，如功名心、'对真理和正义的热忱'、个人的憎恶，或者甚至是各种纯粹个人的怪想。"[②] 因此，社会现象表现出无比的复杂性和多样性，似乎完全是由行动者的偶然的"一念之差"造成的。

由于社会现象的这种突出的也是公认的特点，也因为行为者的动机既隐秘又不断变化，当事人又经常出于某种原因而故意隐瞒，所以在相当长的一个时期内，一些人认为社会现象全都是偶然形成的，杂乱无章的，因此是无法认识和研究的。按照这种观点，社会科学在本质上就是不可能的。近代以来社会科学兴起后，一些人为了论证社会科学研究的合法性或可能性，提出"社会事实"的概念，认为社会认知不是也不能纠缠于个人的动机和愿望，而应把社会事实作为事物来看待，诸如信仰体系、社会习俗和社会制度就都是外在于个人的客观的社会事实，个人对这些社会事实的反应同样服从因果律，也能够用自然科学的方法来进行实证的研究和分析。[③] 当然这种实证主义的观点也受到了反实证主义的批评和反驳，认为离开人们的动机和愿望，就无法理解社会现象。

通过实证主义和反实证主义的争论，我们发现，实际上他们都是坚持主观与客观的僵硬对立，而没有看到二者在实践过程中的辩证统一。在马

---

① 《马克思恩格斯文集》第 4 卷，人民出版社 2009 年版，第 302 页。

② 《马克思恩格斯文集》第 4 卷，人民出版社 2009 年版，第 301 页。

③ 参见袁方主编：《社会研究方法教程》，北京大学出版社 1997 年版，第 32 页。

克思主义看来，实践本身就是一个主客观、主客体辩证统一的过程，同时也是事实与价值辩证统一的过程。社会科学研究既要注意到人们的动机在形成多种多样的相互冲突的社会现象中的作用，还要注意到："人们所预期的东西很少如愿以偿，许多预期的目的在大多数场合都互相干扰，彼此冲突，或者是这些目的本身一开始就是实现不了的，或者是缺乏实现的手段的。……行动的目的是预期的，但是行动实际产生的结果并不是预期的，或者这种结果起初似乎还和预期的目的相符合，而到了最后却完全不是所预期的结果。"① 因而人们的动机对于全部结果来说只具有从属的意义。不仅如此，我们还应该进一步追问："在这些动机背后隐藏着的又是什么样的动力？在行动者的头脑中以这些动机的形式出现的历史原因又是什么？"② 只有这样，我们才能深入到社会历史的本质和规律的层面，不为表面现象所迷惑，从而完成社会科学研究的任务。

我们知道，人们的实践活动或行动都是有目的的活动，目的构成了实践活动的指向，实践的手段、方案、计划、组织、措施等都是围绕目的而制定和选择的，实践活动的成功还是失败也是根据是否实现了目的而确定的。一般人都把目的当做主观的东西，因为它是主体在观念中对行动结果的一种超前把握，其中也包含了主体基于一定知识的预测、预期、想象等。从这个意义上说，它是主观的。但从另一方面说，目的的基础和内容却又是客观的。目的起源于主体的需要，而主体的需要由自身的肉体—精神结构，由此规定的主体能力发展的水平以及具体的社会环境来综合规定，这就使目的具有一定的客观性。需要又总是对一定对象的需要，这对象也是社会提供或创造出来的对象，需要与对象的关系既有自然的一面，也有社会历史发展过程中文化规定的一面，这些都不是主体一厢情愿地设定或决定的。至于目的与实现目的所需要的手段、条件之间的关系，更是一种具有客观因果性的关系。所以，目的是主体自由地选择的，但构成目的的基础和内容以及选择条件却都受着社会发展程度以及在这种条件下的

---

① 《马克思恩格斯文集》第 4 卷，人民出版社 2009 年版，第 302 页。
② 《马克思恩格斯文集》第 4 卷，人民出版社 2009 年版，第 303 页。

自然因果和社会因果关系的制约。

目的一旦确定，就转化为动机，发动起行动，并引起一定的结果。如果说选择目的既要根据事实（因果）也要基于价值（利害）而进行的话，那么确立了目的后，目的就成为一种价值标准，以它来衡量各种手段，区分为有效的或无效的，高效的或低效的，衡量各种计划，分出合理的或不合理的，可行的或不可行的，判定与行动相关的各种条件，分为有利的条件或不利的条件。目的还是判定整个活动和行为是否成功，是十分成功还是比较成功的准绳。目的与手段、计划、条件及结果的关系，都体现出一种客观的关系，并不是完全随着主体的意愿而转移的。这是从微观的单个的目的及其实现的角度来说的。

从宏观的社会的层面来看，无数的个人、家庭或集团，都作为主体而存在和行动，其设立目的实现目的也都是这个道理。所不同的是，各个主体、各个层面的主体的目的可能本身就是直接对立的冲突的，而这种冲突或博弈性就构成了社会活动和社会生活的一个重要特点，这本身就是一种社会事实。从消极的方面来看，社会为了减少博弈中的两败俱伤，减少在相互抵消的活动中造成的巨大浪费，为了不至于在这种冲突中分裂崩溃，就又需要确立一定的规范和规矩，起到一种"定分息争"或"定分止争"的作用。从积极的方面来看，则可以维护社会秩序，降低交往费用，促进交往扩大，从而提高整个社会活动的效率，促进社会的发展。无论这些规范是自然形成的，还是由国家政府设计颁布的，情况都是一样。这些规范的存在，既是一种社会事实，也是一种价值标准，一种社会性的公共的价值标准。制度是一种最重要的规范，而制度之所以为制度，是因为它具有一种标准的含义：既是人们评价一定的行为的是非对错的评价标准，也是社会性地实际确定是非对错的价值标准。

我们再来看社会意识和文化知识。社会意识和文化知识属于社会的精神生产的领域，从根源和本质上说，社会意识是对社会存在的反映，但它们同时也是社会现象，还是形成一定社会现象的原因。任何人都是通过学习、继承、掌握既有的文化知识才长大成人，从而从自然的人变成社会化的人；人们也正是在一定的文化传统和文化背景下实现自我认同与社会认同的。如果说知识或科学知识更侧重的是对事实的把握，那么，文化则更侧重于对意义及价值的阐释，形成了特定的文化价值系统。它们既是既往的人们认识与理解社会现象、事实和价值的成果，又构成了后来的人们认识和研究的对象。在精神生产和精神生活的领域，事实性和价值性更是水乳交融地渗透在一起。

理解社会现象的事实性与价值性，要注意避免和克服两种观念的误区。第一种是把主体性混同于主观性，进而将价值性等同于主观性。社会现象是由人们有意识有目的的活动相互制约相互渗透而构成的。这里的人是现实的个人，他们作为活动的主体，既有精神的主观的一面，又有肉体的非主观的一面，现实的主体就是主观和客观两个方面的统一。价值作为一种主体性现象，一种以人为尺度的现象，具有主体性，但并不是主观的现象或纯粹主观的现象。一些人受近代哲学的主客二分的思维方式的影响，把与人、主体有关的都当做是主观的，认为既然同一事物对不同主体有不同的价值，因人而异，所以就是主观的东西。说到底，这种思路是马克思批判的从抽象的人出发的思路，它不是把意识看做是人的意识，而是把意识当做是有生命的个人。显然，这是不符合实际的错误观点。第二种则是以自然科学为科学的标准形式，认为既然社会现象都包含着价值，具有主观性，所以就不能作为科学研究的对象；既然在社会历史领域中的规律总会有相当的例外事例存在，所以这些规律就不能叫规律，甚至进一步否定社会历史有规律。在马克思主义看来，把自然科学当做科学的标准，虽然有其历史的原因，但却犯了将特殊当做一般的错误。科学的本质是弄清楚对象事物的本来面目，而不在于对象是否包含价值，是否具有主观性。人的心理无疑是主观的，但心理学就是要搞清心理发生发展的因果联系。心理学当然是科学，思维科学研究思维发生发展的规律，也是科学。社会科学就是研究社会现象的，无论这些社会现象有多么特殊，偶然性有多么突出，都不妨碍把它作为社会科学的研究对象，把它当做社会事实来对待，最多只是增加了研究的难度而已。

实际上，正是因为社会现象具有价值性的一面，使它不仅与自然界的事实性有所区别，而且容易形成对事实性认知的遮蔽和妨碍。比如说，我们要研究某一社会历史事件，就不能仅仅停留在知道什么时间发生了这一事件，还得了解为什么会发生这一事件，当事人的动机和目的是什么，事件过程中又受到了哪些因素的影响，这一事件的结果与当事人的预期目的符合的程度如何，哪些是符合预期目的的，哪些是出乎意料的，这一事件发生后产生了什么样的社会影响，近期的影响如何，远期的作用怎样，如此等等。事是人做的，不了解人就无法真正地了解事，可事件的当事人往往不是一个，而是许多人，其中有的是发动者和组织者，有的是参与者，有的是后来的追随者，还有的是大量的相关者，包括那些数量不少的反对者。这些众多的主体在事件过程中的地位和作用又是很不一样的，参与的时段也有差别，对这一事件前期的态度和后期的态度也可能不一样。他们最初参与或发动这一事件基于一种价值的评价和选择，后来态度的变化则意味着出现了另一种评价；有的当事人能够直陈自己的动机和想法，有的则加以掩饰或辩解，有的人有机会表达自己的看法，有的人则没有留下什么记述就去世了。一些人留下了回忆和记述，但彼此的描述又有很大差别，甚至会出现冲突，这就使得弄清这一事件的真相非常困难。这些都是从研究对象的方面说的。从研究者的方面说，站在什么立场，以什么态度来评价这一事件当事人的是非功过，与当事人的具体关系如何，对于选择和采信相互冲突的记叙的某种说法时更加重视哪一方面的证据。所有这些，对于研究的结果都起着非常重要的作用。正因为这个缘故，在社会科学研究中，往往难以取得统一的结论，不同的观点都有各自的信众。

总之，社会现象作为人们有意识活动的过程和结果，既有主观性的"自觉意志和特殊目的"，又有客观性的因果关系，是二者的统一，也就是价值性和事实性的统一。社会科学研究，必须合乎和顺应研究对象的这种特殊矛盾和特殊规定性。只看到或只强调社会现象的事实性的一面，以自然规律为模本来理解社会规律，必然导致将人"物化"，即把人仅仅看做是客观因果链条中的一个环节，实际是一种忽视人的能动性或"目中无人"的表现，根本无法揭示社会现象的特殊性和复杂性。相反，只看到价值性的一面，又把价值当做是主观的，把社会当做是无数孤立的一次性的个别事件的总和，这就等于否认了社会现象演变的规律性，也就否定了社会科学研究的可能性。社会科学研究要注意防止这两种片面性。

二、揭示客观真理是社会认知的任务

人类对社会现象及其规律的认识，属于人类的自我认识，经历了神话的经验的或日常意识的和科学的几个阶段。在神话的阶段，那时人们的观察能力和抽象思维能力还很不发达，主客互渗，以一种拟人化的方式来理解各种自然现象和社会现象，往往把想象的东西当做是真实的东西。在经验的或日常意识的阶段，人们的思维能力有了相当的发展，注意到了想象的东西与真实的东西的区别，力求根据直观的经验来记叙事件的发生过程，根据历史的经验来指导现实的活动。这个阶段的社会认知，确实也记录了大量的历史事实和历史事件，但比较缺乏对这些事件和事实进行深层次的分析，也就无法发现和解释这些社会事实和社会事件之间的内在联系，无法揭示社会历史发展的客观规律。

随着人的理性能力的发展，尤其是近代以来自然科学特别是试验科学的发展，对自然现象的科学认知被具体化为一套由怀疑到形成问题，通过观察、实验和分析论证，最后解答问题的方法和途径。这种科学的方法及其精神，排除了迷信和主观的臆测，重视揭示对象事物的本来面目，努力使认识或理论达到真理性的认识。自然科学的极大成功，使人们从中世纪的迷信中解放出来，促进了社会经济的快速发展，也引起了人们利用自然科学方法研究社会现象的努力。经过法国的孔德等人，这种自然科学的研究方法特别是其原则，被引入人类社会的研究之中。在西方虽然早就有伦理学、政治学、经济学和法学的研究，包括维科研究人类历史的"新科学"，但整体上处于哲学形而上学的主导之下。现代意义上的社会科学及其自觉的方法论探讨，是现代社会在欧洲普遍建立的 19 世纪才正式展开的。① 这说明，人类对自身的自觉认识不仅需要人类理性的高度发展，并且这种自觉认识的程度，与人类自身的发展程度特别是社会分化和整合的

① 参见［美］兰德尔·柯林斯等：《发现社会之旅》，李霞译，中华书局 2006 年版，第 4—8、37—41 页。

程度，是基本一致并互为前提和中介的。

我们知道，"真理"这个概念是在古希腊哲学中就已提出的重要概念，与真理相对的是"意见"。"意见"指的是人们凭借直接的感觉和情感得出的想法或看法，是对可见的事物的认识，相当于我们今天讲的感性认识。与我们惯常认为的眼见为实相反，在这些古希腊哲人看来，眼见的东西是不真实的，因为它们变化不定，流动不居。意见往往因人而异、因时而异，没有真实不虚的确定性，因而是不可靠的东西。相反，真理作为理性思维的产物，是对可知的、不变的东西的把握，亦即对支配这些可见的事物和现象的逻各斯的把握。应该说这个区分是很深刻的，尽管当时的这种见解还被一些唯心主义观念所包裹。马克思也曾经说过，如果现象与本质直接同一，那么一切科学研究就都是多余的了。实际上这是在辩证唯物主义的立场上肯定了区分现象与本质的必要性。

自然科学研究的对象是自然现象，但它并不仅限于对这些自然现象的描述，而是要进一步揭示自然界事物运动的规律。唯有达到了本质和规律的理论才能被称为"真理"。社会科学研究社会现象，同样的不能满足于对现象和事实的描述。当然，由于社会现象或者说一定的社会历史事件总是通过一定的语言记叙和文献为人们所知晓，而且这些文献往往又出现许多缺憾，有不少相互冲突的地方，存在一些相互矛盾的评价，所以，需要透过爬梳和综合各种文献。当时报纸的报道，当事人写的回忆录，前人研究的成果，结合其他的一些实物性的证据，尽量再现事件的真相。能够还原事件的真相，即厘清了事件的前因后果，这样的记叙和描述确实是很有价值的，甚至也被当做是真理。但若是从严格的意义上说，还原事件的真相，还只是达到真理的一种必要准备，严格意义上的真理，必须是一种理论，是在掌握了众多同类事件的真相的基础上揭示了其发生发展过程的内在机理和规律，因而能够合理地解释同类现象的理论。

为了使科学研究的结果具有可靠性、可信性，科学家探索出了一整套的程序、规范和制度。比如，实验过程和数据必须公开，必须给出自己的逻辑推理和理论论证，结论必须明确而不能够模棱两可，论文的发表要经过同行专家的审查等。应该说，这些都是自然科学和社会科学的共同要求，也是它们都必须遵循的共同规范。所谓科学的社会认知，就是遵循科学的规范、运用科学的方法研究社会现象及其规律的过程，目的是寻求社会认识的真知或真理。一切社会科学，都是科学的社会认知的具体形式，以各种具体的社会现象及其特殊规律为研究对象，以使认识达到真理为使命和最高任务。

但是，社会认知毕竟又不同于自然认知，社会科学研究毕竟还有自己的特殊性。对于这种特殊性，我们可以从以下三个方面来理解。

第一，由于社会现象都是人的活动构成的，既有客观事实性的一面，又有价值性的一面，既有直接的以物的形式呈现的一面，又有在物的形式后面隐藏的人的动机和目的的一面，既有物与物的关系的一面，又有隐形地体现人与人的关系的一面等，这就使得社会科学研究要达到真理不仅特别困难，而且所要达到的真理具有更为复杂的内容。换句话说，人们对社会发展和运动规律的认识，归根到底是人对自身及其活动规律的认识，包含着对社会的价值属性和社会运动方向的把握。因而，这种认识当然也要获得知识，区别真假，却并非像对自然的认识那样以获得真知为最高目的，然后对这些知识给予工具性的利用，而是以人的自我理解、自我规范和自我实现为最高目的；在走向这个目的的过程中所获得的社会知识，虽然也有客观事实性，但这是属于人的生活实践的客观事实性，因而社会知识都是蕴涵着价值评判和意义的知识，包括关于人的社会存在方式、形式和人的行为规则与规范的知识。就是说，社会认知所要达到的真理，往往意味着真与善的某种统一。

第二，对社会认知所得到的结论，本身就包含了价值的内容和善的要求，而由于人们所处的社会地位不同，利益和价值观不同，他们对于一定的社会理论的正确性或真理性，也往往见仁见智、莫衷一是。不仅如此，即使是人们对一定的社会理论的正确性达成了共识，他们运用这些理论也不可能像运用自然科学理论那样，总得根据本民族本国家本地区的特殊情况，进行一定的修正和变通。

第三，人们对社会科学理论的真理性难以达到一致的认可，并不意味着关于社会历史研究没有客观的真理和正确的认识标准，检验社会科学理论是否具有真理性的标准仍然是也只能是社会实践，这一点是毫无疑问的。但应该注意的是，这里的社会实践，更侧重的是历史的实践，是作为无数具体实践之总和的实践。也就是说，作为自然科学认知真理性的检验标准的实践，其直接现实性和普遍性的内在关联更为明显，比如一次或几次实验证明的，就直接可以看做无数次的实验都能证明的，因而也就不需要再去实验。而检验社会理论的实践则更突出的就是特殊性。只有经过很长时间的无数次实践，后世的人们才能对一定社会理论的真理性获得较为统一的认可。

三、确定合理的价值向度是社会评价的任务

人们认识社会现象，不仅要了解这些现象"是什么"、"怎么样"，更重要的在于依据客观条件和人们生活的必要性，从社会自身存在的多种可能性中，揭示社会现象"应当是什么"，"应当怎么样"，即确定社会合理的价值向度，从而指导人们进行合理的实践活动，促使社会向有利于人类进步的方向转化。这就涉及社会评价。

社会评价的关键在于合理性。合理性可以区分为认知的合理性与价值的合理性。社会评价显然属于价值的合理性，价值的合理性虽然也与认识论相关，但更多地属于人的行为实践问题。也就是说，评价虽然也关涉着对事实的描述，但主要是揭示蕴涵在事实之中或体现为事态的规范性和秩序性，这种规范性和秩序性本质上属于实践理性或历史理性。因而，评价的合理性不只是要求对象符合逻辑的连贯性，评价本身也清楚明白，更要求评价据以进行的价值观念和评价标准要体现或符合实践理性或历史理性。评价的合理性所符合的理性，根本上就是实践理性或历史理性。如果我们借用现代社会科学的概念，也可以说合理性首先是要合乎价值理性，价值理性既与工具理性相关，又高于并引导着工具理性。[1] 具体而言，评

---

[1] 马克思没有提出过"价值理性"和"工具理性"的概念，这一对概念是马克斯·韦伯提出的。从马克思强调基于实践的历史的理性来看，马克思主义不可能赞成脱离社会历史条件的抽象的价值理性，但一定会赞成符合人类历史发展方向的具体的价值理性，这一价值理性与工具理性的关系也应当是辩证的。

价的合理性包括正确性和有效性。

评价的正确性不仅要依据社会事实，还要依据正价值而不是负价值，即肯定积极的建设性的实践活动的功能，而批判和反对"异化"的价值现象。这就需要人们的价值观和评价标准的正确。

人们总是基于一定的价值观念和评价标准评判一定对象对自己和自己的群体有无价值、有什么价值、有多大价值。通过价值比较，选择和确立自己的实践目的、实践方案，进而从事一定的实践活动。社会科学研究的价值评价，既要客观地把握社会自身包含的价值维度，从而具有科学的社会认知功能，又要体现研究者所属群体的价值取向，从而表现出特定的主体性和价值观。社会研究领域的许多理论之所以出现"公说公有理"、"婆说婆有理"的情况，一个重要原因就在于研究主体的价值观不同。这就有一个如何处理研究者的价值取向与社会自身的价值维度的关系问题。

在这一方面，马克思为我们做了表率。马克思研究资本主义社会尤其是其经济运动的规律，首先坚持科学的严谨态度，同时又坚持无产阶级和人类解放的价值立场，这就使得他能够在揭示资本主义运动规律的基础上，在肯定资本主义制度历史合理性即进步性的同时，敏锐地发现资本所带来的文明的深刻悖论，发现资本主义的内在矛盾、异化性质和被社会主义取代的必然性，从而确立了正确的价值观念和评价标准。显然，马克思对资本主义社会评价的合理性，首先是合乎社会实践所孕育、历史发展所需要的实践理性或历史理性，也可以说是人类社会历史自身的价值理性。这种价值理性体现着人类自我发展和自我实现的意志与理想，联系着工具理性而又构成对工具理性的批判和超越。

可见，评价的正确性不仅基于社会认知的真理性，并且从具有普遍性的社会规范和可持续的社会秩序中把握住了人类实践的基本价值取向即历史前进的方向。如果说研究者应当以自己的价值观来评价研究对象的话，那么，这种价值观必须是历史发展方向的体现。由于自然历史条件的差异，人们具体的实践也是有差异的，所以不能简单地把一种文化下的合理性标准运用到另一种文化之中。但是通过了解和理解不同的文化与实践形式，我们仍然可以引出具有方法论意义的普遍的合理性标准。①

原则上，评价的正确性包含了评价的有效性，正确的也是有效的。我们之所以在正确性之外提出有效性，是因为任何具体的正确评价，都可能由于外部条件和评价者自身的局限，而达不到普遍的、高度的"有效性"，所以，评价合理性中的有效性特别与人文社会科学研究所要求的深度与广度相关。这不仅需要评价标准达到具体的普遍性，还要求研究者有对人类命运高度的关怀，有宽阔的视野并占有丰富的经验材料，能够把整体与局部、绝对与相对、宏观与微观有机地结合起来。

四、真理与价值的统一是社会科学方法论的内在要求

人类社会的客观性和价值性不是分立的，而是融合在一起的。社会事实也是价值事实。要达到对社会现象深刻的正确的把握，就要将研究的科学性和价值性结合起来。

如上所言，社会科学研究所要达到的正确，不是单纯认知意义上的真假、对错，还包括价值观的是非、对错。社会科学理论总是体现着认知和评价、对象的尺度和人的尺度的统一。

社会科学研究的复杂性在于，"人的尺度"或"人的目的的尺度"自身就包含着类和个体的矛盾。在实际的运用中，人们各有自己的利益和目的。这些利益和目的之间，既有一致或相容之处，又有矛盾甚至对抗之处。同时，一定的个人与个人所属的群体之间的利益矛盾，小共同体与其所属的大共同体的利益矛盾如阶级与民族、民族与国家、国家与人类等的矛盾，都以局部利益与整体利益、眼前利益和长远利益、个别利益和共同利益的矛盾形式出现。任何一个方面，单独看都可能有自己的合理性、必要性，综合到一起就可能出现了矛盾和冲突，构成了一种非常复杂的局面。而社会科学研究者也是现实的人，属于一定的阶级、民族、群体，不可能完全处于价值中立状态。因而实现真理与价值的统一绝不是一件容易的事情，它只能是一种具体的历史的统一，一种相对

---

① 参见［加］C.泰勒：《论合理性》，《哲学译丛》2000年第4期。

而非绝对的统一，一种通过社会科学的不断发展和社会制度的不断完善而实现的统一。

在真理与价值相统一的问题上，马克思的唯物史观为我们提供了方法论原则，这就是从社会生产力及其发展和实现这一人类生活最基本的事实，同时也是最可宝贵的价值出发，来展开社会认知和价值评价活动。这样，我们的社会认识就会深入到人类社会最为基础和中心的部分，既会发现人类的社会分化及其矛盾冲突，也能够发现克服和扬弃这一矛盾冲突的可能性；既不会把社会认知与社会评价混为一谈，也不至于将它们绝对地分离开来，而始终把握住它们之间的辩证统一关系。

第二节　社会认知的方法与途径

人作为社会的人，都生活在社会之中，既是剧作者又是剧中人，因而自然地也都在进行着社会认知。或者说，社会认知就是人们每日每时都在进行的一种活动，尽管这种活动的水平和能力各不相同。但是，正如每个人都对自然现象进行认知，而只有自然科学家的研究才是自然认知的典型形式一样，在对社会认知方面，社会科学研究也是社会认知的典型形式和高级形式。

一、社会认知的特点

社会是一个复杂的有机体，社会认知也有许多具体的形式，在不同的学科又表现为具有特殊性的方法，如调查方法、统计方法、模型方法、历史考据方法等，各有自己的特点。我们这里讲的不是这个意义的特点，而是各种社会认知的共同点，是与对自然界的认知相比而显现出的特点。

第一，主要依靠思维的抽象力。社会作为一个复杂的有机体，任何一个单独的事件、任何一种社会现象，都受着多种因素的影响，这种影响又经常处于变化之中，所以它们是不可复制的。马克思曾说过："物理学家是在自然过程表现得最确实、最少受干扰的地方观察自然过程的，或者，如有可能，是在保证过程以其纯粹形态进行的条件下从事实验的。"① 社会科学研究及社会认知却很难获得这样的条件，尽管可以选择最成熟最典型的形态进行研究，比如马克思研究经济运动就选择了英国，但毕竟无法进行可控的实验，"既不能用显微镜，也不能用化学试剂。二者都必须用抽象力来代替。"② 自然认知当然也需要思维的抽象力，可由于观察对象的运动有可控性，能够在实验室的环境条件下进行观测，对思维抽象力的支持比较大，限制也比较多。而在社会认知中，既无这种支持也无这种限制，这就对思维的抽象能力提出了更高更严格的要求。如，无相当的自觉和严格的训练，抽象不够或抽象过度、胡乱想象随意比附、把表面的联系当做本质的联系、将局部的片面的真实当做整体的真实，都是经常容易发生的事情。

第二，中间层次较多、间接性比较明显。自然科学研究总是研究者直接面对对象，进行实验、观察、记录等，然后分析这些材料，得出结论。而对社会现象的研究，多是在事后进行的，即总是先发生了某些事件某些现象然后才能对之进行研究。研究者与事件之间不仅有时间上的间隔，而且有的间隔还很长。比如历史研究，更是因为这些事件必须借助当事人的回忆、叙述，借助于前人已经进行过的对这些回忆、叙述资料的整理和分析，才能够得以再现或复原。即使社会学、人类学中常用的田野调查，其中也以对一定人物的访谈为重要内容。经济学研究需要搜集掌握大量的数据，而这些数据也是别人或专门的统计机构发布的。因此，在社会认知中，如何利用思维的抽象力分析比较各个层次的资料的真伪，确定其可靠性和可靠的程度，就成了第一位的事情。

第三，社会认知总与人们的利益发生着直接或间接的关系，在阶级社会中则同人们的阶级地位和立场密切关联。这种关系和关联，在社会认知的各个层次、各个中间环节都普遍起作用。社会事件的众多当事人以及一些相关者的回忆和叙述，当时的官方档案关于事件的记录和评价，之所以

① 《马克思恩格斯文集》第 5 卷，人民出版社 2009 年版，第 8 页。
② 《马克思恩格斯文集》第 5 卷，人民出版社 2009 年版，第 8 页。

出现大量的不一致、矛盾的地方，除了当事人、相关者在事件过程中的具体位置所形成的认知局限之外，更还在于各自的利益、立场和价值评价的不同。而这种立场和评价的差异直接地规定了叙述者的角度和态度，渗入他们对事件的描述中。换句话说，他们的价值态度和评价直接影响了他们对这一事件的认知和描述性的回忆。在社会学田野调查的访谈过程中，这种情况会表现得非常充分和明显。对一个小范围的小事件的回忆和叙述都是如此，对规模巨大和影响深远的社会事件就更是如此了。从社会科学研究者这个层次说，研究者搜集或所面对的原始材料基本相同，但得出的结论却大相径庭，其中最重要的原因，就是价值立场和研究角度的不同，对原始资料的评价、取舍和所予权重的不同。即使研究者都认同所谓的价值中立原则，以一种客观的态度来进行研究，防止价值评价对事实描述的污染，这也只是相对的而非绝对的。正如一句著名的格言所说：几何公理要是触犯了人们的利益，那也一定会遭到反驳。在利益严重对立的阶级社会，人们更难达到客观、一致的社会认知。

人们在认识社会现象时，不可避免地受到利益和立场的限制，这是一种合乎规律性的现象。马克思主义不仅不否认这一点，而且公开承认这一点，并坚决反对和批判那种号称超越了这种限制的所谓公正、客观的研究。马克思说："期望在雇佣奴隶制的社会里有公正的科学，正像期望厂主在应不应该减少资本利润来增加工人工资的问题上会采取公正态度一样，是愚蠢可笑的。"① 但马克思主义同样要求，社会科学研究作为一种科学研究，研究者必须保持科学家的良知和职业操守，这就需要保持那种"光荣的伟大理论兴趣——那种不管所得成果在实践上是否能实现，不管它是否违反警方规定都照样致力于纯粹科学研究的兴趣"。所要反对和杜绝的是那种"对职位和收入的担忧，直到极其卑劣的向上爬的思想"②。这种科学的精神与人民群众的立场是一致的。由于人民群众的根本利益最大限度地整合了社会的整体利益，决定着人类社会发展的方向，所以，站

---

① 《列宁专题文集 论马克思主义》，人民出版社 2009 年版，第 66 页。
② 《马克思恩格斯文集》第 4 卷，人民出版社 2009 年版，第 313 页。

在人民群众的立场上，必定有益于我们做到实事求是的社会认知。当然，我们切不可把这一观点简单化，以为只要解决了立场问题，认识的困难和方法问题就不存在了，甚至可以从立场直接推导出正确的观点或真理性的结论。

第四，在社会认知过程中"理解"具有重要地位和作用。社会认知与自然认知的一个重要区别，在于认识自然时只需要作出客观的观察和说明，而认识社会现象则不能不包含理解，而且理解对于真正地了解社会现象的真相具有重要的作用。

在现代哲学中，如何理解"理解"这个概念，实际上有不同的看法。我们这里大致地将之规定为"一种基于理性的解释"，即它是人们凭借社会生活的经验、常识，运用体验、想象或移情，特别是经过对这些经验、常识、体验和想象的理性的反思，来实现的人与人之间的一种沟通，是人们超越个体经验的情感的自然局限而在类的层次所形成的一种达观。理解的本体论基础，就是我们都是人，都是人类的一分子，具有相同的肉体和精神结构，有一些基本相同的需要及其需要结构，因此彼此之间在情感、体验、道理上就能够沟通，能够有共感、同情、共识。从文化人类学的角度说，一定的文化传统，既是前人的生活经验的结晶和总结，又是后一代人从自然人成为社会人的背景和基础，人们的感知能力、情感、体验等虽然有自然的基础，但又是历史地文化地形成的，是为一定的历史文化所塑造的。共同的文化背景、共同的生活、共同的实践方式和彼此之间的交往，使得人们不仅能够通过语言对别人的思想有所了解，而且能够通过肢体动作、面部表情等对别人的感受和情感有所领会，还能够对其他人在相同条件下会作出什么样的反应和行为形成一定的预期。一般说来，处于同一共同体或文化中的人们，总是能够通过交谈和对话而达到相互理解，不仅明白对方所表达的意思和思想，还了解这种意思和思想的原委，而不同文化共同体的人们，在交往中就往往会产生不好理解的感觉。但随着对彼此文化背景的熟悉，不理解就可以逐步转化为能够理解。"己所不欲，勿施于人"，在不同的文化传统中都被作为一个基本的伦理原则，实际上正是建立在对自己所不欲的也是别人所不欲的道理之上的。

　　理解其实也是分层次的。上述意义上的理解，基本上可以看做是自然的日常生活意义上的理解，人文社会科学方法论将日常生活中的"理解"引入自己的体系中并给予开掘和提升。如同伽达默尔（又译：加达默尔）所说，作为解释学的一项任务，理解从一开始就包括了一种反思因素。因为它不是知识的重建即不是简单地重复同一事物的活动，而是反思性地让知识从原来的无意识性转向意识性。① 这种经过了理性的反思而形成的理解，是一种高层次的理解，是把握了理解自身包含的矛盾又扬弃了这种矛盾的一种境界和方法。这种矛盾就是理解与误解的矛盾。误解是人们生活中经常遇到的现象，因误解而引起的纠纷更是比比皆是。误解不仅具有可能性，简直可以说具有必然性，就像"盲人摸象"的寓言所揭示的那样，大家都把自己知道的那一片面当做是全面。这表现在社会认知过程中，就是各个层次的人都会形成误解，社会事件的当事人会因为自己的局限形成对事件真相的片面叙述，研究者也会因为不懂得当事人而信以为真，或是因为自己不了解当事人的苦衷而形成误判，还会因为研究视角和方法的局限而形成偏颇的结论。只有通过反思懂得了误解的不可避免性，从而也就扬弃了理解与误解的简单对立，注意分析各个层次可能发生的误解的原因及其合理性。达到了这么一种自觉意识和境界，研究者才能在观念中经常进行一种角色的换位，感同身受地模拟当事人的心理活动，所想所说，所作所为，这样才能对当事人为什么当时会产生那样的动机，进而作出那样的行为，有一种"同情的理解"。对于前人的相关研究成果，也能设身处地地考虑到其所受到的各种限制和局限，肯定所该肯定的，否定所该否定的，并给出合理的理由。中国古人早就有"知人论世"和"知人论事"的训诫，这里就包含着对理解作用的重视。

　　总之，只有充分注意到社会认知过程中理解的地位和作用，并将之作为一种方法自觉地运用于自己的研究过程中，才能尽量地发现所掌握的文献资料的失真失误之处及其原因，还原当时的具体情境，对一定社会现象

---

① 参见［德］加达默尔：《哲学解释学》，夏镇平等译，上海译文出版社 2004 年版，第 46 页。

的发生、发展过程作出合情合理的解释，使研究的结论达到"思维的具体"。

二、经验观察与事实描述

作为社会科学方法的观察，是指按照一定的目的有意识地对社会现象的各个方面及其变化，进行细致的考察、观测。这里所说的"一定的目的"，就是我们平时所说的问题意识，确定问题和解决问题的意识。研究者若是没有问题，就等于是无的放矢，就没有聚焦点，形成不了注意力，观察也是什么都观察不到的。这里所说的"有意识地"，是指围绕目的而形成的自觉的研究计划。没有目的，计划无从制定，有了目的而无如何达到目的的计划，这目的就是空的虚的，甚至是假的。

科学研究总是从问题开始的。这问题可以是理论中的问题，也可以是实际生活中的问题。问题并不是直接地摆在那里，一眼就能够看到的，而是需要研究者以一定研究能力的眼光发现的。即使是实际生活中的问题，一般人会觉得有问题，出了问题，但这是一个什么问题，是需要专门研究者才能确定的。正如一个人觉得自己不舒服，身体出了问题，他去看医生，把自己的感觉症状告诉医生，医生凭自己的专门知识确定是什么问题，或怀疑可能是哪个部位出了问题，然后一步一步检查，找到了病根病源，再对症下药。

发现了问题或提出了问题，就要考虑如何解决这个问题。解决问题是目的，如何解决就是计划。这些都是科学研究的前提性工作。有了目的和计划，就可以进行观察了。这里说的观察，相对于自然科学的观察，可以说是一种广义的观察，总的任务就是搜集资料。按照计划从各个方面搜集相关的资料，包括搜集各种文献资料。从这个意义上说，这里的观察实质上就是调查。我们通常都把调查研究当做是一个词，实际上调查和研究是有分别的，有分工的，调查主要是搜集资料，研究才是分析资料。

社会调查分实地调查和文献调查。文献调查是搜集资料的重要途径，也是大多数社会科学研究普遍使用的方法。文献包括报纸、杂志、书籍记叙的相关资料，也包括有关部门发表的数据资料、档案材料，还包括一些事件当事人的回忆录、日记等。总之，围绕要解决的问题，一切已有的与之相关的资料都在搜集之列，搜集的越全面越好，重要的文献越没缺失越好。实地调查也很重要，尤其是在缺乏相关文献资料的情况下，实地调查就具有创造文献的作用。毛泽东在中国土地革命战争时期的农村调查，是中国共产党人调查研究的一个范例。费孝通先生的成名作《江村调查》，也是中国社会学实地调查的经典之作。实地调查不仅是社会学研究的重要方法，在管理学研究、教育学研究中也都大量使用。在实地调查中，主要依靠调查者的经验观察。

　　与自然科学的观察不同，社会观察不是在试验室中，而是在社会实践中进行的。社会现象都是处于特定社会关系和社会进程中的现象，并且前有历史传统的影响，后有人们对未来的预期，参与的人物众多，不可控的情况也经常发生，如果社会的观察者或研究者置身事外，即使能够感觉到表面的社会现象，也难以理解其意义。只有近距离甚至零距离地参与了观察对象的活动或行为，才能真正地了解社会现象的来龙去脉，发现作为社会现象"制造者"的当事人的生活环境和相互关系，体认和理解他们不同的想法和做法，对他们的行为、结果和多方面的影响，如实地进行描述和搜集，获得足够的信息或数据，进而把握作为现象和本质之统一的"社会现实性"。显然，为人们描述、确认的事实不是像马克思所批评的"抽象的经验论者所认为的那样，是一些僵死的事实的汇集"，而是对现实的人的能动的生活过程的描绘，① 所以它不是"僵死的事实"，而是"活生生的现实"。

　　在社会观察中，由于研究目的不同，进行观察的方式也有区别。一种是"出场但不破坏现场"的匿名式观察，即观察者隐匿自己的身份和目的，以一种不为人们所注意的形式"偷窥"所发生的一切，尽量地不因自己的出场而改变研究对象本然的生活形态和人们的态度，以便客观地观察、记录和描述生活的原生态。另一种则是公开观察者的身份，甚至以一种官方组织的调查者的面目出现，组织座谈会，听取意见。在这种情况

① 参见《马克思恩格斯文集》第 1 卷，人民出版社 2009 年版，第 525—526 页。

下，观察者或调查者这个新因素的出现，就在一定程度上破坏了现场，改变了被观察者或访谈者的心态和行为方式，比如说谈论某个问题就比较谨慎，或对自己的态度和看法就会有所隐瞒。这就会造成一定程度的失真。根据观察者是否参与所要观察的生活过程，又分匿名但参与式的、匿名而不参与的、公开身份也参与的、公开身份但不参与的等几种情况。

　　无论怎么样，这些都属于近距离或零距离进行的观察，其优点是能够获得第一手的原始资料，从而比较真实地描述所看到的社会现象，其局限性是只能小范围内进行，比如对一个村、一个社区进行观察，范围稍大，就超出观察者的能力而无法进行。为了克服这种局限，就需要与其他的社会调查方法结合起来，比如统计调查、问卷调查等，有点有面，点面结合。

　　关于社会现象的事实描述或事实判断，应当根据自己的观察和调查所获得的材料，结合别人已有的调查材料，互相对照，然后去伪存真、去粗取精地加以整理，最后作出描述和判断。无论采取何种形式，目的都在于揭示社会事实的本来面目，而不应当附加任何外来成分。如列宁所说，要坚持"考察的客观性（不是实例，不是枝节之论，而是自在之物本身）"①。如果这里的事实描述出了问题，也就是说描述的并不是真的事实，而是片面的事实，假的事实，甚至情况是虚构的，数据是编造的，得出的结论其可靠性就可想而知了。也正因为这个缘故，社会科学的研究论文和报告，对文中使用的数据必须标明来源，对文中涉及的事实材料，也要交代是如何获得的，用什么方法获得的，以便别的研究同行能够进行审查，从而提高研究结论的可信度。

三、社会认知的概括、综合

　　对社会现实的观察、描述，形成了对特定对象的感知和经验性知识。这只是实现了社会认知的第一步。为了从这些经验性认识中进一步形成整

---

① 《列宁专题文集　论辩证唯物主义和历史唯物主义》，人民出版社 2009 年版，第 139 页。

体性和规律性的认识，建构关于社会系统与历史的知识系统和理论，就要作进一步的抽象和概括、分析和综合。

借助概念思维进行的抽象、概括，必须舍弃许多现象的偶然的方面，这样才能使对象的基本特征和普遍本质呈现出来。事实上，社会现象既无限丰富、充满变化，形成的原因又非常复杂。人们的社会生活作为无数个人之间的相互作用，当然是极其繁复的，每个人的活动都有自己的特点，相互作用也有不同的形式和类型，但是，这些个人的活动总是受到一定历史条件和特定社会关系体系的规定与制约，总是具有某种重复性或循环性，如同人们每天都在工作单位做着同一性质或同一类别的工作，还要每天在工作单位和自己的家庭之间穿梭往返，从而表现出一定的模式化。人们社会生活的这种重复性和模式性，使我们在认识各种社会现象时，可以按照某种标准进行归类。如从人们生产的主要产品和劳动方式中，概括出这是农业生产活动，还是工业生产活动。

将一定的社会现象按照共同点来进行归类，确定为一个概念，或用一个概念来指称，这还是比较初步的抽象和概括。进一步的抽象概括工作是找出这类现象的本质，从而形成一系列的判断。这些判断是概括了大量的经验材料而抽象出来的，从不同的方面不同的角度反映着对象的本质，揭示了对象的本质在不同方面的特点，但它们之间却可能是相互矛盾和冲突的。社会科学研究中的许多争论，各种观点都有自己的一定论据，都有片面的真理性和深刻性，互不认同，难以达到合理的综合，一个重要原因就是彼此都停留在这个抽象的层次而不自知。

思维的概念的抽象并非社会认识的最高任务，社会认识的最高任务是从"理性的抽象"达到"思维的具体"，也就是达到"具体的普遍性"。马克思指出："生产一般是一个抽象，但是只要它真正把共同点提出来，定下来，免得我们重复，它就是一个合理的抽象。"[1] 生产一般是一切生产的基础，"如果没有生产一般，也就没有一般的生产。"[2] 然而，只是抽

---

[1] 《马克思恩格斯文集》第8卷，人民出版社2009年版，第7页。
[2] 《马克思恩格斯文集》第8卷，人民出版社2009年版，第9页。

象出"生产一般"是不可能真正理解生产的社会历史形式以及人们的社会历史命运的。"一切生产阶段所共有的、被思维当做一般规定而确定下来的规定，是存在的，但是所谓一切生产的一般条件，不过是这些抽象要素，用这些要素不可能理解任何一个现实的历史的生产阶段。"① 要想真正理解作为人类生存方式的生产的奥秘从而也是人类历史命运的奥秘，就恰恰不在于这个"一般"的抽象，而在于对"差异"的把握。正如对各种不同矿物只会说"矿物"这个词的人并不是真正的博物学家，博物学家不仅要知道各种矿物的特点，还要了解这些矿物是怎么生成的，它们已经并仍在发生着什么样的变化。所以，"如果说最发达的语言和最不发达的语言共同具有一些规律和规定，那么，构成语言发展的恰恰是有别于这个一般和共同点的差别。"② 构成人们的生产乃至一切社会活动的发展的，同样是这个历史性的"差别"。

这体现在人们的社会认知过程中，就是从思维的抽象达到思维的具体性。马克思在讨论政治经济学的方法时对此有非常精妙的论述，他把从感性具体到抽象称为第一条道路，把从抽象到具体称为第二条道路，"在第一条道路上，完整的表象蒸发为抽象的规定；在第二条道路上，抽象的规定在思维行程中导致具体的再现。"③ 他以人口为例，"如果我从人口着手，那么，这就是关于整体的一个混沌的表象，并且通过更切近的规定我就会在分析中达到越来越简单的概念；从表象中的具体达到越来越稀薄的抽象，直到我达到一些最简单的规定。于是行程又得从那里回过头来，直到我最后回到人口，但是这回人口已不是关于整体的一个混沌的表象，而是一个具有许多规定和关系的丰富的总体了。""具体之所以具体，因为它是许多规定的综合，因而是多样性的统一。"④ 思维的具体性使思维的普遍性不再停留于抽象的层次上，而是达到了具体性即具体的普遍性，它最大限度地接近作为特殊和普遍、个别和一般之统一的社会现实。到了这

① 《马克思恩格斯文集》第8卷，人民出版社2009年版，第12页。
② 《马克思恩格斯文集》第8卷，人民出版社2009年版，第7页。
③ 《马克思恩格斯文集》第8卷，人民出版社2009年版，第25页。
④ 《马克思恩格斯文集》第8卷，人民出版社2009年版，第24—25页。

里，社会现实不是彼此不相干的简单事实，而是有机的系统或整体。对这一整体的把握，需要我们把分析与综合有机地统一起来，并且充分地运用我们的理解和联想能力。

一般而言，无论是自然科学的研究还是社会科学的研究，都需要借助分析的方法。分析是在已经获得的感性认识的基础上，深入对象的内在矛盾、结构之中，发现其构成方面、要素及其各自的功能。这些方面和要素都有其相对的独立性，但它们又处于相互联系和作用之中。因而，分析总是关联着综合，即在考察对象自身的构成方面和要素时，同时关注它们的联系方式和作用方式，以及由此导致的运动或变化。这样，我们才能从根本上和总体上把握对象，使一般性的社会认知发展成为具体而普遍的社会认知，建立起关于社会现实的知识体系或理论。

如果说自然认识的分析与综合是一个纯粹智力的活动，分析与综合的工作一旦完成，人们就可以系统地说明某种自然现象的来龙去脉，那么，作为社会认知方法的分析与综合，则关涉着人们的想象和情感，即关涉着理解。因为社会现象中蕴涵的人的活动的目的性和意义性关联，只有理解才能捕捉到。

社会科学的抽象与概括、分析与综合，不只是关于对象的实证性研究和描述性把握，还包括了批判性研究和规范性把握。所谓批判，不是简单的否定，而是思维和观念领域的分析、判断和扬弃。立足社会实践的马克思主义方法论具有鲜明的批判性，即根据实践变革和重构对象的性质和功能，深入事物的内部矛盾之中，通过解析事物的矛盾关系及其所导致的自身否定的趋势，而揭示它的新形态。所以，马克思主义认为，社会科学方法论所主张的实证性研究本身就是批判性的实证，包含证实和证伪、肯定和否定两方面。所谓规范，则是按照一定的价值标准来要求、衡量对象。马克思主义方法论的批判性与它的规范性互为前提，它认为社会现象本身就具有人的生活实践所赋予的规范性，表现为特定的社会形式或文化样式，这种形式或样式体现着人的需要和目的，并随着人的实践的发展而不断地改善、完善乃至发生根本性的突破或转换，改变旧形式，获得新内容。所以，社会科学方法论的规范性不是拿了研究者的主观理想去评价和衡量对象，而是根据对象所属的社会领域和所承载的社会功能的规范性要求，来观照、评价对象，如同我们根据教师的职责、职员的职责来要求每一位教师和职员。显然，解构是为了新的建构，否定是为了新的肯定，马克思主义所主张的社会科学方法论正是通过其批判性和规范性，实现其影响人的行为、变革社会现实的功能。

第三节　社会评价及其标准

评价是人们把握价值的观念形式。从本质上说，评价与认知是两种相互区别的把握对象的方式，认知要揭示的是对象和事物的本来面目，评价则是按照一定标准衡量对象事物对人的价值和意义。但二者又密切关联，相互渗透又相互制约。评价以一定的认知为基础，同时对认知又有导向作用，合理的评价能够促进认知的进步和发展，错误的评价则会成为认知的障碍。

一、社会进步的评价

这里说的社会评价，是指社会科学研究中对研究对象的社会价值和历史意义的评估、评定、把握，特别是指对于社会总体价值及其演进方向的态度。社会评价的方法既体现着一定的价值观，又要符合认识的逻辑。因而同样要坚持实事求是。

社会评价的实事求是以尊重事实为前提，不夸大、不缩小，然后按照事实或事件本身展开的逻辑，对这些事件已经形成或可能形成的社会作用进行评价，"不溢美、不掩恶"，更不能以一己之好恶，颠倒黑白、指鹿为马。正确的评价总是与客观的认知相辅相成。即使人们在具体的研究之前，已经形成某种价值观念和评价结论，它也不能代替在具体的社会研究中，依据对象的事实发生和发展的逻辑所做的具体评价。具体、实事求是的社会研究会呈现出对象自身的价值向度和逻辑，这种向度和逻辑会影响、矫正甚至改变既有的价值观念，使我们形成真正合理的评价尺度或标准。

社会评价具有多方面的内容和形式，但从根本上说是关于社会进步与否的评价。社会进步是社会研究的科学性和价值性统一的基础，也是科学性和价值性统一的最终旨归。那么，究竟什么是进步，理性能否带来真正的进步，这是需要加以明确的。

作为历史性的观念，进步的产生有其特定的社会条件和思想条件。在原始状态或文明萌芽阶段，不可能产生这样的观念，因为人们匍匐在自然力的作用下，与周围的自然还处于混沌未分的状态。后来，随着人的活动的能动性和目的性的逐渐提升，人们越来越能够利用自然条件改变原来天然自在的状态，为自己营造出自然界不可能产生的人工环境，把自己与外部自然区分开来；特别是萌生出自我意识，创造出语言文字，文明的因素越来越多地出现在人们的生活中，他们也逐渐有了关于自己命运和使命的意识，理性的因素在人们的活动中发挥越来越大的引导作用。但是，在人类步入文明的同时也是内部分裂即阶级出现的时代，一方面，正是由于人为因素导致原来氏族共同体的瓦解和社会中大量的灾难与不幸的产生，让人们产生今不如昔的观念，形成倒退论的历史意识；另一方面，由于人们的生产和生活在整体上仍然要顺应自然秩序，日出而作、日入而息，春种秋收、靠天吃饭，所以，他们在认同自然秩序的同时，其历史观也往往充满自然循环论的色彩。这样，即使某些民族的意识中产生了对未来的美好憧憬，甚至形成了较为明确的目的论或进步意识，这种意识也不能不混杂在各种自然的和神秘的观念中①。

真正具有现代意识的进步主义观念，产生于西方的宗教改革、文艺复兴和启蒙运动中，它以人的理性为基础，以人的理想为目标，形成了对人类未来的乐观预言。18 世纪著名的法国启蒙学者孔多塞，在按照进步原则论述了人类历史的 9 个时代之后，大胆地预言了作为"人类精神未来进步"的第 10 个时代：我们对人类未来状态的希望，可以归结为以下三点，"即废除各个国家之间的不平等、同一个民族内部平等的进步以及最后是人类真正的完善化。""在那里，人人都将掌握必要的知识，在日常

① 例如，"目的论"最早指神学目的论，人们用神的意志解释自然界和人类自身的因果关系。后来在基督教的"创世"说中，产生了神义论的进步论，经过宗教改革和文艺复兴，神义论的历史观进而转换为人义论的历史观。

生活的事物中按照自己固有的理性指导自己，保持它没有偏见，以便更好地懂得自己的权利并按照自己的见解和自己的良心来行使自己的权利；在那里，人人都能由于自己才能的发展而得到保障自己需求的可靠手段；最后在那里，愚蠢和悲惨将只不过是偶然的事，而不是社会一部分人的常态。"① 当代学者指出：人类进步的观念作为一种理论，"涉及一种对过去的假设和对未来的预言。它的基础是对历史的一种阐释，这种阐释认为人类是朝着一个确定的和理想的方向缓慢前进——即一步一步地前进，并推断这一进步将会无限期地持续下去。"② 显然，在他们的理解中，进步不只是人的智力和理性的不断提升，也包括人的思想道德和人性的不断改善，直到进入完美的理想状态。然而，无论在理论上还是在实践上，西方启蒙运动以来的进步观，由于建立在理性特别是"理论理性"或"科学理性"之上，因而在很大程度上表现为对人的智力与力量的追求，相信人类能够不断地扩大和深化对自然及社会奥秘的了解，掌握关于客观的因果关系和必然性的知识，从而征服世界，在一切可能的领域都获得自由。培根"知识就是力量"的名言，成为这种进步观的最简洁的阐释和表达，不仅长期为西方人所服膺，而且有力地影响了近代以来的中国人，并被我们理解为"民富国强"的社会目标。

　　针对西方启蒙运动的进步观，马克思主义创始人将人类的进步理解为现实的人的自身发展和解放的过程，即人们基于物质生产、科学研究和包括社会斗争与革命在内的交往活动的实践的作用，不仅强调了社会生产力这一人类财富在社会进步中的基础性作用，并且突出了生产力和生产关系、经济基础和上层建筑之间的矛盾运动所发挥的动力作用，因而对人类社会历史的发展采取了辩证的观点，在肯定人类进步的总的趋势的同时，并不否认其中的曲折坎坷、局部的混乱和暂时的倒退。在马克思看来，社会进步指社会发展中向前的、上升的运动，既包括社会生活中社会物质文

---

① ［法］孔多塞：《人类精神进步史表纲要》，何兆武等译，生活·读书·新知三联书店 1998 年版，第 177 页。

② ［英］约翰·伯瑞：《进步的观念》，范祥涛译，上海三联书店 2005 年版，第 3 页。

明和精神文明的渐进发展，也包括社会形态从低级阶段向高级阶段的突变演进。但社会进步不是直线上升的，而是通过迂回曲折的道路实现的。当然，任何曲折和暂时的倒退，都只能延缓人类社会的发展，却不能改变人类社会走向进步的总的趋势。

将人类社会的进步作为总的趋势给予断定，是基于人类自身在其活动中不断提升着的自觉性、反思能力和实践能力，而并非像断定自然界的变化那样给予的客观描述，好像人们即使不发挥历史能动性，不去经常反思自己、批判自己，人类社会的进步也会自然来临。事实上，能够保障人类持续进步的，正是人类对自己人性的缺陷、弱点、有限性的反省，对社会问题与风险的清醒的认知态度，特别是能够有效地防范和化解各种社会冲突、危机的制度与措施的建立，乃至对已经取得的文明成果和进步自身的不足及局限的批评与超越。人类的未来到底是走向富裕还是走向贫困，是走向自由还是走向奴役，是走向民主还是走向专制，说到底取决于人类自己的认识和行动。而建立起公共交往和讨论的平台，形成具有普遍社会效应的自我反馈和变革的机制，促使人们持续地批评、警醒和防范自己的武断、任性和虚妄，显然是推动现代人类持续进步的保障。

以上论述同时说明了两点，其一，我们固然应当放弃无批判的简单的进步主义，但不应当放弃进步的理念。虽然"进步"作为一种预设，在经验和理论两方面都遭遇到挑战和批评，但并未证伪和推翻它。其二，社会进步说到底是人自身的进步，既是人的各种能力的全面发展，也是人性的丰富、完善和人的幸福自由的不断获得。那种将人与社会抽象地对立起来，要么以社会整体利益为名压制人的自由，只将人看做是社会进步的手段，要么只承认个人的实在性而把社会当做是一个空名，只强调个人的自由而忽视社会的秩序要求，都是片面的错误的观点。

社会进步是一个整体性的评价，具有丰富的内涵，而社会生产力与人民利益是它的两大基本内容。

二、社会生产力是社会评价的根本标准

人类是靠自己的生命活力，特别是社会生产能力而生存和发展的。社

会生产力是人类生命活力和能力的集中体现，也是人类自己最大的财富，构成了整个社会的物质基础。社会生产力的发展，是社会进步的最核心内容，也构成了社会评价的根本标准。人类进入现代社会以来，目睹人的异化日益严重日益普遍化的现实，不少人质疑社会是否在进步。但纵观他们的论据，基本都是从道德人心方面着眼的。马克思主义与他们的根本不同，就是紧紧抓住社会生产力发展这个标准，从社会生产力发展的角度来理解和评价社会进步。

社会生产力虽然是可以测量或衡量的客观的力量，是"最硬"的社会事实，因而社会认知要把握的最基本的社会事实和社会评价所要依据的最重要的社会价值，都集中在社会生产力这一对象上，但社会生产力同样是一个丰富的系统的概念，包括人们的各种能力特别是自主自由的创造能力；同时，社会生产力还是一个密切地关联着社会关系和社会所有权的概念，只有社会生产力为全体社会成员所拥有和掌握，社会生产力才能获得不断的解放和充分的运用。所以，决不可把社会生产力这一社会评价的根本标准简单地等同于GDP的增长，或机器的技术的力量，而应当将其视为人的潜力、能力的全面开发，从根本上指向人的自由全面发展。

马克思的唯物史观正是通过对社会生产力的肯定并从社会生产力的发展和解放出发，实现了社会认知与社会评价、真理观与价值观的统一。按照唯物史观，我们评价各种社会现象，评价社会的制度和政策，评价一定政党与社会团体的主张和行动的历史作用，都应当把社会生产力放到基础地位，作为根本标准，看它们与社会生产力的关系如何，是否有利于社会生产力的解放和发展。而社会生产力的解放与发展，就是人的解放与发展。

强调社会生产力是社会评价的根本标准，是从归根到底的意义上讲的，并不否定社会各个领域都有各自特定的评价标准。要把社会生产力的标准具体化为社会各领域特定的评价标准，就要充分考虑社会生产力借以产生和发挥作用的社会历史条件，辩证地看待和解决生产力与生产关系、生产的社会化与个体化、社会的总劳动与个人的劳动、社会公共领域与私人领域、人的活动的自发性与自觉性、社会平等与个人自由等矛盾关系，

让"看不见的手"与"看得见的手"、社会运行的客观机制与人为控制各
得其所并相互结合,共同推动社会生产力的发展与解放。

三、人民利益是社会评价的最高标准

人民群众是社会实践的主体,是推动历史发展的决定性力量。人民的
利益,人民的幸福,是我们进行社会评价的最高标准。

人类文明的发生不仅源于工具的发明,而且源于人的生命意识和对人
的生命的重视。在中国传统社会,重视人民的生命和生活的"民本"思
想,源远流长。但是,在君主专制的社会,君主及其统治集团的生命和利
益至高无上,"家天下"是他们的基本价值理念。在这种理念下,人民群
众的生命和利益最多只具有工具性的价值。进入现代文明阶段,人类实现
了从"民本"到"民主"的转换,国家是人民的国家,并通过政治和法
律制度保障每个公民的权利,人民的生存、利益和自由权利才能成为社会
普遍认可的价值标准。这是人的政治解放的重要标志。然而,在资本主导
一切的资本主义社会,虽然法律规定人人都具有"同等的自由权利",但
实际上只有资产者才有条件享有充分的自由权利,人与人实质上的不平等
仍是基本的社会现实。社会主义作为资本主义的批判者,致力于建立人民
真正当家做主的社会;只有人民自己当家做主,他们的利益才能得到切实
的维护和实现。

对于人民利益作为社会评价的最高标准这个命题,不能做简单的直观
的理解。因为人民利益同样有着内在的矛盾性,这就是人民作为总体和构
成人民的每个个体的矛盾、人民根本的长远的利益和局部的当前的利益的
矛盾。这些矛盾是客观存在的。那么,如何解决这些矛盾?过去,我们主
要是通过社会主义根本制度和人民的"代表"来解决。应当说,这种解
决方式在过去是合理的有效的,但在今天,在利益分化和多样化的情况
下,这种解决方式的有限性和不足之处就越来越突出了。虽然每个具体的
个人往往容易只看见自己眼前的有限的利益,未必清楚自己和别人的根本
利益、长远利益所在,但他们毕竟是国家的主人,不仅对于国家决策有知
情权,也有权参与事关自己利益的决策。随着教育的大众化和互联网的出

现，人民中的普通民众与精英的关系也正在发生变化，马克思所批评的社会分为教育者和被教育者的状况正在改变，普通民众的知识水平和思想境界都在不断地提升，社会和政府需要的是为他们的政治参与创造条件，使他们不仅在政治、法律上成为独立自主的平等的公民，而且在经济、文化上成为自己事务的主导者和决定者；而人民群众的利益，也既需要民主制度和法律条文的保障，同时也需要公共平台的建立和人民公开的讨论与辩论。换言之，人民群众利益的维护和落实，不能只是由他们的"代表"来决定，而应当由人民群众自己的参与、讨论并作出决定。

马克思指出：抛掉狭隘的资产阶级形式，财富正是在普遍交换中所造成的个人的需要、才能、享用、生产力等的普遍性，正是人对自然力统治的充分发展，正是人的创造天赋的绝对发挥。"这种发挥，除了先前的历史发展之外没有任何其他前提，而先前的历史发展使这种全面的发展，即不以旧有的尺度来衡量的人类全部力量的全面发展成为目的本身。在这里，人不是在某一种规定性上再生产自己，而是生产出他的全面性；不是力求停留在某种已经变成的东西上，而是处在变易的绝对运动之中。"① 马克思的这一思想和预见，正是我国提出"以人为本"的政治价值观的理论根据。

"以人为本"是人民利益标准的时代表达，体现了社会主义的价值原则和包括中国在内的人类优秀思想文化的统一。以人为本的"人"，不是社会的某些人，而是社会的所有公民；以人为本的"本"，说明所有的公民是社会的根本和发展的目的。社会主义社会的发展都是围绕人的发展展开的，社会主义的最终目的就是人的自由全面发展。马克思主义相信未来世界一定是"人类社会和社会化的人类"的存在方式。而凡是有利于发展社会生产力，凡是有利于提高人民生活水平的，都是有利于社会进步和人的自由全面发展的，因而也是社会评价所必须坚持的。

社会生产力作为社会评价的根本标准之"根本"，在于社会生产力是一切社会进步的前提性、先决性条件；人民利益是社会评价的最高标准之

---

① 《马克思恩格斯文集》第 8 卷，人民出版社 2009 年版，第 137 页。

"最高"，则在于人民是社会发展和价值评价的目的，它是理想，也应当体现在社会发展的一切阶段之中。

思考题

1. 举例说明社会科学研究中事实描述与价值评价的关系。
2. 简述社会认知的方法与途径。
3. 怎样理解作为社会评价根本标准的生产力标准？

阅读文献

1. 马克思：《1857—1858 年经济学手稿摘选》，《马克思恩格斯文集》第 8 卷，人民出版社 2009 年版。
2. 恩格斯：《路德维希·费尔巴哈和德国古典哲学的终结》第四部分，《马克思恩格斯文集》第 4 卷，人民出版社 2009 年版。
3. 毛泽东：《学习马克思主义的认识论和辩证法》，《毛泽东著作选读》下册，人民出版社 1986 年版。
4. 《沿着有中国特色的社会主义道路前进》第 7 部分"争取马克思主义在中国的新胜利"，《十三大以来重要文献选编》（上），人民出版社 1991 年版。
5. ［德］加达默尔：《哲学解释学》，夏镇平等译，上海译文出版社 2004 年版。

第七章 社会科学研究的世界视野

世界历史理论是马克思运用他所创立的唯物史观和剩余价值理论，分析和研究近代以来世界经济运动及其社会发展的趋势而提出的。它包含着丰富而深刻的内容，在马克思主义体系中具有很重要的地位，是科学社会主义的重要理论基础。世界历史理论构成了马克思分析和论述许多重大问题的背景与语境，也是马克思分析这些重大问题的科学方法。一百多年来的历史，特别是近几十年来经济全球化的浪潮，证明了世界历史理论的科学性，显示了马克思"惊人的预见力"。

学习和掌握世界历史理论，对于我们确立世界眼光和全球视野，深刻总结国际社会主义运动的历史经验，全面研究经济全球化和资本主义发展出现的新情况新问题新矛盾，在社会主义与资本主义共存并立、相互制约、相互交往的过程中把握现代人类社会的发展规律与趋势，正确认识和处理经济全球化条件下的各种重大关系，都具有非常重要的方法论意义。

第一节 马克思的世界历史理论

任何科学的理论都有其现实根据和思想渊源，它们都是思想家批判地继承前人研究成果的产物。这里说的前人，可能是近期的也可能是远期的相隔了好多代的；批判或继承的比重和方式也很不相同，或是批判多一些，或是继承多一些，或是在方法上受到了启发又加以发挥完善，或是把前人散乱的思想萌芽提炼为一个新的概念，或是直接使用前人提出的概念但又增加了新的内容，甚至进行了"颠倒"等。马克思创立世界历史理论的过程，就生动地体现了这个曲折过程，也为后人研究世界历史时代问题提供了重要的基础和平台。

一、哲学视野中的"世界历史"

"历史"是一个人们经常使用的耳熟能详的概念，但正如黑格尔所深刻指出的那样，"熟知不等于真知"，有时候还正因为"熟知"而影响了对之进行深入思考，变成了达到"真知"的一种障碍。人们平时所说的"历史"，包含着两种含义，一是"实际发生"或"有过的"事件的历史，二是历史学家们"写出来的"历史。后者是前者的反映或记录，当然应该与前者相一致，至少，作为"信史"即可信的历史，是对前者的如实的记录和叙述。"实事求是"最早就是作为研究和书写历史的方法论原则而提出的，"秉笔直书"向来都是对历史学家的职业道德要求。从这个层面上说，历史就是历史，既然发生了，谁都无法改变，只能"如实直书"，否则就不是或不配称为"历史"。这种理解当然不错，但它只是一种朴素的历史观，是一种对历史朴素的甚至天真的理解。果真如此，历史研究就是多余的了。历史研究中之所以一直充满了歧见、争议和争论，就是因为在研究客体方面，历史的整体与局部、现象与本质、事实与规律之间并不一致而且存在着矛盾；在主体方面，对历史的细节了解和整体把握、事实描述和价值评价、事件记录与合理解释之间也会有相当的冲突。而且，实际发生的历史作为已经逝去了的存在、已经碎片化或散落了的事实，唯有借助于先前历史学家的文字描述和记载、借助于书写这个中介，才能为后世的人们所了解和理解。"史书"的作者从来不是一个人，而是一代一代的历史学家们，各自有各自的贡献，各自又有各自的局限，史书汗牛充栋，歧见所在多有。众多的谜团、无数的"黑箱"，都有待人们去破解、去打开。历史的天空从来都不是晴空万里，历史研究的魅力恰恰就在于总存在着纠缠不清的问题。

黑格尔深知历史的复杂性和历史认识的艰难性。在《历史哲学》绪论中，他一上来就讲到"观察历史的方法"，从方法论的角度将之分为"原始的历史"、"反省的历史"和"哲学的历史"。[①] 所谓"原始的历史"，就是简单的直观，史家只是在记叙他们所知道的"各种行动、事变

---

① 参见［德］黑格尔：《历史哲学》，王造时译，上海书店出版社 2006 年版，第 1 页。

和情况"，其范围也仅限于史家所经历的那个时期。这显然是片面的和狭隘的。"反省的历史"又包括普遍的历史、实验的历史、批评的历史与概念的历史四类。普遍的历史在范围上已经突破了"原始的历史"的局限，涉及一个民族、国家或者整个世界的全部历史，在方法上它要求用抽象的观念去整理历史资料并作梗概的考察。实验的历史则是史家通过实验的反省使过去和现在发生联系，即注重过去的历史对现实的意义。批评的历史是一种"历史的历史"，它注重对各种历史记述的真实性与可靠性的批评与检查。概念的历史则是指民族的艺术、法律、宗教等部门的历史，因其观点的普遍性，成了达到哲学的世界历史的过渡。总之，反省的历史的范围已经不限于它所叙述的那个时代和地区，而是在时空维度上都超越了原始的历史，其中既有对历史本身的考察，又有对历史学的反思。它也表明黑格尔在方法论上达到了一定程度的自觉，因为他已经开始触及历史发展的某种内在联系。当然，这种历史认识方法的局限性在于，史学家常常容易将自己的精神与历史和时代的精神等同，因而容易陷入主观主义与反历史主义。与前两种考察历史的方法不同，"哲学的历史"作为历史方法论发展过程中的一个否定之否定阶段，是最为完善的历史研究方法，是对历史的思想的考察，也就是"世界历史本身"。①

　　实际上，在黑格尔之前，一些历史学家如维科就提出过普遍的永恒的历史的思想，康德也发表过《世界公民观点之下的普遍历史观念》的重要文章，都是从超越民族历史的高度讨论问题的，但他们并未对"世界历史"概念作过比较明确的界说和论证，其论述角度也时常在历史哲学和历史学之间徘徊。黑格尔受到他们的启发，但他对"哲学的历史"的理解，亦即对"世界历史"概念的理解要比他们深刻得多。在黑格尔这里，"世界历史"不是一个历史编纂学的概念，而是一个哲学历史观的概念，其所要解决的基本问题，是如何通过具体的杂多和局部现象亦即各个民族发展过程的特殊性，揭示和解释世界历史中连接并统摄这种种特殊和

---

① 参见［德］黑格尔：《历史哲学》，王造时译，上海书店出版社 2006 年版，第2—7 页。

杂多的那种"同一的本性",真正理解"世界历史的进展是一种合理的过程"。① 在黑格尔看来,哲学观察历史的唯一思想是"理性"。理性是世界历史的主宰,它既是实体又是主体,是一切存在的根据和发展的动力,在历史中理性表现为"世界精神","合理的过程"就是体现世界精神实现其自由本性的过程,是理性自觉为世界精神并与之合一的过程。唯其如此,才能克服"原始的历史"那种片面性和狭隘性,扬弃"反省的历史"那种主观主义,使历史成为真正的历史科学。显然,黑格尔在唯心主义立场上实现了本体论、认识论和方法论的统一。

哲学是思想中的时代,促成黑格尔提出世界历史理论的现实原因或根据,是地理大发现和国际贸易逐步使各个国家和民族结合成为一个密切联系的系统整体的历史事实,更是这个时代提出的问题,即如何合理理解和处理各个民族国家与人类整体发展的关系问题。黑格尔是自觉到这些问题甚至可以说是针对这些问题而提出世界历史理论的。但正如马克思所批评的那样,他把人们理解事物的过程当做是事物自身产生的过程,把人们观念地把握事物的方式当做是事物自身发生的方式,所以,他关于世界历史的思想显然是唯心主义、"头足倒置"的。尽管如此,他对世界历史的总体性或整体性特征的揭示,对人类历史发展中的特殊性与普遍性关系的分析,透过貌似散乱无序的经验事实而寻求其内在联系的致思路向,通过"精神"基于自由本质实现的自我否定而对人类历史辩证运动过程的描述,无疑都是时代精神的一种体现,对后世的思想家包括马克思、恩格斯都产生了很大的影响。恩格斯称赞在"历史哲学、法哲学、宗教哲学、哲学史、美学等等——在所有这些不同的历史领域中,黑格尔都力求找出并指明贯穿这些领域的发展线索","他在各个领域中都起了划时代的作用"。②

马克思的世界历史理论就是在全面批判地继承了黑格尔的相关思想的基础上,经过了"创造性的转换"而创立的。首先,黑格尔认为世界历

---

① 参见[德]黑格尔:《历史哲学》,王造时译,上海书店出版社 2006 年版,第 8 页。
② 《马克思恩格斯文集》第 4 卷,人民出版社 2009 年版,第 272 页。

史是绝对精神在时间上的展开和在空间上的扩展，是绝对精神不断获得解放和自由的过程，马克思将这种"头脚倒置"、唯心主义的思想进行了"颠倒"，将之建立在唯物史观的基础上。马克思指出，"历史向世界历史的转变，不是'自我意识'、世界精神或者某个形而上学幽灵的某种纯粹的抽象行动，而是完全物质的、可以通过经验证明的行动，每一个过着实际生活的、需要吃、喝、穿的个人都可以证明这种行动。"① 其次，将核心概念进行了改造。在黑格尔那里，世界历史既是从哲学观或哲学方法所研究的历史，实指的是整个人类历史，是全世界各个民族发展的"通史"，比如他在《历史哲学》中就先讲中国的历史，再讲印度的历史，古希腊古罗马的历史等。马克思先前如在《1844 年经济学哲学手稿》中也是从这个意义上理解世界历史的，但到了《德意志意识形态》，讲"历史向世界历史的转变"，这里的"世界历史"就不再是自古到今的由各个民族发展构成的整个人类历史，而是人类历史发展的一个特定阶段，即资本主义所开启的新的历史阶段。这个变化是非常重要的，它表明马克思已经借助"形态"的概念，把人类历史分成不同的形态和阶段，各个阶段各个形态有其独特的发展规律，比之黑格尔将人类历史看做是同质的过程的理解，无疑是大大具体化和科学了。再次，黑格尔在理解世界历史时虽然也注意到了"劳动"的辩证法及其重要作用，但他把"劳动"更多地理解为是一种"精神劳动"，马克思则从现实的人出发，不仅看到了物质生产劳动在人的生活和历史发展中的基础性地位，更研究了劳动形式的历史变化，是工业这种"资产阶级的生产方式"构成了"历史向世界历史转变"的最深刻的动力。"大工业建立了由美洲的发现所准备好的世界市场"，② "新的工业的建立已经成为一切文明民族的生命攸关的问题"。③

　　应该指出的是，从发生学的角度看，创立世界历史理论与创立唯物史观、剩余价值理论是同时进行、相互发明、相互支持的，是与马克思实现的哲学变革内在联系并相互统一的。从逻辑的角度看，世界历史理论是马

---

① 《马克思恩格斯文集》第 1 卷，人民出版社 2009 年版，第 541 页。
② 《马克思恩格斯文集》第 2 卷，人民出版社 2009 年版，第 32 页。
③ 《马克思恩格斯文集》第 2 卷，人民出版社 2009 年版，第 35 页。

克思运用唯物史观和剩余价值理论观察和分析近代以来世界经济、政治和文化发展的总体特征和基本趋势的结果，是实现社会主义从空想到科学的转变的重要枢纽和关键环节。忽视或不懂得世界历史理论及其蕴涵的方法论，就难以对社会主义与资本主义的辩证关系，对社会主义与现代化、全球化的辩证关系，对全球化时代的各种复杂矛盾及其演化趋势，形成科学的认识。

二、民族历史向世界历史的转变

"历史向世界历史的转变"是马克思的世界历史理论的现实根据，也是世界历史理论的逻辑起点。"历史从哪里开始，思想进程也应当从哪里开始"，[①] 这是唯物辩证法的逻辑与历史相一致的基本原则，也是保证思维从抽象到具体的运动能够沿着正确的方向进行的前提条件。

马克思曾经明确指出："世界史不是过去一直存在的；作为世界史的历史是结果"。[②] 这个历史结果是经历了15、16世纪以来一系列重大转折之后才出现的，其中最重要的事件就是新航路的开辟，也称地理大发现。首先是葡萄牙，为取得黄金、象牙和奴隶，组织了多次非洲西岸的探险活动，开辟了从大西洋绕非洲南端到印度的航线，从而打破了阿拉伯人控制印度洋航路的局面。葡萄牙通过新航路，垄断了欧洲对东亚、南亚的贸易，成为海上强国。在葡萄牙人探寻新航路的同时，西班牙统治者也极力从事海外扩张，哥伦布发现美洲，就是这种扩张的最重要收获。此后，麦哲伦又经过几年时间完成了环球航行。发现新大陆后，欧洲至印度、印度尼西亚、中国和美洲的最有利的通商航路都被西班牙和葡萄牙所占据。荷兰、英国等为发展海上贸易，开始在高纬度地区寻找通往印度和中国的新航路，并探险世界其他地区，先后发现了澳大利亚、新西兰等地，开辟了一些新的航线。这些航海探险进一步扩大了人类的地理知识和历史知识，为进一步扩大国际交往、商业贸易和文化交流提供了条件。

---

① 《马克思恩格斯文集》第2卷，人民出版社2009年版，第603页。
② 《马克思恩格斯文集》第8卷，人民出版社2009年版，第34页。

　　正是在地理大发现以及相应的历史知识的基础上，法国启蒙思想家伏尔泰写出了《论各民族的风格与精神》，从他当时所知道的最远古的中国讲起，把欧、亚、非、美几个大洲的国家和民族都写入历史，为后来世界史的系统化编著奠定了基础。此后，德意志一些历史学家，也致力于世界历史的著述，如 J. C. 加特勒尔的《世界历史要览》，A. L. von 施勒策尔的《世界历史概略》等；英国 J. 坎普贝尔等人辑集了一部《自远古迄今的世界历史》，全书多达 38 卷。黑格尔《历史哲学》所引用的许多材料都来自于这些历史著作，尽管他所强调的"世界历史"概念是"哲学的历史"，但总体上还是属于人类各民族的精神通史，是绝对精神基于自由本性在各民族游历的历史。马克思对此曾批评说，过去的历史观不是完全忽略了物质生产和生活这一现实基础，就是将之当做是某种附带因素，"现实的生活生产被看成是某种非历史的东西，而历史的东西则被看成是某种脱离日常生活的东西，某种处于世界之外和超乎世界之上的东西。"①法国人和英国人至少还抱着与现实有些接近的政治幻想，而德国人却只在"纯粹精神"领域兜圈子，黑格尔的历史哲学就是最典型的表现和最终成果。②

　　在马克思看来，地理大发现后人们才超出了过去的狭隘眼界，形成了符合实际的"世界"的概念和视野，才有了"世界历史"，这是事实。但地理大发现既不是偶然的，也不是孤立的事件，在它背后有深刻的经济原因。国际贸易带来的巨大利益和商机，形成了地理探险的强大动机和稳定持久的资金支持，也促进了相关技术的飞速发展，这才有了地理大发现。而地理大发现反过来又为更加广泛的国际贸易和国际交往提供了可能，进而促进了手工业向大工业的转变，也为市场经济这种新的生产方式和交往方式向全世界扩展提供了可能。从这个意义上说，"历史向世界历史的转变"是由近代的国际贸易和工业化引发的，本质上是经济运动的产物。

---

① 《马克思恩格斯文集》第 1 卷，人民出版社 2009 年版，第 545 页。
② 参见《马克思恩格斯文集》第 1 卷，人民出版社 2009 年版，第 546 页。

　　概括地说，作为人类的物质生产实践和交往实践的普遍化、世界化发展的产物，世界历史形成意味着人类历史发展出现了一次大的质的变化。在此之前，由于生产力低下，生产规模狭小，交通工具落后和地理环境的阻隔，各个民族的内部和外部交往都很不发达，因此只能在彼此隔绝的状态下孤立而缓慢地发展。自给自足的小生产是主导的生产方式，一些新的技术发明只能在极小的范围内发生作用，既难以对整个社会生产力产生较大的影响，同时还经常会因为某种偶然原因而失传。在这种情况下，人们都是自然的奴隶，既是外在的自然的奴隶，也是自身的肉体自然即表现为生命生产形式的家族和宗法关系的奴隶。与之相适应的，就是祖宗崇拜和各种宗教神学的意识形态以及各种不同形式的奴隶制度或农奴制度，维护和固化着这种"人对人的依赖关系"的状态。新的生产力的获得和交往关系的发展，是与商品生产和交换的日益扩大联系在一起的。商品天然就是一种平等派，也是一种国际派，它最终突破了民族和地域的局限，"各个相互影响的活动范围在这个发展进程中越是扩大，各民族的原始封闭状态由于日益完善的生产方式、交往以及因交往而自然形成的不同民族之间的分工消灭得越是彻底，历史也就越是成为世界历史。"① 人类历史由此进入了世界历史时代。

　　世界历史时代就是各个民族和国家普遍交往的时代，是市场经济这种新的生产方式和交往方式在全球扩展的时代。显然，基于市场经济发展的程度，不同民族在国际交往中的地位和作用是很不相同的。各个民族之间的相互关系取决于每一个民族的生产力、分工和内部交往的发展程度，亦即各自的经济军事实力。最先开辟新航线而称雄一时的葡萄牙和西班牙，由于主要是依靠海外殖民地贸易掠夺金银财富，而本国的经济政治关系未能得到改革和较大发展，其霸主地位很快为后起的英国所替代。在英国，工场手工业的发展消除了行会制度的各种宗法关系，建立了以人身自由为基础的资本和劳动的雇佣关系，同时也使许多新兴城市日益发展起来，扩大了社会分工的范围和程度，为机器大工业的出现创造了条件。18 世纪

① 《马克思恩格斯文集》第 1 卷，人民出版社 2009 年版，第 540—541 页。

以来蓬勃发展的机器大工业极大地提高了生产效率，也改变了生产管理方式和组织方式，消除了分工的自然性质，形成了社会化大生产，为扩大国际市场和国际贸易提供了最强劲的动力。在这种条件下，一方面，经济运动的内在要求"日甚一日地消灭生产资料、财产和人口的分散状态。它使人口密集起来，使生产资料集中起来，使财产聚集在少数人的手里"①。另一方面，则是民族国家的形成，"各自独立的、几乎只有同盟关系的、各有不同利益、不同法律、不同政府、不同关税的各个地区，现在已经结合为一个拥有统一的政府、统一的法律、统一的民族阶级利益和统一的关税的统一的民族。"② 与此相适应，一方面形成了全面需要和全面生产能力的体系以及国内的统一市场，另一方面，市场的扩大永远赶不上生产的扩大，普遍竞争的压力和追求高额利润的动力，驱使资本家奔走于世界各地，开拓国际市场，使生产、交换和消费全面地突破了民族国家的限制而在世界范围内进行。其结果，就是消灭了以往自然形成的各个地区、民族和国家之间相互隔绝相互孤立的状态，使一切国家的生产和消费都成为世界性的了，使每一个国家的每一个人的需要的满足都依赖于整个世界。物质生产和经济交往带动了政治和文化的交往，使各个国家和民族的经济、政治、文化在世界范围内发生互动关系。"过去那种地方的和民族的自给自足和闭关自守状态，被各民族的各方面的互相往来和各方面的互相依赖所代替了。物质的生产是如此，精神的生产也是如此。各民族的精神产品成了公共的财产。民族的片面性和局限性日益成为不可能，于是由许多种民族的和地方的文学形成了一种世界的文学。"③

　　相比于以前的历史阶段，这是一个全新的时代，标志着人类进入了现代文明阶段。机器大工业、市场经济、城市化和全面交往构成了这种文明的经济社会基础，与这种基础相适应的民主政治制度以及为其合法性作论证的以自由平等为核心观念的意识形态，表明人类历史告别了"人对人的依赖关系"的阶段，而进入一个"以物的依赖性为基础的独

① 《马克思恩格斯文集》第2卷，人民出版社2009年版，第36页。
② 《马克思恩格斯文集》第2卷，人民出版社2009年版，第36页。
③ 《马克思恩格斯文集》第2卷，人民出版社2009年版，第35页。

立发展"的阶段。

三、"世界历史"的两重性

一般说来，各个国家和民族的社会发展历史与人类总体的发展历史之间既是一种个别和一般的关系，同时也是一种部分和整体的结构性关系，但在以往时代，由于人类的各个部分即各个民族和国家没有形成总体性联系，这两种关系都是晦暗不彰的。受此限制，各个民族都把自己当做是人类一般和整体，自己活动的领域即是所谓"天下"，与自己不一样的族群即是异族甚至是"非人"。只有经过世界性交往，通过与"他者"的广泛接触和普遍反思，才使得人们的视野超越了以往的民族狭隘性，也使得这两种关系的本来面目日益清晰化，为合理认识和对待它们提供了历史前提。但世界历史发展又是很不平衡的，直到目前为止，这种不平衡性仍然非常突出。而正是这种不平衡性发展状态，换言之，世界性交往把处于不同发展阶段的民族置放在同一个平台上进行竞争和合作，是形成世界历史的特殊的两重性和矛盾性的深刻根源。

第一，是这种整体与部分的关系。在世界历史时代，这种结构性关系被凸显了出来。普遍交往形成的有机联系使得任何部分都受到整体的系统质的规定，成为整体运动过程中的一个环节或因素，也视其与整体运动方向的契合与否而形成自己的特定地位和命运；而整体的进步往往又是以某些部分的被抛弃甚至被毁灭为代价，这就形成了历史发展的进步性与其具体过程的残酷性的两重性。世界历史时代是资产阶级开辟的，是他们所代表的先进生产方式和文明向全世界扩展的过程，亦即所谓现代化的过程。这种新的生产方式由于具有吸纳科学技术的强烈动力，也为科学技术的发展和运用提供了良好条件，从而极大地改进了生产工具和交通通信工具，极大地提高了劳动生产率，"仿佛用法术从地下呼唤出来的大量人口"，[1]使得物质财富极大增长，在不到一百年的时间内创造的生产力比过去一切时代创造的全部生产力的总和还要多还要大。然而资本的原始积累过程又

---

[1] 《马克思恩格斯文集》第 2 卷，人民出版社 2009 年版，第 36 页。

是非常残酷的，在国内造成了大量的田园荒芜，城市的贫民窟，牲畜般的劳动条件，骇人的异化状态等；在国外殖民中更是如此，抢掠财富、贩卖奴隶、对土著民族的屠杀，对落后民族的奴役，从而也激起了落后民族的殊死反抗。资本的每一个毛孔都滴着血和肮脏的东西，世界性交往的道路是以战争、杀戮、掠夺等"血与火的方式"来开辟的。

由于这种整体与部分的历史性矛盾在现实过程中具体地体现为一种部分对部分的对抗形态，使得许多人难以透过后者发现前者所体现的必然性。这正是历史主义与伦理主义的关系长期紧张的根源。问题是，由于这种世界性交往，按照马克思的说法，战争本身也是一种特殊的交往方式，在内容上体现的是一种现代化的潮流，所以对于那些落后的民族和国家，无论你是欢迎还是恐惧、积极加入还是顽强排拒，迟早都会被吸卷进来，被"化"掉。坚船利炮只是打开落后民族紧闭着的大门的最初形式，真正持久地起作用的是借大机器生产出来的质优而价廉的商品，是市场经济所蕴涵的那种自由、平等的文明精神。这正是表征人类整体进步的最重要的东西，是或迟或早能够获得各个民族普遍认同服膺的一般性东西。"商品的低廉价格，是它用来摧毁一切万里长城、征服野蛮人最顽强的仇外心理的重炮。它迫使一切民族——如果它们不想灭亡的话——采用资产阶级的生产方式。"① "正像它使农村从属于城市一样，它使未开化和半开化的国家从属于文明的国家，使农民的民族从属于资产阶级的民族，使东方从属于西方"。②

第二，是个别和一般的关系。生产力和生产关系、经济基础和上层建筑的矛盾具有普遍性，它们的矛盾运动规定了一个民族、社会的基本性质和发展阶段，但到了世界历史时代，这些矛盾不仅仍具有民族性，而且具有了世界性。一方面，受自己特有的地理环境和历史传统的制约，这些矛盾具有自己特有的表现形式和运行机制；另一方面，各民族又受国际形势和国际关系的深刻影响，"不一定非要等到这种矛盾在某一国家发展到极

---

① 《马克思恩格斯文集》第 2 卷，人民出版社 2009 年版，第 35 页。
② 《马克思恩格斯文集》第 2 卷，人民出版社 2009 年版，第 36 页。

端尖锐的地步，才导致这个国家内发生冲突。由广泛的国际交往所引起的同工业比较发达的国家的竞争，就足以使工业比较不发达的国家内产生类似的矛盾"。① 而现代化进程中处于先发地位的民族和国家，尽管它们也是"只认得特殊性"（黑格尔语），是从本民族国家的利益出发而不是从促进整个人类进步的角度来制定自己的国内国际政策，但由于它客观上契合并引领了历史进步的潮流，从而其发展过程就这样那样地体现着现代化的一般规律。所以在一定意义上成为"世界历史民族"，"工业较发达的国家向工业较不发达的国家所显示的，只是后者未来的景象"，而人们即使认识到了这些规律，"还是既不能跳过也不能用法令取消自然的发展阶段。但是它能缩短和减轻分娩的痛苦"。② 至于说一些发达国家由此以人类代表自居，把本国实行的制度及其观念当做是全人类的"普世价值"，这实际是把个别当做是一般的错误结果，是需要揭露和批判的，但如果以干脆否定一切"普世价值"的思路进行所谓的"大拒绝"，否认一切普遍性的东西，就又走向了另一种错误。在这个问题上，简单的普遍主义或特殊主义都是未能理解这种个别和普遍的辩证关系的结果，都是形而上学的表现。

第三，从世界历史发展不平衡的角度来看，发展的不平衡性是任何发展过程都具有的普遍特征和规律。在世界历史时代，这种发展的不平衡性，既造成了先发国家对后发国家的优势地位，殖民运动、国际剥削等都是建立在这个基础上的，但通过普遍交往也为落后国家开拓了发展的可能性空间，提供了发展的大好机遇。一方面，各个国家和民族特别是落后国家的生产力发展和技术创新不再需要单独进行和从头开始，而是可以积极吸收先发国家已有的成果，利用自己在国际分工中的比较优势，尽快发展生产力和振兴民族经济，实现跨越性发展。跨越性发展成为世界历史时代的一个重要特征或规律性的现象，如英国超越了葡萄牙和西班牙，美国超越了英国，德国和日本在第二次世界大战后的快速崛起，成为现代化强国，都是其具体表现。另一方面，落后国家由于资金、经验和管理人才的

---

① 《马克思恩格斯文集》第 1 卷，人民出版社 2009 年版，第 568 页。
② 《马克思恩格斯文集》第 5 卷，人民出版社 2009 年版，第 8—10 页。

缺乏，并处在国际分工体系的下游，又得处处遭受发达国家的剥削、限制和各种各样的干涉，严重影响了自己的合理发展。总之，世界性交往为各个国家都提供了发展的机遇，也蕴涵着极大的竞争和风险，闭关锁国、拒绝交往肯定是死路一条，认不清世界潮流和国际大势，抓不住机遇会使得自己在激烈的国际竞争中落败。

第四，从世界历史的发展趋势看，虽然世界历史时代作为一个新的历史时代，是人摆脱了"人对人的依赖关系"而进入"人对物的依赖基础上的独立发展"的阶段，但它并不是历史的终结，还需要向更高的阶段发展。一方面，世界性普遍交往开阔了人们的眼界，提升了人们的能力，使人们在世界范围内进行选择以及使个人成为世界历史性的个人提供了可能；另一方面，单独的个人随着他们的活动扩大为世界历史性的活动，愈来愈受到异己力量的支配，受到日益扩大、归根到底表现为世界市场的力量的支配，人们只能被动地屈从于既有的国际分工，成为普遍的生产和交往的必然性的奴隶。其一，资本主义生产方式的内在矛盾通过世界性范围的扩展，以国际性不平衡、殖民地和不平等贸易作为补充和条件而获得暂时缓解，尚表现出一定的生命力。其二，资本主义生产方式向全世界扩张的过程又是在世界各地复制这些矛盾的过程，是在全世界聚集风险扩大风险的过程，也就是聚集着世界性的反对力量的过程。共产主义作为人类解放的过程和运动，只有作为世界历史性的存在才可能成为经验的事实，只有从世界历史的高度才能获得合理的理解。

第二节　经济全球化及其内在矛盾

人类经历了漫长的发展才进入了世界历史时代。作为一个历史时代，它已经走过了几百年的时间，或许还要经历很长的时期。这一时期又可分为不同的阶段，每个阶段各有特点和问题。不懂得这些阶段、特点和问题，我们对于世界历史的理解就是抽象的。换句话说，即使我们的视野具有世界性，但是，如果我们的"视力"（即分析能力）没有得到相应的提高，那么，我们就难以对经济全球化过程引起的各种矛盾作出深刻的分析和恰当的应对。

一、经济全球化是世界历史发展的新阶段

世界历史的发展，大致说来，到目前为止主要经历了三个阶段。

第一个阶段，是以英国为首的西欧资本主义文明中心对其他文明中心的辐射、侵蚀和扩张，是英国霸主地位和单一中心的确立。如前所述，新航路的开辟和地理大发现，首先从葡萄牙和西班牙开始，它们因此建立了自己的海上霸权，并开始了殖民运动。但由于它们主要是掠夺殖民地的金银和财富，而本土的经济政治关系未能得到适时改革，其霸主地位不久就被迅速崛起的英国所代替。英国是大机器工业的发源地，在很长时期内保持了世界制造业中心、金融中心和文明中心的地位。在这个阶段，西欧的几个国家成为世界上最发达的国家，它们在世界各地建立殖民地并将其作为原料产地，通过商品输出来获取巨额利润，同时也把资本主义生产方式推广到各个落后民族地区，瓦解了传统的农业和手工业，将之强行拖进现代化进程之中。19世纪后半期，德国实现了统一成为新崛起的资本主义国家，与英、法等国家争夺殖民地的矛盾愈演愈烈，由此引发了第一次世界大战。俄国布尔什维克在列宁领导下利用第一次世界大战的机会，成功地夺取了政权，使社会主义从理论变成了现实。第一次世界大战以德国战败而告终，但在如何惩治及削弱德国的问题上，英、法间存在尖锐的矛盾和分歧，美国以调停者的身份出面，它们从遏制苏联的战略利益出发，未对德国进行重创，此后又一再对希特勒实行绥靖政策，以图将法西斯这股祸水引向苏联，结果又爆发了第二次世界大战。

第二个阶段，是资本主义中心由英国向美国的转移，即"一球两制"、美苏争霸的冷战时期。两次世界大战，特别是第二次世界大战，严重削弱了英国的经济军事实力，而美国则利用战争机会迅速壮大自己的力量，在第二次世界大战中一举成为资本主义世界的领袖。第二次世界大战结束后，整个欧洲一片废墟，美国更利用重建欧洲的机会，大力发展自己的科技、工业和军事力量。第二次世界大战中苏联付出了极大的牺牲，也

展示了自己的真实力量和社会主义制度的强大威力。第二次世界大战后出现的社会主义阵营，在相当程度上引起西方资本主义国家的恐惧，它们结成了以美国为首的军事和政治联盟，与社会主义阵营抗衡。在这种条件下，一面是以计划经济为统一基础的社会主义大家庭，另一面是西方国家连同日本等国的商品贸易市场，世界被分裂为两个相互隔绝的部分，两种对立的体制机制，出现了美苏两个超级大国，进入了冷战时期。在冷战时期，美苏两国的军备竞赛差点达到失控的边缘，核大战的威胁使人类存在着毁灭的可能性。在冷战时期的 60 年代初，中苏两国关系破裂，一度达到兵戎相见的地步。在这种情况下，中国率先与美国、日本等建立了外交关系，结束了敌对状态，极大地影响了世界局势。20 世纪 70 年代末，中国开始了改革开放，既向西方世界开放做生意，也破除了社会主义等于计划经济的迷信，向市场经济转轨。中国在壮大自己力量的同时，积极改善与苏联的关系，实现了两国关系正常化。这些对于缓和国际紧张形势，维护世界和平，都起到了极大的作用。

第三个阶段，是两极对立的冷战时期结束，世界出现了多极化趋势，形成了参与全球发展进程的活动主体多极化的局面。冷战时期的结束是从苏联解体、东欧剧变开始的。苏联作为世界上第一个社会主义国家，自诞生之日起就受到了西方资本主义国家的围堵、封锁和打压。正是这种恶劣的国际形势，加上对社会主义本质认识的偏差，苏联建立了高度集权的计划经济体制和政治体制。这实际是一种战争或准战争时期的军事体制的变形，它的最大特点也是其优点，是能够快速有效地动员和组织一切社会力量，围绕着一个或数个目标进行攻坚战。苏联之所以能够在较短的时间内一跃成为世界军事强国，成为抗击德国法西斯的中坚力量，都与此有关。这种体制的最大缺陷是僵化、机械、浪费、低效率，缺乏对科技新成果的主动吸纳能力、自我制衡的纠错能力。第二次世界大战后苏联成为与美国争霸的超级大国，长期的争霸战略和军备竞赛以及体现社会主义优越性的全民福利，使得苏联粗放而低效率的经济难以承受，各种矛盾特别是民族矛盾十分尖锐，最后耗尽了它的生命。苏联的解体意味着美苏两个超级大国争霸世界的局面的终结，也即长期以来人们一直担心的第三次世界大战的危险基本消除了。虽然一些地区性冲突此起彼伏接连不断，但总体上看世界进入了一个相对和平的时期。和平与发展成为当今时代的主题。

苏联解体了，分为若干个国家，与当年作为大家庭成员的东欧其他国家一道，都走上了市场经济的道路，同时也放弃了社会主义的旗帜。中国、越南等国也都在建设社会主义市场经济。尽管各个国家发展都需要自觉谋划和计划，但计划经济作为一种体制被全面放弃，冷战时期相互隔绝的世界两大部分获得了统一，世界性统一市场在新的技术、政治条件下建立了起来。世界市场是各个民族和国家经济交往的平台，同时也极大地带动和促进了地区之间、国家之间的政治和文化交往。

随着冷战时期的结束，先前用于军事方面的许多技术成果包括一些尖端技术成果，都纷纷转到民用方面，成为经济发展的重大推动力。实际上，进入世界历史时代以来，基于国际竞争的需要，各个国家的科学技术发展存在一个普遍性的规律，就是先进的科学技术都首先应用于军事方面，然后再扩散到民用领域。或者说首先以强大国防力量为目标而发展相关科学技术，然后渐次向民用方面转移。到第二次世界大战时，国防科技尤其是对原子弹的研发成为国家工程，这种科技组织模式对于推动此后的科技革命起了相当大的作用。现代科技革命绝不是自发地发生的，而是国家自觉谋划的结果；而新的科技革命特别是以计算机网络技术为核心的信息技术革命，与广阔的世界市场需要相结合，转化为巨大的生产力，也为人们的大规模快速度的世界性交往提供了技术支持。现代的信息网络，将世界各个国家连成了一体，成为了一个"地球村"。这就是当前人们所说的经济全球化时代。

经济全球化是世界历史发展的新阶段。经济全球化对于各个国家的经济社会发展产生了深刻而巨大的影响。人们在全球交往活动中既认识到了彼此间存在的许多共同利益，形成了一些全球共识和全球行动，同时也在经济全球化进程中认识到了自己的特殊利益和文化特质，强化了自己的身份意识，并对于自己存在和发展的权利有了更为强烈而明确的认识。因而经济全球化必然是多极化的，是众多主体共同参与又各自坚持自己的民族立场和利益诉求的，它本身就是一个多元统一体。看不到这种多元的矛盾统一，或是以一种浪漫主义的态度，只看到共同、合作，只看到积极的方面而忽视差异和消极的方面，或是还抱着冷战思维不放，坚持以僵化过时的意识形态划线，以抽象的争论姓"社"姓"资"设问，都是片面、错误的。也正因为这个缘故，我们一般不笼统地使用"全球化"这个概念，即使使用也当做是一个缩略语，一个简称，是对经济全球化的简称。我们对全球化的确切理解，是经济全球化、政治多极化、文化多元化的统一。

二、经济全球化的基本含义和特点

（一）经济全球化的基本含义

经济全球化，是指生产要素包括资金、人员、资源、商品、技术、信息等跨国界流动和全球化配置，是经济活动国际合作的全球性展开，是全球性的经济一体化或经济活动的全球一体化。在经济全球化过程中，民族国家仍然是经济活动的主体，所谓"国际合作"，就是指作为主体的国家之间的合作；所谓"国际组织"和"国际协约"，也都是以国家为主体而形成的组织和签订的协约。但同时也必须看到，依附于不同国家的跨国公司也已成为推动经济全球化的重要力量，它们是一些重要商品的全球性生产、销售的实际组织者，不仅经济实力超过一些中小国家，其对全球经济发展的影响力也远非这些国家可比，真可谓富可敌国。与此相适应，一些国际经济组织如 WTO（世界贸易组织）和世界银行等则对于国际经济秩序的维护起着重要的作用。正如有人所说，WTO 就是经济活动的联合国，它所确立的规则，它所作出的决议，对一些国际贸易纠纷作出的裁决，即使如美国这样的头号强国，也都遵从如仪，由此可证明其权威性。

经济全球化作为世界历史发展的新阶段，自有其不同于先前几个阶段的新特点。如果说，在世界历史的第一阶段明显还带有草创或初级阶段的特征（如世界市场还很不完备，殖民地贸易带有海盗行径的特征，交往内容以商品贸易为主），在世界历史的第二个阶段，一方面是在民族独立的浪潮中殖民地体系全面崩溃，另一方面则是两大阵营的对峙而造成的隔绝和敌视，军事对抗、政治和意识形态的对立消解或压倒了经济发展与经济交往的内在要求，这是一种不完全意义的世界性交往，那么当今的经济全球化，则可以说是意义比较全面、规则比较完整，生产、交换、消费，金融、信息、人才，全方位大规模多层次进行的世界性交往。它所产生的影响的深度和广度，无论是对于各个民族国家还是对于整个人类和每个个人，都是以往各个阶段无法比拟的。

（二）经济全球化的特点

第一，全球经济发展的整体相关性日益突出。广泛而深入的经济交往，使各个民族国家都被卷入了世界性经济大循环之中，都作为一个子系统而与世界整体系统中的其他民族国家发生了密切关联。无论是经济体制、经济主体还是经济活动都出现了全球性相关互渗的趋势，从而使各个国家和地区的生产、消费、经营、贸易、金融、科技、资源整合为一个相依共存的世界性经济体系。生产超出了国家和地区的界限，生产要素的优化组合和资源的优化配置、生产过程的分工与协作都在世界范围内进行。全球性贸易将各个国家的地区市场、国内市场联结为统一的世界市场，现代交通工具又形成全世界的物流系统，而计算机网络使得实现及时快速的各种经济协约签订、资金结算和金融调拨成为可能。国家之间相互购买债券、银行相互持股、共同投资开发大型项目、合作进行科技研发等，越来越成为经常性的业务活动。至于跨国公司的经营活动，一开始就是跨越国界而进行的，它集生产、贸易、投资、金融、技术开发与成果转移以及其他服务于一体，推行全球经营战略，以全球市场为目标，建立全球生产网络，在全球范围内配置资源和开展竞争。总之，在经济全球化条件下，资本市场、人才市场、商品市场和科技信息都是全球性的，一个国家的金融活动日益与其他各个国家的金融活动融合在一起，使资金的动员、筹集和分配在全球范围内进行；科技研发过程中的国际性合作、传播和转移，一方面使其迅速成为全人类的共同财富，另一方面则借助于不同国家产业结构的梯级序列，能够比较充分地发挥作用。正是这种经济发展的整体相关性，为各个国家提供了众多的发展机遇和进行选择的可能性，为广泛地进行各种创新以及创新成果的快速转化提供了有利条件，也为虚体经济与实体经济的相互结合、彼此促进、共同发展提供了重要保证。但与此同时，经济全球化也极大地增加了经济决策和投资活动的风险，使得人类进入了高风险社会。或者说，人为的风险取代自然风险成为主要的风险类型。近年来由美国次贷危机引发的国际金融危机就是一个典型的例子，其对世界经济发展的消极影响和破坏性作用到底有多大，直到目前依然难以准确估量。

第二，经济发展主体的多极性。经济全球化是经济活动的全球性展开，是各个民族国家通过世界市场进行的相互交往和博弈过程，每一个民族国家作为参与经济全球化进程的一方，作为一个相对独立完整的主体，都有自己因历史文化传统和现实经济社会条件不同而形成的特质，也都有自己的特殊利益和生存发展权利，而经济交往本身又通过互通有无、相互借鉴、优势互补不断地产生和扩大着彼此的共同利益，提供了更多的合作机会和发展机遇。多主体参与的广泛国际交往构成一个包含着差异性的利益共同体，构成一个相互博弈且不断出现形变势易的动态过程。各种国际性组织，其组织章程都规定了成员国的平等地位和平等权益，规定了各自的责任和义务，这些都是对各自主体地位的确认。毫无疑问，在全球性市场和全球性经济活动中，各个经济主体的地位、作用、影响力有很大差别，不可同日而语和相提并论，一些经济主体之间的矛盾也十分尖锐，竞争十分惨烈，甚至不惜诉诸武力解决问题。但也必须看到，在经济全球化时代，经济利益的互补性、相互依赖性和由相互承认而达成的主体间关系构成了国际经济交往与合作的主色调、主旋律。全球经济发展的不平衡性依然十分明显，美国与西欧等发达国家在全球性经济中仍起着主导性作用，但受地缘和传统影响，经济板块轮动也此起彼伏。先是日本经济崛起，一度曾挑战美国的地位，随之亚洲"四小龙"浮出水面，再就是中国、俄罗斯、印度、巴西、南非等"金砖国家"态势强劲引人注目，如此等等。大致说来，当今的经济全球化，已经不是由一个中心向各方渐次扩展，也不是两极对立剑拔弩张，而是多极并存相互激荡。虽然对于"多极"之内涵的理解不同，但是，无论如何，经济主体多极化已成为基本事实，它已成为世界共识。多极主体的存在为全球经济发展提供了多个动力源，也形成了全球政治多极化的经济根源和基础。

第三，基于经济利益的分化组合，地区性组织和世界性组织的作用日益突出，社会主义与资本主义的矛盾和斗争出现了新的形式及新的变化。市场经济本质上是一种多主体分散决策的竞争性经济，同时也是法制经济，市场经济的发展必然要求完善各种法律制度框架，以避免恶性竞争和垄断收益。经济全球化以全球性市场为前提，以各个国家多种主体的竞争和合作为依托，当然也必须要有比较规范的交往规则和制度。实际上，各种地区性经济组织和世界性组织，在相当程度上都是为了维护经济交往规则和世界经济秩序、协调成员国的利益而成立的，它们对于世界经济的持续健康发展起到了巨大的推动作用。近年来，由于环境污染和生态问题日益严重，这些问题又必须通过各个国家的合作方能解决，因此，一些世界性环保组织也应运而生，经常召集会议或组织论坛，协调各国的立场，明确彼此应承担的责任，对于减少污染维护生态平衡都发挥了很大作用。当然，由于历史原因，在创立这些组织和确立章程规则方面，西方资本主义国家起了主导性作用。在这些组织的运行过程中，确实也存在着以规则、形式的平等掩盖实质的不平等的问题，甚至有些规则本身就不公正。这些不平等、不公正不仅是针对社会主义国家的，也是针对广大的发展中国家的。中国作为后加入世界贸易体系的国家，首先是承认和利用这些规则与国际接轨，根据自己的国情用好自己的比较优势，壮大经济实力，增强经济竞争力，同时要团结广大发展中国家，努力改变造成国际贸易和国际合作中实质不平等的力量对比格局，积极地有理有据地提出关于修改不公正规则的主张。

我们必须看到，在经济全球化时代，在和平与发展成为时代主题的条件下，经济领域成为不同民族、国家角力的主战场，或者说主要通过经济竞赛、经济实力的变化来进行。正如邓小平指出的，"发展是硬道理"，只有通过改革开放更好更快地将我国的经济发展起来，综合实力大大提高，人民生活大大改善，人们才相信社会主义的优越性，广大发展中国家才会选择社会主义道路。

三、经济全球化的内在矛盾

经济全球化是市场经济全球性展开的新阶段，也是市场经济的固有矛盾在世界范围的放大和普遍化。经济全球化形成了全球性市场，为各种生产要素和各种资源的全球性流动和合理配置、为科学技术成果的世界性普及和广泛应用、为先进管理经验和现代交往规范的世界性扩散和借鉴转移提供了可能并日益转变为现实，从而使得科学技术创新、管理方式创新成为推动经济社会发展的首要因素，极大地促进了世界经济发展和产业结构的升级，促进了人类财富总量的迅速增长。中国的 GDP 能够在短短 30 年连翻几番，能够利用最先进技术改造和武装传统产业，用几十年的时间走过了西方国家上百年甚至几百年才走过的道路，离开了经济全球化这个背景，离开了与世界各国的普遍交往，肯定是不可能的。中国如此，许多发展中国家也是如此。这说明，在经济全球化时代，任何先进的技术发明或创造，无论其发明者是谁，一旦为社会所承认，转化为商品，就直接间接地成为全人类的共同财富，对人类的发展起着重大的作用。

但我们也必须看到，经济全球化作为世界历史发展的新阶段，毕竟属于"人对物的依赖关系"的阶段，市场竞争的最基本原则毕竟还属于优胜劣汰的丛林原则，资本逻辑的威力并不因为市场扩大为全球性市场就有所稀释或减弱，甚至相反，借助全球化市场更显现了其威力的巨大，无远弗届，无微不至。因此，经济全球化过程中依然存在着各种矛盾，有些矛盾还十分尖锐。

第一，国际性剥削造成的两极分化的矛盾。市场的全球性扩张和经济活动的全球化不仅没有改变经济发达国家与不发达国家之间的实力对比和位势差距，毋宁说更彰显甚至加剧了这种差距，而且以这种落差作为资本流动的内在动力。发达国家借助制定国际贸易规则的主动权，利用自己的管理优势、金融优势和高科技优势：一方面，在全球性产业链和价值链中居于高端地位。如以发达国家为依托的跨国公司由于掌握着核心技术，它们获取了国际合作效益的大部分甚至绝大部分，而处于产业低端的那些国家和地区，那些负责批量化产品制造的企业，付出了劳动力、耗费资源和环境污染的代价，却只能从这种合作中获得很少的收益，实际上沦为它们的打工仔。另一方面，发达国家在自由贸易的旗号下，利用其所控制的高技术产品的稀缺性形成的卖方市场优势，在刻意抬高高端产品价格的同时尽量压低资源性产品或初级产品的价格，从而对发展中国家大肆进行剥削甚至是变相的掠夺。这就形成了世界性的贫富差距和两极分化，许多发展中国家不仅没有通过国际合作与交往而实现经济独立和发展，相反倒是强化了对发达国家的依附性，有的甚至陷入了严重的债务危机。

第二，信息鸿沟日益加深，发展能力差距不断加大导致的矛盾。在当今的知识经济时代，信息和掌握信息的能力成为一个国家发展的必要条件，也是国家发展能力的重要指标。由于信息技术革命首先是从发达国家兴起的，它们借先行之利，垄断了技术贸易和各种信息资源，而广大发展中国家则是经济贫困、教育落后、人才流失严重。目前每年高技术产业约70%的巨额利润被发达国家所分享；在信息产业的产值中，发达国家所占比重达98%；发达国家的跨国公司掌握了世界80%以上的新技术和新工艺的专利权，控制着80%左右的尖端技术和80%的国际技术转移；在世界专利和许可费用的跨国流动中，发达国家跨国公司占总收入的98%，垄断着国际技术贸易。全球技术方面的基尼系数从 0.67 扩大到 0.78，表明技术分配不平衡在迅速拉大，远远超过全球收入分配不平衡的水平。[①]正是这种信息鸿沟，制约了发展中国家的发展能力，使世界经济发展的不平衡性持续扩大。

第三，一些西方国家为了自己的战略利益，利用金融、意识形态和其他手段，插手甚至直接干涉其他国家和发展中国家的内部事务，激化了这些国家的内部矛盾以及与发达国家的矛盾，这是形成地区性冲突不断的重要根源。以美国为首的北约集团，出于自己的战略利益考虑，借口所谓的人道主义危机，挑起了科索沃战争，使得巴尔干地区局势持续动荡；发动两次海湾战争，强行按照西方模式来改造伊拉克，造成了其国内形势的混乱和地区关系紧张；在"颜色革命"、"玫瑰花革命"的背后，都能看到美国中央情报局的影子。

---

① 参见郑宇：《全球"数字鸿沟"问题》，《国际资料信息》2002 年第 5 期。

第四，全球性问题日益严峻。全球性问题是指整个人类共同面临共同应对的问题，世界银行欧洲部副总裁 J. F. 里斯查德曾著有《2020——20年解决20个全球问题》一书，提出了20年内要解决的20个全球问题：全球变暖；生物多样性和生态系统的损失；过度捕捞；森林减少；水资源短缺；海洋安全和污染；加大消除贫困的力度；维护和平，制止冲突，打击恐怖主义；普及教育；全球性传染病；数字鸿沟；自然灾害的防范和缓解；设计21世纪的税制；生物技术规则；全球金融架构；毒品；贸易和投资竞争规则；知识产权；电子商务规则；国际劳工和移民规则。这些问题涉及现实生活的各个方面。从人类整体长期发展的角度看，随着科学技术发展、人类改造自然能力的日益增强，工具理性遮蔽了目的（价值）理性，使得资源短缺、环境污染、生态危机的问题越来越形成了对人类的威胁。这既是人与自然矛盾的表现，更是生产方式的内在矛盾、人与人之间的矛盾导致的结果，是受资本逻辑的支配不合理地利用科技发展经济无限度地增强竞争力的结果。

上述这些矛盾错综复杂，相互交织，又通过多种主体的博弈而相互作用，这就使得全球化经济的运行过程充满了不确定性，也蕴涵着极大的风险。这些矛盾，有些可能暂时缓和，但都不是短期内如几十年能够予以解决的，这也就决定了世界历史时代将是一个很长的历史阶段。从根本上说，要解决这些矛盾，必须扬弃现有的生产方式，消除造成阶级之间、民族国家之间的利益矛盾以及各个阶级、各个民族国家与人类利益矛盾的根源。而随着人与人之间对抗性矛盾的消失，人们才可以按照符合人的本性的方式进行人与自然之间的物质变换。这就是真正的人的历史的开始，是以人的自由个性为内容的共产主义社会的实现。

第三节　世界历史理论的方法论意义

世界历史理论是马克思科学地分析近现代以来经济社会运动而创立的，是唯物史观和剩余价值理论具体运用的成果，也是运用本书前面所介绍的各种社会科学方法如系统分析方法、主体分析方法、利益分析方法、矛盾分析方法、历史分析方法等的范例。世界历史理论是一个丰富的宝库，其中，我们既可以看到真理原则与价值原则的辩证结合、科学性与革命性的内在一致，也能够发现综合运用各种方法透过复杂的社会现象把握历史运行的规律和发展趋势的智慧闪光。毋庸讳言，马克思未能看到 20世纪以来发生的科技革命、知识经济、跨国公司及其所推动的人类生产力的超乎想象的发展和社会阶级结构的新变化，也没有考虑到资源短缺、生态危机对人类社会发展的严重影响，甚至可以说马克思由于对资本主义自我调节能力、民族性的重要作用的估计有所不足，因而对世界历史时代持续时间的预判也明显过短，但这些都不能作为否定马克思世界历史理论的根据。相反，马克思世界历史理论所包含的那种广阔的世界视野、深邃的历史眼光、科学的态度和人类解放的情怀，对于我们分析当代世界发展趋势、处理经济全球化时代的各种重大问题，仍然具有非常重要的方法论意义。

一、以世界眼光观照当代社会发展

当代社会的突出特征，就是经济全球化的巨大效应。这种效应已经渗入和深入社会生活的各个方面，它不仅影响到了每个人，而且影响到每个人的一生。市场经济的全球性扩展，既是将各个国家、各个地区的生产和消费都纳入统一的世界市场体系之中，也表明资本逻辑无情地将人们生活的各种要素、各个方面都纳入商品化的轨道即商品生产的过程之中，都服从商品交换的逻辑，都使用统一的尺度。经济全球化发展得越是深入，各个国家、地区及其相应的领域就越是处于世界性的开放性和竞争性之中。在这种条件下，决定一种商品价值的不是个别地区或国家的社会平均劳动时间，而是世界性的尤其是发达国家的社会平均劳动时间，特别是科学技术广泛采用其包含的复杂劳动作为倍加的简单劳动而形成的社会平均劳动时间；决定一个国家的国际核心竞争力的最根本因素是创新，包括科技创新、制度创新和管理创新，是通过创新实践而努力提升自己在世界产业链和价值链中的位置。

我们必须看到当代社会发展对科学技术的全面依赖，对科技创新的全面依赖。"科学技术是第一生产力"，对这个命题我们不能从生产要素的角度简单、直观地去理解，而需要从世界历史发展的规律和趋势，从经济全球化造成的全球性竞争态势，从现代科学技术的普遍应用既大大提高了劳动生产率，又使得产业结构、生产组织方式、管理方式以及人们的生活方式、交往方式、价值观念和思维方式业已变化的角度去进行理解。一种社会制度是不是具有优越性，不是一个理论的问题而是一个实践的问题，优越性从来就不是意识形态论证出来的，而是在国际竞争中显现出来的。无论从历史还是从现实看，最关键最核心的就是积极吸纳科学技术的能力和广泛促进科学技术创新与进步的能力。

新的科技革命特别是以计算机网络为标志的信息技术革命根本改变了人类的信息传播方式和知识增长方式，也极大地提高了信息、知识在整个经济发展和社会发展中的地位与作用，这确实是一个信息社会、信息时代，是知识经济时代。如果说大机器和电力都意味着人的体力的增强壮大的话，那么信息技术则意味着人的脑力或智力的指数式的提高，产生了信息产业这样的新型产业，使得整个物质生产系统智能化甚至无人化变成了现实。不仅如此，它使得每个人都能够直接面对和吸取人类文明的全部成果，直接实现个体与类的双向互动，从而大大提高了知识生产的效率，尤其是大大提高了科技创新、文化创新的频率和规模，为经济和社会发展提供了永不衰竭的强劲动力。

知识经济催生了所谓的"知本家"阶层，实际上是突出了人才的特殊重要性。各个国家之间科技实力的竞争本质上是人才的竞争。全球性的人才市场、遍布各地的跨国公司、快捷方便的现代交通条件，都使得人才的全球性选择、全球性流动成为可能，也对一切不利于人才成长、选拔和使用的制度，一切不利于实现人才价值的社会环境提出了致命的挑战。进一步看，这两个方面的结合，即：一方面信息化使得个体与类之间实现了双向互动，个人的创造直接能够转化为人类的财富，得到世界性的承认；另一方面，全球性市场为个人在全球范围内的选择和流动提供了条件，因而使得民族、国家等作为个人与类之间的"中间物"的作用发生了相当的变化，大大减弱或降低了它们在人们观念中和实际生活上的意义。在这种情况下，人才的国际流动已成为正常现象。而对任何国家来说，人才的净流失就变得像一个人持续失血一样严重。从国家发展战略的角度说，"科技兴国"与"人才强国"是相互支持一体两面的关系。我们必须看到我国在这方面的严重不足，积极努力地改革各种不合理的制度，努力形成一种人才辈出、人尽其才、才尽其用从而对各种人才具有强烈吸引力的制度环境，努力通过改革和发展使我们一直面临的人口压力转变为人才优势。这是提高国家竞争力的最重要的环节，也是显示社会主义制度优越性的重要表征。

经济全球化使得各个国家处于全面的竞争之中，也为广泛的相互合作、相互学习提供了基础和舞台，而日益严重的环境污染、生态恶化等全球性问题和全球性风险更需要全球合作才能解决。合作与竞争是一种相反相成的辩证关系，没有竞争实力就不会有深层次的合作机遇，即使合作也是不平等不对等的合作，而要增强实力又必须积极参与国际交流与合作，只有在无情甚至残酷的国际竞争中才能提高自己的竞争力。几百年世界历史发展的历程充分证明，闭关锁国只能是死路一条，积极开放、参与国际合作、融入世界潮流成为每一个国家和民族经济社会发展的必要条件。这就要求我们，必须以世界性眼光、开放性心态思考自身的发展问题，深入研究经济发展与经济全球化、政治发展与政治多极化、文化交流与文化多元化等问题，从而制定出科学合理的经济社会发展的战略、策略和政策，实现我国的现代化。

二、正确理解全球化与民族化的关系

全球化与民族化（或叫民族性、本土化）的关系，既是当今时代一个非常突出的问题，也是一个十分复杂的问题。因为这里既涉及各个民族与人类整体的关系，又涉及现代化与民族传统的关系，其间夹杂着先发民族、现代化的国家与落后民族、后发国家的关系，而且各个民族与人类的特殊性与普遍性的关系又以民族间的不平衡发展关系为中介而展开，民族关系中又夹杂着历史的恩怨情仇和意识形态的偏见。所有这些问题错综交

织、纠缠夹结，稍有不慎就会引发认识的片面性和褊狭性。民族主义与世界主义、特殊主义与普遍主义、伦理主义与历史主义等的争论，其根源都在于此。我们必须充分认识这个问题的复杂性，从世界历史的视野和方法，历史而全面地理解全球化与民族化的关系。

世界历史时代的开启就意味着现代化过程的开始，意味着现代文明的全球性扩展或展开，是现代性生产方式、生活方式、思维方式和价值观念冲击、影响并替代原有的生产方式、生活方式、思维方式和价值观念的过程，但这个过程最先是以西欧为中心和源头而向其他地区其他民族扩散的，而且以很不文明的方式为自己开辟道路。现代化过程有其一般性规律，资本原始积累的残酷性，使农业从属于工业、农村从属于城市，这在任何一个民族国家都是基本相同的。人们即使认识到了这个规律，也不能取消这个规律或越过这个阶段，最多只是换一个另外的说法而已。而其在世界范围内的推展，"使未开化和半开化的国家从属于文明的国家，使农民的民族从属于资产阶级的民族，使东方从属于西方"，① 南方附属于北方。从人类整体进步的角度看是一回事，从具体民族特别是落后民族的角度看，恐怕就是另一回事。历史主义与伦理主义的争论，首先或主要就表现了这种立场和角度的对立。率先发展而实现现代化的民族国家客观上代表了人类历史发展的方向，具有某种示范性作用，但它们在主观上却从来都是为了自己的利益而不是为了帮助落后国家才不远万里输出先进文明的。这种客观效果和主观目的的差别以及基于这种差别而发生的"老师打学生"的历史事实，就直接地遮蔽了人类主体与民族主体的关系维度而将之转换为不同民族国家之间的关系。具体到中国，就是遮蔽了"现代"与"前现代"的"古今"维度而只突出"中西"关系的地域维度，将文明的时代性差别问题转换为地域性差别问题。我们长期对这个问题认识不清，结果就是大大延误了自己的现代化进程。

全球化与民族化的矛盾，在不同时代其表现方式也不相同。在世界历史的早期阶段，西方先发国家对全世界各个落后民族的侵略和掠夺，它们

———————————

① 《马克思恩格斯文集》第 2 卷，人民出版社 2009 年版，第 36 页。

的强势文化对落后民族文化发展的巨大压力，使得落后民族内部必然产生维持民族独立和原有民族特色的努力，激起了对西方国家所代表的先进文明的反抗。在这个时期，民族矛盾十分激烈，暴力的镇压和反抗、冲突和破坏，成为民族关系的主色调。即使在西方国家之间，争夺殖民地的矛盾也到了刀兵相见甚至不惜以战争来解决的程度，两次世界大战都是这么发生的。而随着科技革命引起的产业结构升级和发展方式从外延扩大的粗放式向依靠科技的集约式的转变，加之殖民地人民的持续反抗而使得维持殖民地的成本极大提高，殖民体系全面崩溃。在后殖民时代，发达国家普遍放弃暴力征服的原则，而利用其金融和高科技优势，通过世界市场自由贸易获取超额利润，又将自己过时的产能、设备廉价或无偿地送给落后国家以实现世界性产业结构的调整，目的都是使自己的利益最大化；同时又采取文化殖民主义的方式，竭力以科学、人权、人道主义等名义将自己民族的价值观、文化观普遍化为人类先进文明的化身和代表，通过各种方式向全世界推广。而经过几百年的世界性交往和实践中的反复比较，现代科技、现代工业、现代政治、现代交通、现代通信、现代教育、现代医学等的威力发挥得淋漓尽致，现代化得到了落后民族的普遍认同，成为一切落后国家的共同追求，发展与实现现代化几乎成为同义语。时间淡化了历史上的民族恩怨，网络信息的即时传播、时空压缩、"地球村"则强化了发达国家和富裕国家的全球吸引力，现代化在一定程度上似乎就意味着"西方化"特别是"美国化"。在这种条件下，全球化与民族化的矛盾出现了更为复杂的情况，既有先进与落后的矛盾，也有普遍主义与特殊主义的斗争，还有同质化与多元化之间的紧张。这些矛盾既表现在发达国家与发展中国家之间，也表现在发达国家之间，当然具体形式有所不同。

我们需要站在世界历史发展的高度，将人类主体与民族主体的立场协调起来，既从人类整体的角度理解现代化、现代文明的历史进步性和必然性，及其这种进步性与对抗性的辩证关系，通过研究发达国家实现现代化的历史和经验深刻把握现代化的规律，这些规律在发达国家的具体条件下的特殊表现，区分出特殊的东西与一般的东西，又从本民族发展的角度，根据本国国情和经济全球化的新特点，积极探索实现现代化的新道路。我们要积极吸取人类的一切文明成果，将之与我国传统文化优势有机结合起来，创造出中国特色的现代文明，重写现代性，为人类进步作出贡献。我们既要反对把全球化、现代化等同于西方化，主张全盘西化的错误观念，也要批判把全球化、现代化与民族化割裂开来和对立起来的狭隘民族主义思想。

三、正确理解统一性与多样性的关系

各个民族国家的世界性普遍交往是在经济、政治、文化等各个领域进行的，经济交往必然带动政治和文化的交往。经济交往中渗透着政治与文化的内容，在当今世界性的文化商品化、产业化的条件下更是如此。但不同领域的交往又有各自的特点，不能简单混同。我国的改革开放是全方位的，也唯有全方位的改革开放才能真正融入世界性交往体系，充分吸取一切有利于我们实现现代化的东西。这就要求我们在总体上以及在各个方面各个领域都要合理理解和处理好统一性与多样性的矛盾。

第一，经济社会发展规律的客观性统一性与其在不同民族国家那里表现形式的多样性的辩证关系。在世界历史时代，经济社会发展的规律实质上就是现代化实现进程的规律。这些规律具有客观的不以任何人的意志为转移的特征。这种本质上的统一性规定了或表现为普遍性，先发展国家今天发生的事情正是后发展国家明天要发生的事情。但这些规律的实现形式又与具体条件联系在一起，因条件不同而会有多样性的形式。这种规律的本质统一性与实现形式多样性的辩证关系的道理，为我们理解和处理人类发展的一般规律与各个国家的特殊情况的关系、从本民族实际条件出发学习和借鉴发达国家的具有普遍意义的经验，具有重要的指导性意义。我们必须在研究和洞悉现代化一般规律的基础上，从自己的实际出发，主动改革与现代市场经济以及平等自由竞争不相适应的政治体制和文化体制，为经济社会发展与人的全面发展创造条件。

第二，现实的世界性交往过程中交往原则和规范的统一性与各个国家利益诉求之间的差异性多样性的关系。一般说来，现代意义的民族国家是

在世界历史的演进过程中形成的。也就是说，是通过国际交往中以契约形式而达成的对领土、主权和国民归属的国际承认，才形成了现代意义的民族国家。契约式同意和承认构成了国家合法性的法理基础，也是现代文明的重要特征。在现代国际交往中，一定的交往原则和规范则是交往活动能够顺利进行的必要条件，而确立这种具有统一性的交往原则和规范又以承认多元主体的独立性和独特利益为前提，是多元主体基于各自的利益诉求经过反复协商、妥协、求同存异而达成的。各种国际性组织的重要功能和作用，就是维护这些交往原则和规范，以此减少交往中的矛盾和冲突来维护和扩大交往各方的共同利益。毫无疑问，这些原则和规范多是在西方发达国家的主导下确立的，有体现人类现代文明基本价值的一面，也有以形式合理性掩盖实质不合理性从而更有利于发达国家的一面。这些交往规范并非一成不变，要随着交往过程中出现的新矛盾新问题而加以修订，会随着相关方实力对比格局的变化而发生变化，但修订规则也须遵循一定的程序规则。随着中国经济实力的增强，在国际事务中的作用也越来越大。作为一个负责任的大国，我们必须历史地辩证地看待这些规则。既践行承诺，言行一致，维护规则的权威性和交往秩序，而对于一些明显不合理、不公正的规则，也要团结广大发展中国家，进行有理有利有节的斗争，以形成新的合理的规则。

第三，人类发展方向的统一性与各民族国家发展阶段的差异性及其发展目标和道路多样性的关系。在世界历史时代，原本发展程度不一、各具自己本色的民族国家因国际普遍交往而在同一个平台上进行比较、合作和竞争，经济全球化更是凸显并强化了这一点。和平与发展是当今时代的主题，各个民族国家都有愿望也都在努力实现和平的发展。这一点是一致的统一的，也是各个国家能够坐下来谈判、协商、求同存异的重要基础。但不同国家因为发展阶段的不同、具体历史和自然原因而形成的民族文化特点和价值观的差别，彼此的具体发展目标以及选择的道路又是多种多样的。一方面，各个民族都有权利选择自己的发展道路，维护自己的民族特色，这是现代文明的一个基本原则；另一方面，各个民族作为人类整体的一部分，作为世界交往体系中的一个环节，又必须使自己的选择与人类整体的共同利益和发展方向基本一致，至少不能相冲突。许多民族国家都竭力论证、宣扬本民族文化和价值体系的优越性，不认同经济发达民族在文化方面也是先进的，甚至不认同文化有先进与落后的差别，坚持一种文化相对主义的态度。同时，从人类发展尺度和发展方向来衡量文化发展确实又存在着先进和落后的差别，比如那些前现代的蔑视人的基本权利的文化肯定是落后的野蛮的需要批判的。这就需要我们超越狭隘的民族视野，从人类发展的高度审视问题。从世界历史发展几百年的经验看，凡是符合和代表历史发展与人的发展潮流的，就是具有先进性的东西。无论是哪个民族哪个国家哪个阶级最先提出最先实行的，本质上都是人类的共同财富；无论遇到多大的阻力经历多大的曲折，终归会因其优越性而替代那些落后的东西。我们必须充分认识到，世界历史既以世界性普遍交往为实际内容，也规定了普遍交往的发展趋势。这种发展趋势就是人们在世界性交往中逐渐从狭隘的地域性、民族性的个人解脱出来，日益转变成为世界历史性的真正普遍的个人。总之，要用发展的眼光看待世界历史和全球化进程，不仅要看到它的当前阶段的本质，还要把握它的发展趋势和更高阶段的本质。

四、正确看待社会主义与资本主义的关系

科学地把握世界历史时代的发展趋势和未来前景，绝不能离开对资产阶级与无产阶级、资本主义与社会主义的矛盾的研究。马克思曾深刻地指出，经济发展的必然性"迫使一切民族——如果它们不想灭亡的话——采用资产阶级的生产方式"，"迫使它们在自己那里推行所谓的文明"①。资产阶级按照自己的面貌创造出一个新世界，但与此同时也创造出这个世界的否定因素即社会主义，创造了自己的掘墓人即无产阶级。这就是历史的辩证法。

客观地说，世界历史已经几百年了，但到目前为止，还主要是资产阶级和资本主义主导的，资产阶级和资本主义是矛盾的主要方面。否认这一

---

① 《马克思恩格斯文集》第 2 卷，人民出版社 2009 年版，第 35 页。

点，就会认不清世界历史发展的本质，认不清经济全球化的现实本质，这是很危险的。相反，一些人看到了这一点，认为当今的经济全球化就是资本主义的全球化，甚至认为全球化是西方国家的阴谋，所以必须坚决反对经济全球化，这也是错误的。我们必须用辩证的发展的观点看待世界历史发展进程，当今的全球化是资产阶级主导的，也是资本主义基本矛盾在全球范围的普遍化。它们一方面利用世界经济发展的不平衡性和梯级发展格局，利用金融和高科技优势，攫取超额利润；另一方面也确实带动了世界经济的发展，使资本主义基本矛盾在发达国家国内得到了某种程度的稀释和缓和。这表明资本主义生产方式所容纳的生产力还没有完全释放出来，它的历史作用还没有完全发挥净尽，它还有一定的生命力。但资本主义的本质决定了它不可能解决这些基本问题，在发展的同时还会不断产生出一些新的无法克服的矛盾。随着生产力和世界性交往的进一步发展，世界市场日益饱和化，资本的价值实现将会变得越来越困难，物质主义、消费主义的生活方式与资源短缺的矛盾会越来越尖锐，资本逻辑对生存逻辑的压制使人们越来越难以忍受，人的严重异化状态会逼得全世界的人民团结起来推翻资本的统治。这时，世界历史将转变为无产阶级的世界历史，或者说，"人对物的依赖关系"的阶段将转变为"自由个性"的阶段。这种历史发展的趋势是谁也无法改变的。

我们必须看到，社会主义对资本主义的否定是一种自我否定和自我扬弃，也只能是一种世界范围的并经由世界性普遍交往的发展而实现的否定和扬弃。没有经由资本主义而形成的高度发达的生产力，没有世界性的市场经济与普遍交往，没有经由人的"政治解放"而提供的政治和文化条件，一句话，缺少了这些历史性前提，狭隘的地域性的个人就不会为"世界历史性的、经验上普遍的个人"所代替。这些条件都是历史形成的，在缺乏这些条件的地方和国家，即使建立了社会主义，也只能是"地域性的""不够格的"。如果不能认识到这种"先天不足"，不能充分吸取和利用资本主义创造的一切文明成果，特别是大力发展生产力，创造出极大的物质财富和普遍交往的形式，那么人们重新争夺生活必需品的斗争就会使一切陈腐的东西死灰复燃。这是马克思在150年前就预言过的，也为近一个世纪的世界社会主义运动实践经验所充分证实。

　　社会主义代替资本主义是一个复杂的长期的历史过程。社会主义革命率先在经济政治文化都比较落后的东方国家发生，是历史发展的必然性和偶然性共同作用的结果，是世界历史时代经济政治发展不平衡性的产物。社会主义国家的出现，在一定程度上影响了世界历史发展的进程，开辟了现代化的一种新的样式和新的道路。从第一个社会主义国家苏联出现到现在，已经历了近百年的历史。虽然苏联解体了，一大片社会主义国家改换了旗帜，世界社会主义运动陷入了低潮，但这并不说明社会主义的失败和退出历史舞台。中国特色社会主义道路的开辟，正产生越来越巨大的世界性影响，包括对发达资本主义国家的影响。现在看来，"一球两制"将成为相当长的一个时期内的基本现实。社会主义与资本主义的长期共存、相互竞争、相互影响，既表现了世界历史发展过程的极端复杂性，也体现了社会主义与资本主义的矛盾的辩证性以及社会主义代替资本主义的曲折性和长期性。社会主义作为人民群众自己解放自己的事业，共产主义作为人的自由全面发展的历史形态，无论其发展道路多么曲折多样，也无论会遇到多少艰难险阻，经历多么漫长的时间，最终总会冲破一切障碍，迎来自己的胜利。

思考题

　　1. 怎样理解马克思的世界历史理论与黑格尔世界历史思想的联系与区别？

　　2. 为什么说经济全球化是世界历史发展的新阶段？

　　3. 如何看待世界历史的现实本质和发展趋势？

阅读文献

　　1. 马克思、恩格斯：《德意志意识形态》第一章部分章节，《马克思恩格斯文集》第 1 卷，人民出版社 2009 年版。

2. 《共产党宣言》第一章,《马克思恩格斯文集》第 2 卷, 人民出版社 2009 年版。

3. 俞可平主编:《全球化时代的"社会主义"》, 中央编译出版社 1998 年版。